Fritz Knapp

Andrea Mantegna

Des Meisters Gemälde und Kupferstiche in 200 Abbildungen

Verlag der Wissenschaften

Fritz Knapp

Andrea Mantegna

Des Meisters Gemälde und Kupferstiche in 200 Abbildungen

ISBN/EAN: 9783957009210

Auflage: 1

Erscheinungsjahr: 2016

Erscheinungsort: Norderstedt, Deutschland

Hergestellt in Europa, USA, Kanada, Australien, Japan
Verlag der Wissenschaften in Hansebooks GmbH, Norderstedt

Cover: Sandro Botticelli "Die Geburt der Venus"

Verlag
der
Wissenschaften

ANDREA MANTEGNA

KLASSIKER DER KUNST

IN GESAMTAUSGABEN

SECHZEHNTER BAND

ANDREA MANTEGNA

STUTTGART UND LEIPZIG
DEUTSCHE VERLAGS-ANSTALT
1910

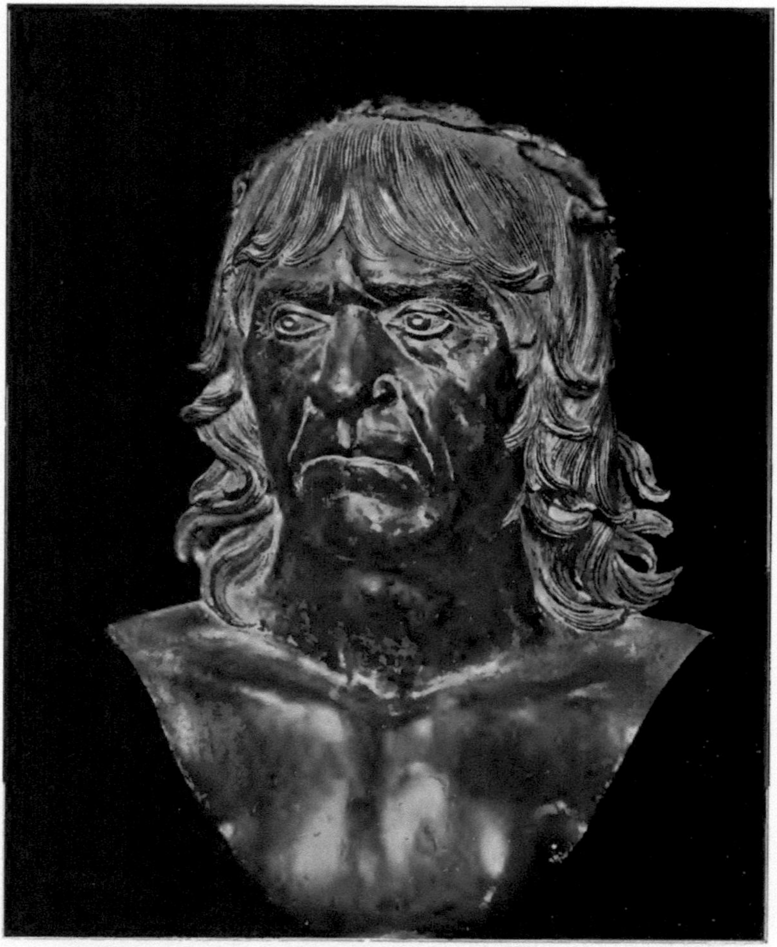

Mantua, S. Andrea Bronze

Gian Marco Cavalli (?): Andrea Mantegna

ANDREA MANTEGNA

DES MEISTERS GEMÄLDE UND KUPFERSTICHE

IN 200 ABBILDUNGEN

HERAUSGEGEBEN

VON

FRITZ KNAPP

STUTTGART UND LEIPZIG

DEUTSCHE VERLAGS-ANSTALT

1910

VORWORT

Eine doppelte Aufgabe war hier wie immer dem Biographen gestellt. Es galt zunächst die Werke und ihre Bedeutung in der Entwicklung des Künstlers selbst festzustellen. Bei der bisher sehr unsicheren und oft falschen Datierung ist es mir erst im Laufe der Arbeit gelungen, klare Ordnung in das Ganze zu bringen. Da der Druck der Tafeln vorher erfolgte, konnten manche Aenderungen nicht mehr vorgenommen werden. Man wolle sich darum in solchen kritischen Fragen immer an den Text und den Anhang halten. Bei der Ausschaltung der unechten Bilder ist äußerst streng vorgegangen. Bilder, die sich nicht in die Entwicklungsreihe einfügen lassen, sind schon aus einfacher Logik als nicht zugehörig angesehen.

Die andre Arbeit war, die Bedeutung des Künstlers und seines Gesamtwerkes in der großen Entwicklungsgeschichte der Kunst überhaupt zu fixieren. Im Schaffen seines scharfblickenden Geistes, in seiner klaren Bildvorstellung kämpfte noch plastische Formbildung mit malerischer Raumgestaltung. Wandbild und Tafelbild, er hat die Verschiedenartigkeit ihrer Probleme erkannt und eingesehen, daß hier das Verhältnis der Dinge unter sich in einem eignen, vollständig von uns abgeschlossenen Bildraum, daß dort das Verhältnis der Dinge zum Beschauer, zum Menschen, in einem mit dem wirklichen Raum verbundenen Bildraum gegeben werden soll. Er hat sich dank dem Streben der Zeit und den vielen großen Aufträgen letzterer Auffassung, der strengen Figurenmalerei, zugewandt. Aber gerade die lebendigen Ansätze des frischen Realisten zu einer der modernen malerischen Tafelmalerei verwandten Weise machen ihn uns interessant.

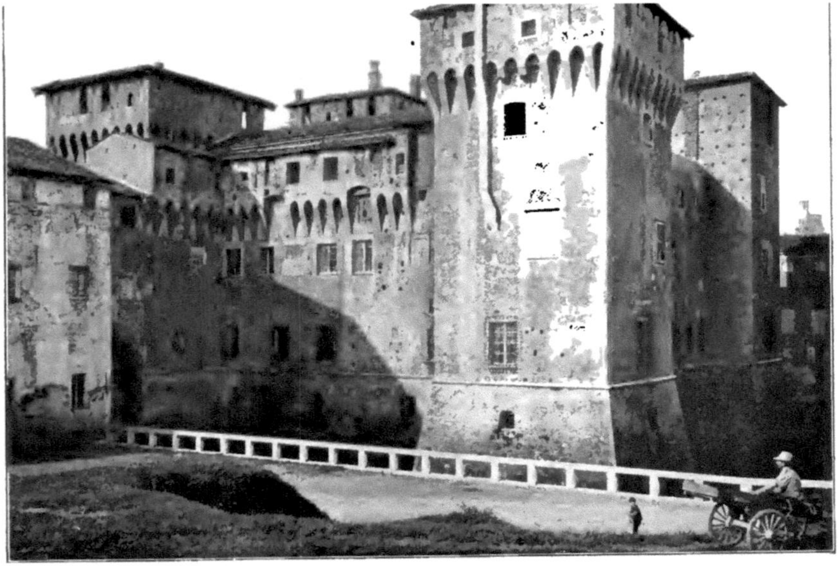

Castello di Corte in Mantua

ANDREA MANTEGNA
SEIN LEBEN UND SEINE KUNST

Taten werden vollbracht von zielbewußten Kraftnaturen, bedeutende Kunstwerke geschaffen, neue hohe Kunstziele gesetzt von energievollen Meistern, solchen, die stark genug sind, Traditionen überwindend, aus sich und ihrem künstlerischen Empfinden heraus neue Ideale zu gestalten. Nicht der Idealismus, zusammengesetzt aus Bewunderung andrer und eigner Schwäche, sondern der Realismus, das Hinausschauen in die Natur und das Sichbewußtwerden der Persönlichkeit geben die Grundlagen zu großem Künstlertum. Das erkennen wir hier in einem Künstler, imposant an Zielbewußtheit und schrankenloser Energie. In eigenartig frühgewonnener Selbständigkeit stellt er sich schon im Anbeginn seines Schaffens eine große künstlerische Aufgabe. Die volle Realität der Erscheinungen, wie er sie in der Natur sieht, will er geben. Mit äußerster Konsequenz geht er seinem Ziele nach. Er, der rücksichtslose Realist, will die Welt des Sichtbaren bis zu letzter Wirklichkeitswirkung im Bild gestalten. Und das nicht etwa nur, wie man aus den Kunstzielen der andern Meister seines Landes vermuten möchte, in der plastischen Formbildung, sondern auch in ihrer Raumfülle, die sie im weiten All ausmachen. Sein Problem ist schließlich das der Raumillusion im Bild. Man möchte vermuten, hier schon wäre die Malerei von ganzer Raumfreiheit geboren. Aber die Zeiten haben hohe Schranken gesetzt, die selbst den Geist unseres Meisters von seinem hochherrlichen Ziele trennten. Wir werden mit ihm die geistvollen Wege emporschreiten, wir werden dabei erkennen, welche Unterschiede seine Aufgabe von des modernen Künstlers Wollen trennen.

Andreas Blasii Mantegna ist dieser Künstler geheißen, geboren auf Isola di Carturo zwischen Vicenza und Padua 1431, laut der Bezeichnung auf einem verlorenen Bild von 1448 (in S. Sofia in Padua), wo er sich als siebzehnjährig benennt. 1441 war er Lehrling in der Malerwerkstätte des Francesco Squarcione in Padua. Schon 1448 ist er selbständiger Meister. Das Glück ist ihm eigentlich immer günstig gewesen. In dem gleichen Jahre schon erhält er einen glänzenden Auftrag, der ihm Gelegenheit gab, seine Kraft zu zeigen, seinen Ruhm zu begründen: er soll an den Freskenmalereien der Ovetarikapelle in den Eremitani mitarbeiten. Kleinere Aufträge folgen. 1454 heiratet er Nicolosia, Tochter Jacopo Bellinis. 1456 wird ihm wieder von neuem eine große Arbeit, ein mächtiges Triptychon für S. Zeno zu Verona, übertragen. Anfangs dieses Jahres trennt er sich endgültig von seinem Lehrer Squarcione, an den er seit 1448 durch Vertrag gebunden war. Die gerichtliche Auflösung erfolgte am 2. Januar zu Venedig, weil Mantegna bei Abschluß des Kontraktes noch nicht mündig gewesen sei. Der Ruhm des Meisters wächst; Lodovico Gonzaga, Markgraf von Mantua, hat sein Auge auf ihn geworfen. Briefe gehen seit 1456 hin und her. Mantegna ist noch jahrelang an einer großen Arbeit in Verona beschäftigt. Begehrt der Fürst danach, als Humanist Gelehrte und Künstler ersten Ranges um sich zu haben, so verlangt der Maler, offenbar eitel auf äußere Titel, das Adelsdiplom und ein Familienwappen. Lodovico, der ihm am 15. April 1458 fünfzehn Dukaten monatlich, freie Wohnung, Getreide für sechs Personen und Holz angeboten hat, nennt am 30. Januar 1459 ihn „egregium virum Andream Mantegnam pictorem de Padua, carissimum familiarem nostrum, quem ad servicia nostra nuper duximus“ und verleiht ihm durch Dekret Devise mit Wappen (Abb. S. XII). Im Mai 1460 ist er in Mantua. 1463 (15. Mai) wird er als täglicher Gast am Hofe bezeichnet. Aufträge über Aufträge folgen: die Ausschmückung der Schlösser Goito, Cavriano, Marmirolo, Saviola, Gonzaga — endlich des Palazzo di Corte, der Residenz der Gonzaga in Mantua, deren Malereien in der Camera degli Sposi u. a. uns allein erhalten sind. Trotzdem er sich des öfteren beklagt, nicht sein Geld erhalten zu haben, spricht er 1466 davon, daß er sich ein Haus bauen will. Er erbittet damals 100 Dukaten vom Markgrafen, dem freilich auch das Geld oft ausgeht und der 1478 dem Mantegna seine eigne Geldnot auseinandersetzt. Jahrzehntelang hat der Künstler an seinem Haus gebaut, das 1496 vielleicht fertig war. Es ist ein turmartiger Bau, ein Atelier; „Ab Olympo“ (Abb. S. XIII) steht über der inneren Mitteltür. Daß die Verhältnisse Mantegnas nicht schlecht waren, dafür spricht ferner, daß er 400 Dukaten seiner Tochter zur Ehe mitgibt; ferner eine Bemerkung des Marsilio Andreasi, der am 2. Februar 1469 an die Markgräfin Barbara schreibt: „Andrea muß tief in den Beutel

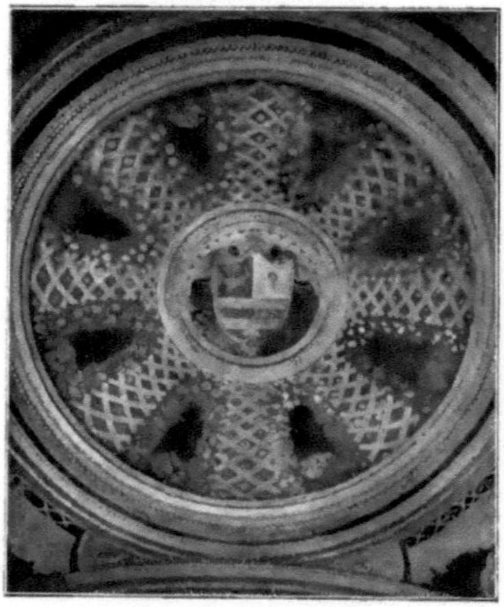

Wappen Mantegnas in der S. Andreakapelle zu Mantua

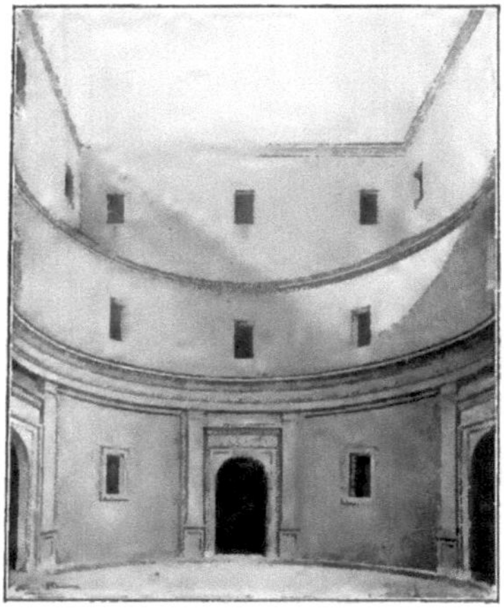

Atelier Mantegnas in Mantua
„AB OLYPMO"

gegriffen haben, um sich am Hofe Kaiser Friedrichs III. beliebt zu machen." Seine Eitelkeit verlangte nach dem Grafentitel, und er wird in der Tat öfters „comes palatinus" genannt. Weiterhin wurde er 1488 von Francesco Gonzaga zum Ritter geschlagen; „eques" oder „miles auratus" nennt er sich. Wie hoch seine Einbildung war, zeigt eine Bemerkung, die er am 13. Mai 1478 beim Aufenthalt Leon Battista Albertis in Mantua machte: „Der Marchese kann sich rühmen, zu besitzen, was keinem andern Fürsten Italiens gehört," d. h. die beiden bedeutendsten und gelehrtesten Künstler, ihn und Leon Battista Alberti. Sein Ruhm hatte sich denn auch weit verbreitet. 1466 ist er vom Markgrafen nach Florenz geschickt, wo er sofort einen Auftrag erhält. 1467 soll er den Pisanern ein Bild im Campo santo malen; am 3. Juli ist er dort und wird ihm zu Ehren ein Festmahl veranstaltet. Den Kardinal Francesco Gonzaga besucht er 1471 in Bologna, bei dessen Heimkehr nach Mantua er zusammen mit Leon Battista Alberti, dem Dichter Poliziano und andern Geistesgrößen der Stolz am Hofe des Markgrafen ist. Als Mantegna 1480 fieberkrank daniederlag, erkundigte sich Federico Gonzaga sehr wohlwollend nach ihm. Da die Aufträge nicht mehr so glänzende sind, bietet er sich 1484 Lorenzo de' Medici in Florenz an — aber vergebens. Indes neue Aufträge folgen, so der des „Triumphzuges Cäsars", ferner die ehrenvolle Berufung von Papst Innocenz VIII. nach Rom zur Ausmalung der Privatkapelle im Belvedere, die leider 1780 bei der Errichtung des Museo Pio Clementino zerstört wurde. In den neunziger Jahren scheinen, trotz der vielen Arbeiten, die er gerade in diesem Jahrzehnt erhalten, die pekuniären Verhältnisse nicht so glänzend gewesen zu sein oder vielmehr, er wird seiner Sammelleidenschaft — vorzüglich antike Werke suchte er — zuviel Geld geopfert haben. 1498 verkauft er einen Bronzekopf, und kurz vor seinem Tode muß er die Faustinabüste (Abb. S. XIII), die er schon seit Jahrzehnten besaß und auf die er besonders stolz war, an Isabella d'Este für 100 Dukaten abgeben. Immerhin hat er am 1. März 1504 in seinem Testament 100 Dukaten einer Kapelle in S. Andrea vermacht, die ihm am 11. August im Auftrag des Kardinals Sigismondo Gonzaga als Familienkapelle zugesprochen wurde und worin er, am 13. September 1506 gestorben, bestattet ist.

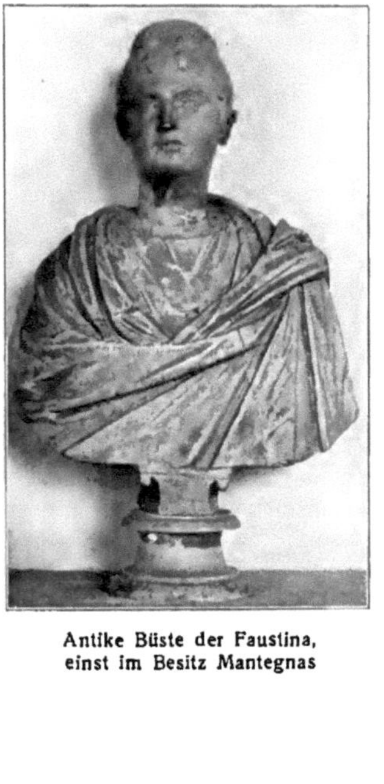

Antike Büste der Faustina,
einst im Besitz Mantegnas

Näheres über die Persönlichkeit Mantegnas erfahren wir nur wenig. Er wurde unter den Gelehrten als Inschriftenforscher geschätzt. In einer

Humanistengesellschaft, einer Art archäologischer Akademie zu Mantua, waren er und Johannes Antenoreus die Konsules, während Samuele da Tradate im Gefolge Lodovico Gonzagas als Imperator vorstand. Ferner war er befreundet mit vielen bedeutenden Gelehrten der Zeit, so mit Felice Feliciano, Matteo Bossi, beide aus Verona, Giovanni Marcanova aus Padua u. a. Seinen Charakter betreffend hören wir nichts Gutes. Er war, wie sein energisch-rauher Gesichtstypus schon zeigt (Titelbild und Taf. 40), eine rücksichtslose, sehr selbstbewußte Kraftnatur, egoistisch und gewaltsam, wie andauernde Streitigkeiten mit Nachbarn, die Anklage des Malers und Kupferstechers Simone de' Ardizioni aus Reggio vom 15. September 1475, daß Mantegna ihn und Zuan Andrea halb totgeschlagen habe, vermuten lassen. Noch weniger sympathisch ist seine Eitelkeit. Sie war es gewiß auch, die ihn dazu trieb, sich eine Familienkapelle zu erwerben, vorzüglich für sein Grab. Anderseits hat er scheint's für seine Kinder gut gesorgt, wie jene große Mitgift seiner Tochter erweist.

Wie im Leben war er in der Kunst, sein Ich selbstbewußt voranstellend. Aber was im Verkehr mit den Menschen hart, grausam erscheint, jene gewaltsamen Energien, jene Rücksichtslosigkeiten des Starken, des Zielbewußten, die Störendes, Schwächeres niedertreten, all das ist oft so notwendig zur neuschaffenden Tat. Der Subjektivismus muß sich gewaltsam Platz schaffen. Alte Traditionen heißt es überwinden, tote, ererbte Formeln, Manieren zertrümmern und dafür etwas Neues, Lebendiges erschaffen, an Stelle der gleichmäßigen Durchschnittswerte, des Allgemeinbegreiflichen etwas Uebergewaltiges, ein Eigenartiges setzen. Des Künstlers Ich, allein seine Persönlichkeit muß gebieten. Alles andre muß sich beugen. Es bedarf innerster Ueberzeugung, höchster Begeisterung für sein künstlerisches Ziel, vollkommener Hingebung für die Sache und unbeirrter Konsequenz, daß ein Künstler Bahnbrecher neuer Auffassung werde. Daß Mantegna solches besessen, daß er höchste künstlerische Probleme sich gestellt und sie mit aller Kraft zum Aeußersten durchgearbeitet hat, das hat ihn zum Schöpfer einer hohen oberitalienischen Kunst gemacht. Es ist der erste, der dort die Kunst als ernste Lebensaufgabe, als Geistestat erfaßt und damit an Stelle des leichten koloristisch weichlichen Schaffens in Venedig eine Großkunst auf realistischer Grundlage und von persönlicher Kraft setzt.

Wie stand es in Oberitalien mit der Kunst, als Mantegna dort auf die Bühne trat? Die venezianische Kunst hatte, ohne gewaltsam die Fesseln der Tradition zu sprengen, doch allmählich das Starre byzantinischer Formeln abgeschwächt, verweichlicht. Der dekorative Charakter herrschte weiterhin, die Auffassung war altertümlich geblieben: zierliche, kraftlose Formen und niedliche Farbenspiele, möglichst viel Gold und kleinliches Beiwerk, nirgends frischer Realismus, nur süßlicher Ausdruck, kurz, jedes Fehlen von gesunder Belebung, ernster Auffassung. Auch Pisanello und Gentile da Fabriano, die bedeutendsten Meister, kamen nicht darüber hinaus. Ihre außerordentliche Feinfühligkeit für zarte Farben und Linienspiele trägt den Charakter entwickelter Miniaturmalerei. Von monumentaler Auffassung ist bei ihnen noch nicht die Rede. Nicht in Oberitalien, in Florenz war der Ort der Wiedergeburt hoher Kunst. Von dorther mußten erst Meister kommen, um eine Renaissance des Naturalismus zu schaffen. Und nicht in Venedig, sondern in Padua, der Stadt hoher Gelehrsamkeit und strenger Wissenschaft, fanden sich die Florentiner zusammen, und dort ist, mögen auch Technik und Geschmack von Venedig kommen, die letzte Befreiung erstritten. Schon einmal hatte vor Jahrhunderten ein Größter der Florentiner, Giotto, da Meisterwerke, die Fresken der Arena, geschaffen, die denn auch wunderbar belebend auf die norditalienische Malerei gewirkt haben. Bedeutende Geister wie Altichieri und Antelami haben Fresken von frischer Naturauffassung in Padua gemalt. Sie zeigen, daß schon die Protorenaissance Oberitaliens den

Florentinern zu danken ist. Und ebenso ist es im Quattrocento gewesen. Meister wie Paolo Uccello, Fra Filippo Lippi, Andrea Castagno, der freilich mehr in Venedig tätig war, endlich Donatello kamen nach Padua. Ihre Meisterwerke, nicht die minderwertigen schwächlichen Schöpfungen der Venezianer haben Mantegna zum Meister erzogen. Sie haben ihm zweierlei gegeben, was der venezianischen Natur an sich fremd ist: erstens den Sinn für die kräftig realistische Wiedergabe der Natur, der zuliebe jeder Florentiner des Quattrocento in starkem Lebensgefühl selbst Schönheiten, weiche Farbenakkorde, zarte Lininenschwingungen, jederlei dekorative Stilisierung opfert; zweitens die ernste gelehrte Erfassung der künstlerischen Aufgaben. Jene geistig hochstehenden Meister stellen sich hohe Probleme, wie sie sich beim Studium der Naturerscheinungen und deren Wiedergabe ergeben. Solche Probleme sich zu stellen, sie zu lösen, wurde auch Mantegnas künstlerisches Ziel. Alle unbestimmten matten Gefühle, wie sie aus den venezianischen Bildwerken von damals sprachen, bedeuten ihm nichts. Zur vollständigen Geistesklarheit, zur absolut deutlichen Vorstellung der realistisch mit scharfem Auge beobachteten Naturgebilde will er gelangen, um sie im Kunstwerke wirksam, lebendig wahr zu gestalten. Sein Schaffen ruht auf höchster Lebensbasis. Nicht ein gleichmäßiges, handwerksmäßiges Weitermalen, wenn eine mäßige Technik ein Schema errungen, sondern ein andauerndes, immer höher strebendes Vorwärts, das macht seine Meisterschaft, die Gewalt des Genies aus.

Man redet von Mantegna als „echt venezianischem Meister", davon, daß Squarcione und die Maler von Murano seine Lehrer gewesen seien. Aber gerade seine ersten Werke, die großen Fresken in den Eremitani, wirken wie eine direkte Widerlegung. Wenn ein Einheimischer als sein Lehrer bezeichnet werden darf, so ist es Nicolo Pizolo, derselbe, mit dem zusammen Mantegna die Hauptarbeit der Ovetarikapelle ausgeführt hat. Denn die beiden venezianischen Meister Giovanni d'Allemagna und Antonio da Murano, der erste bedeutende Meister aus der Familie der Vivarini, haben nur die Ornamente des Kreuzgewölbes gemalt. Es kann daher an Ort und Stelle von einem Einfluß derselben auf Mantegna, der zudem erst 1449 zu malen begann, nicht die Rede sein. Anders bei Pizolo; er hat die Apsis und die Figuren des Kreuzungsgewölbes ausgeführt (Taf. 146—151). Er, nicht Mantegna, ist der Leiter des Ganzen gewesen. Zehn Jahre älter als dieser, hat er, wie seine Fresken zeigen, florentinische Werke studiert. Ist er doch Schüler Fra Filippo Lippis und später Donatellos gewesen. Seine Freskotechnik ist ganz florentinisch, ebenso wie die plastische Formbildung, das braunrote Karnat, das kräftige Seitenlicht, endlich die perspektivische Durchbildung, besonders bei den vier Kirchenvätern der Apsis.

Indes noch lebendiger spricht aus Mantegnas Fresken florentinischer Geist. Starker Realismus und feste Formgebung sind von ganz andrer Art. Treten wir hinein in die Kapelle, so überraschen uns seine Jakobusfresken selbst gegenüber denen Pizolos. Im Vergleich mit venezianischen Werken der Zeit und deren flauen Formen, blassen Farben, dem Fehlen jeder realistisch-räumlichen Wirklichkeitsgestaltung, welche Klarheit, welche Wahrheit! Vibrierendes Leben in lichten Räumen spielt sich vor uns! Schon das erste Freskenpaar (Taf. 2 und 3) ist absolut originell. Eine neue Kunstwelt offenbart sich dem plötzlich geklärten Blick. Greifbare Gestalten bewegen sich da. Jede derselben ist deutlich und fest in der Silhouette; die Köpfe, die Bewegungen, die Faltenlagen der (nassen) Gewänder sind sorgfältig nach der Natur studiert. Die würdevolle Erhabenheit des zum Tode geführten Jakobus (Taf. 4), die hingebende Verehrung des Knienden, die Verwunderung des einen beide Hände erhebenden Soldaten, einer prachtvollen Rückenfigur, das ist große Auffassung (Taf. 12). Für das gewaltige Emporwachsen der Figuren und die vollere Bildung der Formen in stärkerer Muskulatur ist der Vergleich der Gestalten auf beiden Szenen (Taf. 10 und Taf. 12) besonders schlagend. In sicherem Gefühl, daß das Bild des kompositionellen Ausgleiches bedarf, hat der Künstler rechts eine übrigens sorgfältig durchgearbeitete Abschlußgruppe gegeben. Es erfolgt im ganzen eine monumentale Gesamtwirkung in der Einheit des geistigen Momentes und Geschlossenheit der Gruppierung, ferner in der Illusion eines mächtigen Raumes und

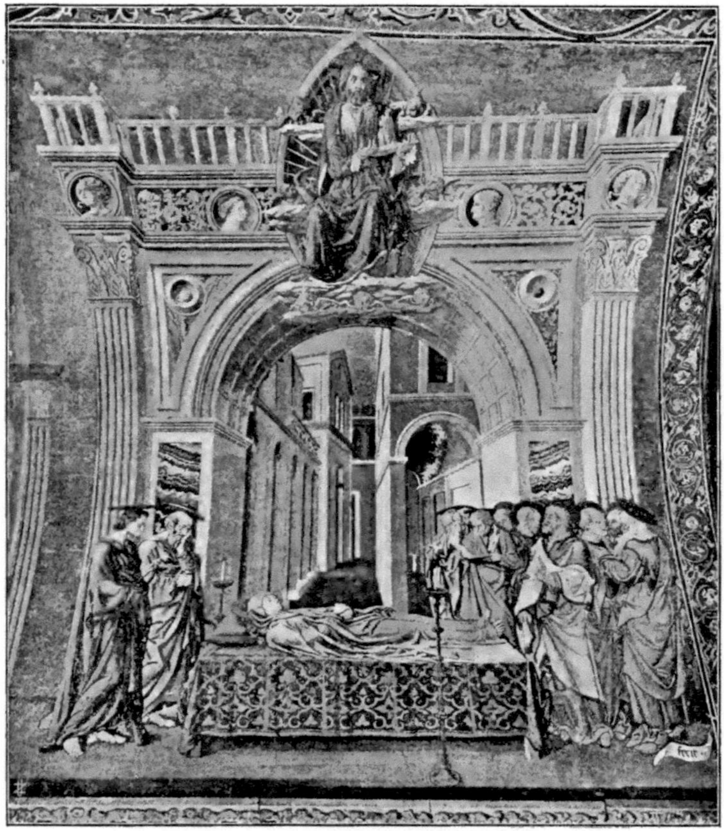

Castagno, Mosaik in S. Marco, Venedig

der Herrschaft des hellen, schattenwerfenden Seitenlichtes. Man wird in der damaligen oberitalienischen Malerei nirgends solche Kraft der Lichtführung finden.

Endlich ist die Farbe dem Künstler wichtig zur klaren Scheidung der einzelnen Erscheinungen. Das kräftige Grün des reichgefalteten Mantels Jakobus' springt besonders bei den beiden ersten Fresken fast abstoßend scharf heraus. „Die Taufe des Hermogenes“ zeigt daneben noch andre kräftige Farben, wie das lichtblaue Gewand des Täufers, das blaue Manteltuch des Hermogenes, den gelbbraunen Mantel der Rückenfigur rechts, oder das verschiedene kalte Rot der andern Gewänder. Derartig harte Farbengebung hat nichts

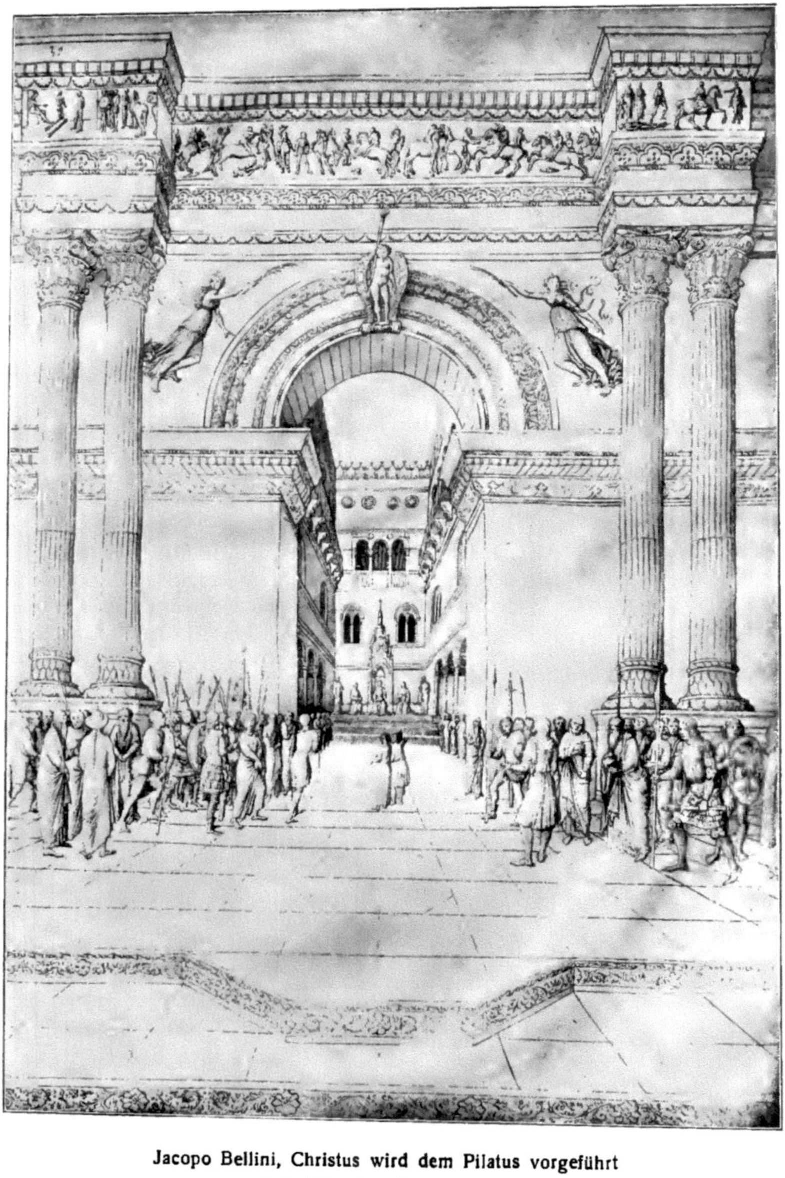

Jacopo Bellini, Christus wird dem Pilatus vorgeführt

Paris, Skizzenbuch Bellini, Tafel 34

(Ausgabe V. Golubew v. Oest & Cie., Brüssel)

mit der weichen, harmonischen venezianischen Farbenstimmung, aber um so mehr mit der Malweise der Florentiner gemein. Ihnen gilt die Farbe an sich nichts, sie muß der Plastik der Formen, in bunter Hervorhebung der verschiedenen Gewandstücke und Körperteile, dienen. In diesem Sinne ist Mantegna gerade in den beiden ersten Fresken durchaus florentinisch. Wenn wir nun auch an Ort und Stelle den direkten Einfluß Fra Filippo Lippis und Paolo Uccellos wegen der vollkommenen Zerstörung ihrer paduanischen Fresken nicht nachweisen können, so bieten deren und Castagnos Werke in Florenz Gelegenheit zum Vergleich. Ein Mosaik Andrea Castagnos in S. Marco (Abb. S. XVI) ist interessant, da es gegenüber der näher bezeichneten florentinischen Manier mit der kräftig-plastischen Formbildung bei Gott-Vater, Maria und den Figuren links die weichlich-matte venezianische Weise bei den Gestalten rechts zeigt. Es ist kein Zweifel, Mantegnas Gestaltung ist den Florentinern, nicht den Venezianern verwandt. Auch der Torbogen dort mit dem Durchblick in die Tiefe findet sich bei ihm auf dem zweiten Fresko wieder.

Das Bedeutendste ist jedoch, daß nicht nur im Detail, sondern auch in dem großen Grundgedanken der aufstrebende Künstler zu den Höhen der Florentiner emporstrebte. Kraftvoller Realismus, das ist ihre Renaissance. Er wollte nicht nur getreue Wiedergabe des einzelnen, sondern auch Wirklichkeitswirkungen der Gesamterscheinung im Bild. Der Raum ist es, der alles in sich hält, und in ihm bewegen sich die Menschen. Das Raumproblem, das die Gestalten im Bild, wie sich frei bewegend in der Natur, täuschend wiedergeben will, hat seinen Geist erfüllt. Es darin bis zum Höchsten, zu effektvoller Naturillusion zu bringen, ist sein Ideal. Hier kommt die strenge Gelehrtennatur, die den Paduaner wie die Florentiner erfüllte, zu voller Tätigkeit. Für die rein mathematische Lösung der Raumperspektive war Leon Battista Alberti der große Entdecker, und durch ihn war die Lehre nach Oberitalien gelangt. Jacopo Bellini hat sie scheint's als erster zu verwerten gesucht, aber mehr im venezianischen, im malerischen Sinne (Abb. S. XVII). Der weite Raum, die Durchblicke durch Häuserreihen in die Landschaft interessierten ihn mehr als die Gestalten, die dem Mantegna in florentinischer Art ebenso wichtig sind wie der Raum. Sie bilden in ihrer plastischen Erscheinung und durch geschlossene Gruppierung gewissermaßen mächtige blockartige Einzelräume im Gesamtraum.

Prüfen wir nach, so finden wir, daß die beiden ersten Fresken zusammen auf

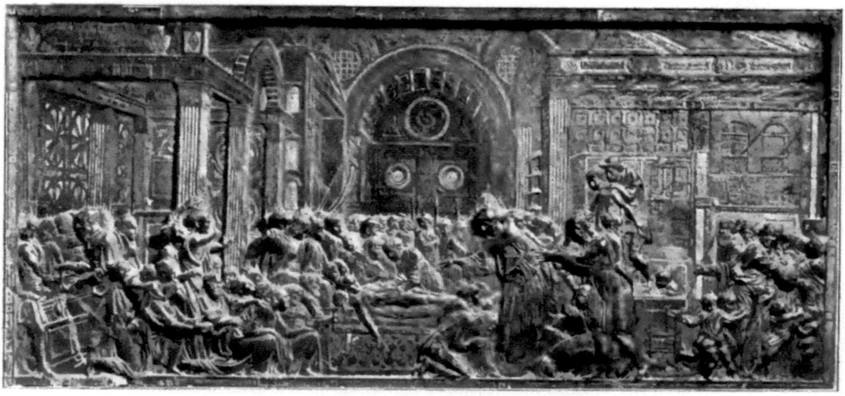

Donatello, Bronzerelief am Hochaltar im Santo zu Padua

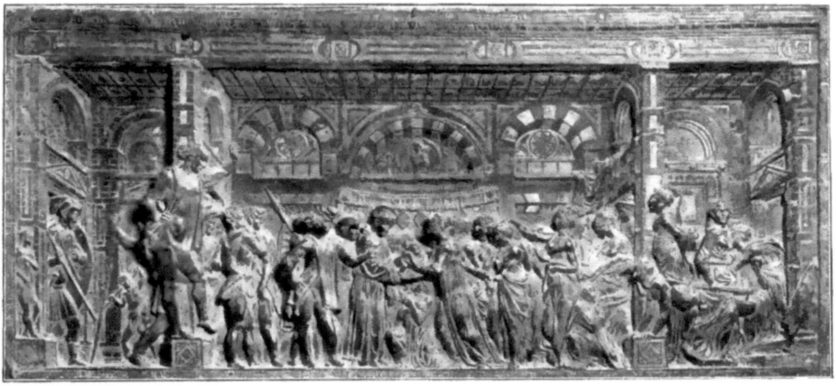

Donatello, Bronzerelief am Hochaltar im Santo zu Padua

einen zwischen beiden liegenden Augenpunkt in Schulterhöhe hingearbeitet sind, daß die Mitten leer und die beiden Hauptszenen nach den Seiten hin verlegt sind. Links ist der Block der Figuren etwas locker, rechts ist er fester gebildet. Ersteres ist noch streng donatellesk in der Schärfe der Zeichnung, der sorgsamen Modellierung der Formen, ferner in der Architektur (Abb. S. XVIII). Auch einige Figuren sind übernommen, wie der Knabe links und der zurückschauende Mann dahinter (Abb. S. XIX). Das rechte Fresko ist schon freier. Das streng Konstruktive der Architektur links ist hier durch freiere, monumentalere Gestaltung ersetzt. Die Architektur ist großartiger; ein monumentaler Triumphbogen mit Durchblicken in die Weite, nicht eine kleinlich geteilte Mauer wie dort gibt den Abschluß. In der Farbgebung herrschen links bunte Lokalfarben und mehr springende Lichtflecken bei hellem Sonnenschein, rechts ist alles ruhiger abgetönt, die Licht- und Schattenmassen sind breiter. Wir sehen, Mantegna läßt sich hinreißen von der künstlerischen Größe und den Idealen seiner Vorbilder, er macht sie sich ganz zu eigen, aber geht dann selbständig weiter.

Das zeigen die beiden folgenden Freskenpaare. Hatte er zunächst das Problem der Perspektive ohne Rücksicht auf den Standort der Bilder in rein gelehrter Weise bearbeitet, und zwar zwei Bilder zusammenfassend genommen, so geht er jetzt dahin über, den Augenpunkt des Beschauers der Kapelle zu berücksichtigen. Er geht hier in Begeisterung für die wissenschaftliche Lösung zur Uebertreibung über. Die effektvolle Herausarbeitung einer Perspektive, deren Verschwindungspunkt unter den Füßen der Gestalten liegt, interessiert ihn so sehr, daß von einer Vereinigung der beiden Bilder auf einen Augenpunkt nicht mehr die Rede ist. Es gelingt ihm in vollkommener Hingabe für die Lösung der schweren Aufgabe, auf dem „Gang des heiligen Jakobus zum Richtplatz" eine geradezu monumentale Wirkung hervorzubringen. Hier tritt die gewaltige Größe des Genius Mantegnas zum ersten Male imposant heraus (Taf. 4). Unübertroffen ist die Zeichnung des bei solcher Untensicht sich ergebenden schnellen Emporwachsens der nahen Gestalten, wie Architekturen, und des hastigen Herabeilens der Verkürzungen in die Tiefen zum Verschwindungspunkt, der unter dem Soldaten mit Schild (zirka 1½ cm auf der Tafel) in der Kreuzung der Gesimslinien an dem Tor und den Häusern liegt. Künstlerisch wunderbar wird dies gelehrte Meisterwerk jedoch erst durch die körperlich-plastische Fülle der Gestalten, bei denen sich neben donatelleskem Einfluß — der Soldat mit Schild, Ritter Georg — auch das Stadium antiker Vorbilder

(Soldaten) erkenntlich ist. Eine Zeichnung (Abb. S. XX) zeigt einige der Gestalten zunächst im Akt, auch eines der neuen Hilfsmittel der florentinischen Schule, den Organismus der Figur richtig herauszubringen.

Zu all diesem Ernst und der plastischen wuchtigen Fülle der Gestalten, der Strenge von Architektur und Raumkomposition erscheint das Bild mit der Hinrichtung des heiligen Jakobus (Taf. 5) wie ein leicht hingeworfenes, geistvolles Genrestück. Nichts von strengen Linienperspektiven oder sorgsamer Anordnung der Figuren. Der Augenpunkt liegt in Erdhöhe, ein Geländer aus Baumstämmen gibt den vorderen Abschluß. Einer der Soldaten beugt sich über, der Henker, zwei Reiter und andre stehen dahinter, der Heilige liegt zu Boden. Nirgends exaltierte Dramatik in florentinischem Sinne wie bisher, sondern mehr Ruhe; ein momentan erfaßtes Daseinsbild in mehr genrehafter, venezianischer Weise. Die Beleuchtung ist von fast pleinairistischer Durch-

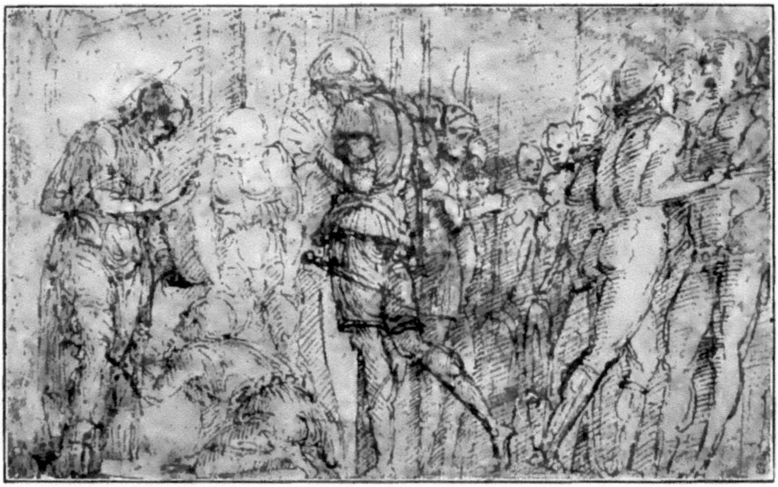

Entwurf zu dem Fresko „Jakobus' Gang zum Richtplatz" in der Eremitanikirche zu Padua (vgl. Taf. 4)
Federzeichnung Mantegnas in der Sammlung des Hon. A. E. Gathorne-Hardy in London

sichtigkeit besonders bei den Figuren links. Das wunderbar realistische Streben und klare Schauen bringt den Künstler fast schon zu einer Art Freilichtmalerei. Ein lichter Luftraum breitet sich vor uns ohne irgendwelche schwere Schatten. Es zieht uns fast zu sich hinein, packt uns so, daß wir dies übermütige Schwelgen zu inkorrekten illusionistischen Effekten, wie sie die sich aus dem Bild hinausbeugende Gestalt des Soldaten zeigt, vergessen. Leider wird der malerische Effekt dadurch gestört, daß die Verbindung zwischen Vordergrund und Ferne nicht gelungen ist. Ohne sichtliche Ueberleitung steigt der Berg steil auf, mit allem Detail wie eine Hintergrundskulisse für sich wirkend. Es fehlt das, was erst spätere Jahrhunderte bringen sollten — der Mittelgrund. Trotzdem, wie die Figuren sich frei im Raume bewegen, wie das von grünen Bäumchen durchzogene Gelände mit der Ruine und der Feste oben im hellen Schein weit sich breitet, das läßt das Bild fast als eine Ueberwindung der streng zeichnerisch-plastischen, florentinischen Lehre zu malerischer Auffassung erscheinen. Bei intimerem Studium dieser Fresken offenbart sich auch derselbe Fortschritt in der Behandlung des einzelnen. Zuerst (Taf. 9, 10) scharfe Zeichnung, spitze Lichter, dann (Taf. 13, 14) rundere Plastik, aber noch auf die dunkeln Formen aufgesetzte, wenn auch breitere Lichter, endlich (Taf. 17, 18) farbige Grundtönung, weiche Modellierung mit Vermeidung harter Linien oder Kontraste. Koloristisch besonders wirksam ist der schwarze Neger und das Gelbe, das violettliche Weiß im Gewand.

Das nächste Freskenpaar ist die glänzendste, eine geradezu vollkommene Lösung des Raumproblems. Hier sind beide Darstellungen nicht nur auf einem zwischen beiden Stücken, und zwar in Augenhöhe der Gestalten liegenden Schwindungspunkt zusammengefaßt, sondern beide Szenen spielen sich auch auf demselben Plan ab (Abb. S. XXII). Die illusionistische Wirkung wird durch die vorgesetzte Säule in der Mitte noch gesteigert. Das Ganze ist von einer selten wieder in Italien erreichten künstlerischen Frische und malerischen Freiheit. Die Figuren, voll lebendigem Ausdruck, überherrschen nicht mehr; sie sind vom vorderen Bildrand in den Raum gerückt. Sie schieben sich rechts mit den Architekturen langsam in die Tiefe, während sie links auf dem Platz vor dem Gebäude des Richters freie Bewegung haben. Wir missen den Mittelgrund nicht mehr. Die Verhältnisse der Gestalten zum Raum sind richtiger und auf weitere Distanz als bisher berechnet. Mantegna erscheint hier von seinen bisherigen Interessen für die plastische Formgebung abgewendet. Kein andrer als Jacopo Bellini, dessen Tochter er 1454 heiratete, hat ihn gelehrt, die Figuren in das weite All einzuordnen. Aber wie hoch Mantegna über diesem seinem venezianischen Lehrer steht, zeigt der Vergleich mit einer der Zeichnungen aus dessen Skizzenbüchern (Abb. S. XXII). Mantegna arbeitet — darin ist und bleibt er Schüler der Florentiner — nur aus klarer Vorstellung. Er muß viele genaue Studien nach der Natur gemacht und aufbewahrt haben. Das erweisen schon die häufigen Wiederholungen von Gestalten, Landschaftsmotiven, Details u. a. auf späteren Bildern. Er ist Renaissancemeister, seine Architektur ist fest gefügt; Säulen, Steinpilaster tragen die Gebälke, die Fenster sind von Gesimsen umrahmt; seine Gestalten sind der Natur nachstudiert, sie stehen fest, ihre Bewegungen sind voller Ausdruck und Kraft. Die Perspektive ist von äußerster Genauigkeit. Endlich das Licht. Es durchstrahlt einheitlich den ganz wie von feiner Atmosphäre erfüllten Raum. Vorn herrschen kräftigere Töne: das farbige Gestein, der Panzer, die Gewänder (zuerst zeitgemäß) und das warme Karnat leuchten hell auf. Die Weinlaube, das marmorweiße Gebäude mit dem bunten Teppich links sind schon zarter gestimmt. Das Helldunkel unter den Gewölben rechts, in der Ferne lichtrosa Häuser — endlich

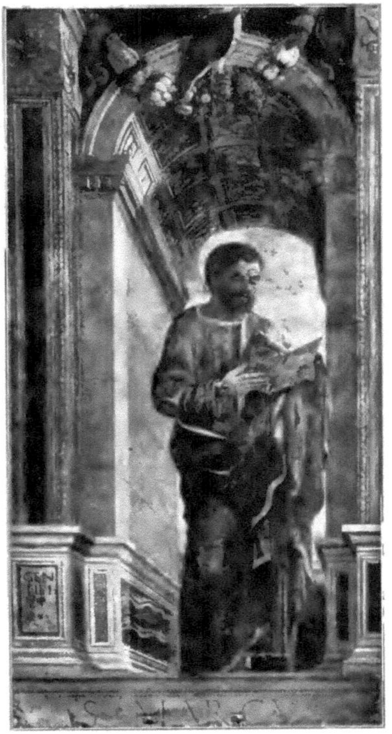

Gentile Bellini, Heiliger Markus
Venedig, Museum von S. Marco

ein eigenartiger, dunkelvioletter Himmel sind in der Atmosphäre abgetönt. Ein reiches, lichtes Farbenspiel. Der Gesamtcharakter ist der eines lichtdurchströmten Luftraumes. Wie dürftig, mager erscheint daneben die Zeichnung Jacopo Bellinis, dessen Sohn Gentile, zuerst Mantegna nachahmend (Abb. S. XXI), in seinen großen Leinwandbildern ausgesprochene Vorliebe für zarte, in silberschillernder Luft abgestimmte Farben entwickelt. Alles ist aus Naturbeobachtung in heller Freude an Wirklichkeitsdarstellung entstanden. Der höchste, der letzte oberitalienisch-venezianische Realismus. Wie bald kam Prunkhaftigkeit der Lokalfarben, Stilisierung, harmonisches Abwägen an Stelle von wirklicher Naturwiedergabe in Venedig zur Herrschaft!

Die Idee der illusionistischen Vertiefung des Raumes im Bild, ist damit zur Wirklichkeit geworden. Die Wand scheint durchbrochen, der Blick eilt hinaus, sieht dort

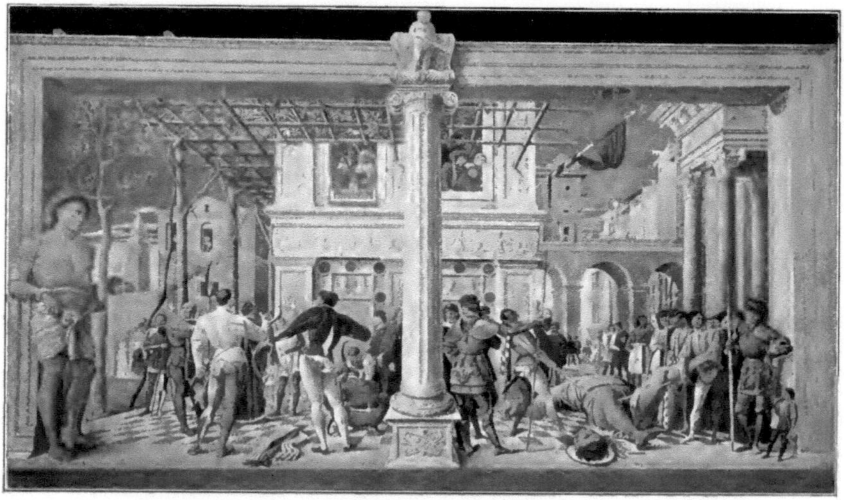

Alte Kopie der Christophorusfresken

die Szenen, wie in wirklicher Natur, sich täuschend abspielen. Das ist der vollkommene Sieg des Problematikers Mantegna. Sein Raumproblem entfaltet sich in der Vertiefung des realen Raumes. Demnach haben wir die Entwicklung seiner künstlerischen Ziele dort, wo dasselbe zu lösen ist, in der Wanddekoration, zu verfolgen. Da hat er diese seine Hauptaufgabe immer vor sich gehabt und zu allen Zeiten seines Schaffens die ganze Kraft seiner Gelehrtennatur wie seines künstlerischen Wesens eingesetzt. Wir haben demnach recht, zur Erkenntnis seiner Persönlichkeit diese Stücke zusammenzunehmen. Natürlich kommt dieses Streben auch in den Einzelbildern zum Ausdruck, wie auf dem großen Altarwerk in S. Zeno zu Verona (Taf. 78—87), wo die Idee der in den Raum hingruppierten Gestalten im Altarbild verarbeitet ist. Wenn auch da die Verwendung des Motives nicht so angebracht scheint, wird doch das Ueberragen an Vorstellungskraft und Darstellungsfähigkeit bei Mantegna über die der venezianischen Meister, der Vivarini wie Bellini, wegen der Gelegenheit zu Vergleichen vorzüglich offenbar (s. später). Aber wahrheitsvoller, gewaltiger kommt sein Wollen und Können in den an geschlossene Räume gebundenen Wandbildern zum Ausdruck. Zu weit würde es führen, auf die Lebendigkeit der Darstellung aufmerksam zu machen, darauf, wie links zum Erschrecken aller der auf den gebundenen Christophorus gerichtete Pfeil abprallt und sich in das Auge des Richters bohrt, wie rechts die mächtige Gestalt des Toten vorzüglich in der Verkürzung gezeichnet ist zwischen all den stehenden Gestalten. Bewundern werden wir auch die Vervollkommnung der malerischen Technik. Die Entwicklung derselben werden wir erst später verfolgen. Denn aus der folgenden Epoche, von 1456 bis 1468, ist uns keines der vielen Fresken, mit denen er die Schlösser der Gonzaga schmückte, erhalten.

Die nächste erhaltene Wandmalerei — die Camera degli Sposi im Castello di Corte zu Mantua (Taf. 25—49) ist nicht weniger denn fünfzehn Jahre später als die Eremitanifresken entstanden — hat denn auch als das Meisterwerk des fertigen Künstlers, des gereiften, kraftbewußten Mannes zu gelten. Neben den Fresken Masaccios in der Brancaccikapelle zu Florenz haben wir hier unbedingt die monumentalste Leistung der Malerei des italienischen Quattrocento vor uns. Beide Werke überragen alle andern, noch so geistvollen Leistungen der Zeit durch die sprechende Wahrheit, die Hoheit der Auffassung und — wieder muß es gesagt werden — die wunderbare Klarheit der Vorstellung. Gegenüber der Entwicklungshast der erfindungsreichen, lebensfrischen jugendlichen Fresken in den Eremitani überraschen hier die Geschlossenheit, männliche Festigkeit und kraftvolle Sicherheit in der Formgebung der Gestalten, der Komposition, der räumlichen Bildung. Es ist nicht mehr ein mathematisch-perspektivisches Konstruieren, sondern zum vollen Besitz gewordene sinnliche Vorstellung.

1466 ist Mantegna in Florenz, 1467 in Pisa gewesen. Wir können wohl annehmen, daß er dort von dem gewaltigen Lebenshauch der herrlichen florentinischen Geisteskultur neuen Schaffensdrang eingeatmet hat. 1468 verlangt er den Markgrafen Lodovico zu sprechen, vielleicht, weil ihn nach Arbeit verlangte. Man darf nicht vergessen, wie arm damals Oberitalien an Kunstwerken kraftvoll neubildender Renaissance war, deren Florenz einen unerschöpflichen Reichtum besaß. Gerade der dort lebendige Realismus mußte zündend auf den nach höchster Wahrheit verlangenden Geist Mantegnas wirken. Der Begriff monumentaler Größe wurde ihm dazu wieder klar. Der Zenoaltar ist ein Werk mühsamer Konstruktion gewesen. Hat er sich auf den andern Tafelbildern ins Zierliche, in zarte Malweise verloren, geht der Meister hier in der Camera degli Sposi wieder ins Grandiose. Die künstlerischen Effekte, die Raumwirkung der Decken und Wandbilder streiten mit der hohen geistigen Auffassung der männlich gewaltigen Belebung der Gestalten. Daß wiederum die Plastik menschlicher Erscheinung, die Straffheit und Kraft der Formgebung so imposant, beherrschend wurden, das können wir gut dem Eindruck der florentinischen Meisterwerke zuschreiben.

Aber der Künstler geht weit hinaus über die Ziele seiner Vorbilder. Der Eindruck, den der durchaus realistische Wandschmuck auf uns macht, wenn wir nach langem Wandern durch kahle Säle und Gänge des Castello di Corte in den kleinen viereckigen Raum hineintreten, ist überraschend, und dereinst, als die Farben noch ihre Pracht hatten, besonders auch die gemalten Brokatstoffe an den zwei figurenlosen Wänden noch kräftiger aufleuchteten, wird die Wirkung ganz anders einheitlich, heimlich und realistisch gewesen sein. — Die flachgewölbte Decke wird von einem täuschend gemalten Gerüste mit breiten Gurten getragen, deren Zwischenpartien reich geschmückt sind mit reliefartig wirkenden Kaiserbüsten, im Rund gehalten von entzückenden stehenden Putten und von Kränzen, flatternden Bändern, Arabesken umgeben. Nach oben öffnet sich dieser grau in grau gemalte steinerne Aufbau zu einem Rund (Taf. 43). Ueber dem Kranzgesims erhebt sich eine Balustrade, an der sich nackte Putten, vorzüglich in der scharfen Verkürzung gezeichnet, bewegen und auf die sich oben andre solche Engelsknaben — der eine (Taf. 44) hat Raffael als Vorbild gedient zu dem einen Knaben am vorderen Rand der „Sixtinischen Madonna" — stützen und über der hinweg fünf Frauengesichter sichtbar werden. Die Flachdecke erhöht sich zur Kuppel und öffnet sich dem wolkenumflorten Himmel.

Die Idee, durch derartige perspektivische Darstellungen den wirklichen Raum auch nach oben täuschend zu erweitern und ihn in die freie, himmlische Weite zu öffnen, findet sich hier zum ersten Male. Jedenfalls ist uns kein derartiges früheres Meisterstück erhalten. Melozzo da Forlis Malerei an der Decke der Stanza della Segnatura des Vatikans ist nach Mantegnas Vorbild gearbeitet. Schon der Gedanke als solcher ist durchaus neu und einzig mantegnesk. Den Florentinern ist er absolut fremd. Was wir immer an Raumdekorationen ihrer Hand besitzen, zeigt immer nur rein plastische, an die menschliche Gestalt gebundene Auffassung. Ueberall schmücken sie ihre Decken mit plastisch gedachten Einzelfiguren. Auch Michelangelo denkt bei der Decke der Sixtinischen Kapelle nicht an optische perspektivische Täuschung. Derartige Ideen entwachsen mehr malerischen Gedankengängen. Und darin tritt Mantegna als Oberitaliener, als Venezianer den Florentinern entgegen. Die Malereien Mantegnas in den verschiedenen Schlössern der Gonzaga sind leider verloren, so daß wir keinen Anhalt dafür haben, wie Mantegna selbst zu solcher illusionistischen Dekoration gelangt ist. Die Ausführung des Rundes mit der Balustrade ist von vorzüglicher Sorgfalt sowohl in den Verkürzungen wie in der kräftigen, straffen Formgebung mit den fest aufgesetzten Lichtern. Die Typen der Frauen sind sehr kräftig. Die Köpfe der Negerin und der aufblickenden Frau sind besonders gut ausgebildet (Taf. 44), nicht etwa scharf und hart, sondern trotz aller Festigkeit der Formen breit vom Licht getroffen und koloristisch wirksam. An den übrigen Teilen der Decke haben Gehilfen mitgearbeitet, wie die zum Teil schematische Ausführung vermuten läßt.

Gleichfalls hochbedeutsam im Sinne illusionistischer Raumerweiterung und dazu von hervorragender Größe künstlerischer und geistiger Auffassung sind die beiden großen Wandbilder. Das gilt in erster Linie von dem Fresko über dem Kamin, dem Hauptbild der Camera degli Sposi, d. h. des Ehegemachs, wo wir Lodovico Gonzaga im Kreise seiner Familie vereint sehen. Was zunächst wieder die Raumbehandlung im Bilde betrifft, so geht der Meister hier zum Aeußersten über. Nicht allein, daß er die Gestalten in die Tiefe hinein und aus der Tiefe heraus sich äußerst wirksam bewegen läßt. Links auf der von einer Marmormauer abgeschlossenen Terrasse gruppieren sich die Familienmitglieder, während rechts aus der Tiefe, den Vorhang zurücknehmend, andre Männer kommen. Aber noch mehr: er schiebt die Gestalten in den wirklichen Raum nach vorn. Zur kräftigen Betonung dieses fortgeschrittenen Raumrealismus hat der Künstler vor die gemalten Pilaster, die mit ihren plastischen Kapitälen die Raumwand bezeichnen, links den an Lodovico herantretenden Sekretär und in der Mitte einen Gonzaga gestellt. Der Markgraf, breit auf dem Stuhl sitzend, ragt ebenfalls wie andre Figuren in den Wirklichkeitsraum hervor. Wir fühlen uns so in den Kreis der Gestalten hineingezogen. Die letzten Lösungen des Raumproblems sind hier in facto schon gegeben, auch in der Lichtbehandlung, die ganz einheitlich mit dem Einfall des Lichtes von dem Fenster nach dem Lago di Mezzo — das andre Fenster ist besser zu schließen, da es bei den Beleuchtungen der Malereien nicht berücksichtigt ist — behandelt ist. Auch die vollkommenste Illusionsmalerei bringt im Prinzip nichts Neues, wenn auch die Wirkungseffekte, besonders durch hellere Farben und mehr dekorative Eingliederung der Malereien in wirkliche Raumarchitekturen oder Stukkaturen, die man im Quattrocento noch nicht kennt, später, so durch Tiepolo, gesteigert werden. Dem Künstler wie der ganzen Renaissance lag solche leichte Effektkunst fern. Der Gelehrte Mantegna hat in der Lösung des Raumproblems sein Genüge gefunden, der Künstler Mantegna offenbart sich an der wunderbaren Gestaltung all der menschlichen Erscheinungen. Wollte man auch hier auf Grund von Doktrinen rügen, daß die Figuren vor der Architektur der Bilder stehen und aus dem Bild herausragen, so muß man entgegenhalten, daß die Figuren eben den vorderen Abschluß bilden, sie nicht über ihren Boden — durch farbige Decke bezeichnet — herausneigen und endlich durch das geistige Moment wie die Komposition, die Beleuchtung, ein räumliches Ganze für sich bilden.

Der Künstler hat hier ein Gruppenporträt allerersten Ranges geliefert. Die ganze Familie der Gonzaga ist uns wirklichkeitsgetreu, so natürlich und greifbar vorgeführt, daß sie uns lebendig nahegerückt erscheint. Wir sehen in Lodovico einen der geistig hochgebildeten kleinen italienischen Fürsten, die den Ehrgeiz besaßen, nicht nur im Kämpfen und Streiten — das Geschlecht der Gonzaga ist das tapferste der Condottieri bald im Dienst der Venezianer, bald in dem der Franzosen, der Mailänder, des Kaisers, selbst der Florentiner gewesen —, sondern noch mehr in edelster geistiger Kultur die ersten zu sein. All ihre Mittel gaben sie her, um dieses Ideal zu erreichen. Briefe Lodovicos gerade an Mantegna sprechen genug von den Sorgen, die ihnen die notwendige Beschaffung von Geldern dazu verursachte. Auch auf diesem Bild legen sich Falten auf die Stirn des Marchese. Er hat einen Brief in der Hand und wendet sich zu seinem Sekretär Marsilio Andreasi (?), der sich von links herabneigt. Barbara, seine Gattin, richtet die Augen scharf auf sein Gesicht, als wollte sie ablesen, was ihn beschwert, was seine Lippen sagen werden. Auch das Gesicht Gianfrancescos, des Lieblingssohnes der Mutter, der hinter ihr steht, schaut nachdenklich hin. Was bewegt die Figuren, belebt die Szene? Man hat geglaubt, daß hier die Ankunft irgendeines Gesandten gegeben wäre. Andre haben in der außerordentlich sorgfältigen Durchführung und der erregten Spannung, die aus den Gesichtern spricht, mit Recht die Darstellung eines schwerwiegenden Ereignisses im Leben der Gonzaga gesucht. — Die einen meinen, es wäre jene von Gionta im Fioretto erzählte Geschichte von Federico und seinem Zwist mit dem Vater. Lodovico wollte seinen ältesten Sohn Federico mit einer deutschen Fürstentochter, und zwar mit Margarete von Bayern, vermählen. Sein Sohn ging nicht darauf ein und floh mit Einwilligung der Mutter, dem Zorn des Vaters, der bald in einen direkten Bannfluch ausbrach, zu entgehen. Er kam nach Neapel, wo er sich unter falschem Namen aufhielt. Einer der Boten, welche die Marchesa in Angst um den Sohn nachgesandt hatte, ihn aufzusuchen, entdeckte die sechs getreuen Begleiter, wie sie dort als Lastträger tätig waren — li fideli — den Lebensunterhalt zu verdienen. Als sie das erfuhr, warf sie sich zu Füßen Lodovicos, ihn um eine hohe Gunst bittend. Er antwortete, alles werde er gewähren, nur nichts Federico betreffend. Sie übergab ihm darauf das Schreiben des Königs von Neapel, der den jungen Gonzaga inzwischen bei sich aufgenommen hatte und Bericht gab von der elenden Lage, in der er den Sohn gefunden hatte. Der Frau und sorgsamen Mutter das Schreiben zurückgebend, sagte er: „Tue, was du für das Beste hältst." Sie ließ Federico sofort zurückkommen. Er gab zugleich dem Wunsche seines Vaters nach und heiratete betreffende Prinzessin. Mancherlei mag dazuphantasiert sein, aber einen wahren Kern wird die Geschichte haben.

Andre vermuten hier die Werbung des Herzogs von Württemberg um Barbara, die zweite Tochter der Marchese, deren Heirat 1474 stattfand, was freilich sich schwer mit der Entstehung des Freskos vereinigen läßt.

Eine sichere Lösung kann nicht gegeben werden. Fixieren wir zunächst die verschiedenen Familienglieder im Bild. Neben dem Marchese steht rechts der Kardinal Francesco — die Annahme, daß dieses dicke Gesicht Federico darstelle, erscheint mir unmöglich bei dessen scharfem charakteristischem Profil (s. nächstes Fresko). Er legt die Hände auf die Schultern des jüngsten Sohnes Lodovico (1459 geboren), dem wir auf einem späteren Bilde als Bischof von Mantua — erst zwölfjährig, wurde er dazu ernannt — begegnen. Neben Marchesa Barbara, einer geborenen Prinzessin von Brandenburg-Bayreuth, kniet ein junges Mädchen mit einem Apfel in der Hand, zur Mutter aufblickend, eine der jüngsten Töchter, Barbara oder Paola. Hinter ihr lehnt sich an den Thronsessel ihr Lieblingssohn Gianfrancesco. Das erwachsene Mädchen hinten wird die zweite Tochter Dorothea sein und neben ihr die älteste verkrüppelte Susanna, die in ein Kloster ging. Rechts vor dem Pilaster steht Rodolfo (geboren 1451). Federico haben wir kaum in einer der Gestalten zu sehen. Wenn hier wirklich jene legendarische Geschichte von der Rückkehr des Federico zu nehmen ist — dann wäre der auf der untersten Stufe stehende Jüngling der zugekommene oder wegzusendende Bote. Federico wäre vielleicht der vorwärts drängende hinter ihm und in der jungen Frau (Dorothea?) könnte man eventuell seine baldige Frau Margareta von Bayern vermuten. Jedenfalls haben wir nur die Familie im engsten Sinne, auch Enkel ausgeschlossen, vor uns.

Ob nun hier dies Familienbild im Sinne eines für die Gonzagas bestimmten historischen Ereignisses oder rein zur Wirkung momentan dramatisch belebt ist, hat mit dem künstlerischen Wert der Darstellung relativ wenig zu tun. Denken wir an die Fresken der Eremitani, an die Mühseligkeit, mit der er die Gestalten im Raum perspektivisch verteilt und ein „Raumbild" konstruiert, so ist diese absolut natürlich mit großen Figurenmassen gebildete Komposition ein gewaltiger Fortschritt. Er verteilt die Figuren, schiebt sie ohne Zwang hinter- und nebeneinander. Der großen Komposition geben an beiden Ecken nach innen gewendete Profilfiguren einen Abschluß. Man fühlt nirgends etwas von Berechnung. Die Teilung des Bildes durch den Mittelpilaster in zwei gleiche Hälften wird äußerst geschickt annulliert. Der Figurenreichtum, die Formenfestigkeit und der Farbenglanz der linken Hälfte überherrschen so sehr den rechten, in Schatten getauchten Teil, daß dieser, obwohl gleichbreit, doch kleiner wirkt. Endlich weiß der Meister durch das Verschieben der Treppe im Bild das linke obere Podium zu vergrößern. Bewußt oder unbewußt hat Mantegna ein an Naturalismus Quattrocentomeisterstück, in der Komposition aber schon klassisches Monumentalwerk geschaffen. Er hat gegenüber früherer gleichmäßiger Aufreihung der Porträte die Gestalten zu einer naturwahren Gruppe, alle belebt in einem spannenden geistigen Moment, zusammengefaßt. Frans Hals, Rembrandt und andre bedeutende Maler, Meister der Farbe und des Helldunkels, haben das gleiche in ihren großen Meisterstücken gebracht. Mantegna bleibt als Italiener durchaus Beherrscher der Form. Die Formengröße seiner Gestalten ist ohnegleichen. Man studiere einen Kopf nach dem andern (Taf. 29—35), man wird die Sicherheit der Zeichnung, die klare, im Seitenlicht vorzügliche Festigkeit der Modellierung bewundern. Uns packt die wunderbar individuelle Charakteristik jeder einzelnen Persönlichkeit als ein in äußere Formen, in Erz gegossenes Glied eines kraftvollen reichen Geschlechts. Plastisch voll und rund sind sie von den reichen Wellen eines Lichtstromes von rechts überflutet, und dazu heben sich die massiven Gestalten der Hauptgruppe links von einer hellen Mauer dahinter ab, deren buntes, farbiges Durcheinander und zierliches Linienspiel die Wirkungen der Formenfülle noch steigern.

Auch die Farben sind von einer Pracht und Realität der Wirkung wie nie zuvor. Der Auftrag ist nicht mehr der des dünnen Freskos, sondern hier hat der Meister die Farben auf eine vielleicht trockene Kalk- oder Kreideschicht dick aufgelegt. Besonders das Rotgoldbrokat des breit und großartig geworfenen Kleides der Marchesa mit blaugoldbrokatenem Gürtel, dahinter Francesco, Gianfrancesco und die älteste Tochter ebenfalls im Goldbrokat, der blondlockige Rodolfo vor dem Mittelpfeiler in Grüngoldbrokat — Rot in verschiedenen Nuancen, von Hellrot (Mützen) bis Karmin und Violett kommen hinzu —, all diese reichen Töne offenbaren Mantegnas oberitalienisches Naturell, seine Freude an der Farbenpracht. Die Köpfe der Männer, leicht rötlich, nur bei Lodovico grau, vielleicht als Ausdruck der Sorgen, sind „Bronzeköpfe" von einer Festigkeit, die an Donatellos Gattamelata heranragen. Bei den Frauen dagegen zeigt sich ein feinerer Fleischton. Besonders das Gesicht der jungen Frau in Brokatgewand (hinter Gianfrancesco) hat ein warmes, leuchtendes Karnat, der durch das überströmende Licht voll erhellt wird. Koloristisch geschickt ist auch der farbigbunte Streifen überhängender Teppiche am vorderen Bildrande, womit der erste lebendige Farbenakkord angeschlagen und der Abschluß des Bildes nach vorn sicher bezeichnet ist. Die Gestalten der rechten Hälfte sind weniger kräftig herausgearbeitet. Sie sind gewissermaßen in das Dunkel der Zimmerecke eingehüllt. Abgesehen von dem lichten Hellblau des Rockes, den der kleine Höfling rechts trägt, hebt sich keine Gestalt koloristisch stark hervor. Das Rotgoldbrokat des Vorhanges herrscht hier vor.

Aus diesen Farbennotizen geht hervor, daß der Farbencharakter des Gesamtbildes ein warmer ist, daß der Künstler ebenso wie bei der Modellierung der Formen mit tiefen Tönen, kräftigen Schatten arbeitet, ganz anders voll und plastisch als dereinst. Aber auch die Raumillusion ist bedeutend fortgeschritten. Nicht nur lineare Perspektive, sondern die raumfüllenden Massen der Figuren und prachtvolle Helldunkeleffekte wirken so zusammen mit der Einheit des Lichteinfalls, daß eine ganz eigne Raumgeschlossenheit geschaffen wird. Greifbare Wahrheit glauben wir vor uns zu sehen; und unsre Augen wollen in wirkliche Tiefen sich verlieren.

Indes muß betont werden, daß alle Raumillusion mit Mitteln der plastischen Formgebung und geschickter Figurengruppierung erreicht wird. Kraftvolle Erscheinungen wollte Mantegna geben. Für sie allein ist der Raum da. Eine wirklich intime Interieurstimmung will er nicht. Stehen doch die hinteren Figuren auf einer von hellem Sonnenlicht getroffenen Veranda. Und ebensowenig kann von absolutem Freilichteffekt auf dem folgenden Freibild die Rede sein. Das w o l l t e die Renaissance nicht. Maler, die Aehnliches beobachteten, wie Piero dei Franceschi, blieben ohne Nachfolge. Das entspricht auch nicht der klaren Luft Italiens, wo im hellen Sonnenglanz die Einzelerscheinung ein andres Eigenrecht besitzt als im Norden. Diese prächtigen Gebilde, diese herrlichen Menschen, jedes Ding an sich, jede einzelne Gestalt sollten in ihrer Schönheit klar und deutlich erprangen. Nichts durfte im Dämmerhauch des Allgemeinen versinken, wie ein Zwitterspiel von Licht- und Farbwellen im weiten Nichts sich verlieren. Unser Auge findet Erquickung am klaren Erfassen solcher greifbarer Gebilde. Unser Geist erhebt sich an den ausgesprochenen Energien kraftvoller Persönlichkeiten. Die wunderbare Kraft sinnlicher plastischer Vorstellung, die schaffenden Gewalten des Künstlers sprechen mit energischen Worten zu uns.

Dieser altstrenge Formbildner Mantegna hat aber doch vom Freilicht etwas geahnt. Er hat die Gestalten auf dem Freibild (Taf. 36—42) ganz anders behandelt. Die Begegnung Lodovicos mit seinem Sohn Francesco, dem Kardinal, läßt nichts mehr von dunklen Schatten und kräftiger Rundmodellierung erkennen, nichts von der Schwere der Erscheinung im Innenraum, wo das Licht nur durch eine Fensteröffnung eindringt. Die Gestalten sind im diffusen Licht vollbewußt nicht mehr plastisch gebildet. Nicht kräftige Formen, sondern helle Farbenflächen sehen wir: das Karnat rötlich, die Farben der Gewänder licht, zumeist hellblau und hellgelb, dazu das Weiß leicht violettlich getönt. Das sind Beobachtungen des scharfblickenden Realisten im Quattrocento. Er ahnt schon die Farben des Freilichts, er erkennt, daß in dem weiten All die Modellierung des einzelnen nichts ist und die Farben lebendiger sprechen, daß sie lichter, kühler sind als im Innenraum. Die Wirklichkeitswirkung des durchaus hell gehaltenen Freskos ist eine überraschende, neben den warmen, tieferen Akkorden des Interieurbildes. Freilich die Gruppierung der Figuren am vorderen Bildrand ist ebensowenig vorteilhaft wie die landschaftliche Ferne mit dem zu hohen Augenpunkt. Der Hintergrund erscheint unverbunden, wie tapetenartig, als Stück für sich dahintergemalt. Auch der Ausdruck, die Charakteristik der Figuren, der Gesichter ist verallgemeinert. Ihre zeremonielle Haltung ist doch zu steif. Frischer dagegen und genrehaft frei ist der andre Teil des Bildes auf der linken Seite der Tür. Da halten die Jäger im Gefolge Lodovicos an vor grünen Orangenbüschen. Auch sie sind leicht, mehr allgemein behandelt. Wieder leuchtet Hellblau auf bei dem einen Mann neben dem Weißen, leicht Violettlichen des schweren Rosses. Die Felslandschaft dahinter ist in dem phantastischen Aufbau der von Licht umstrahlten Felsen und Fernblicke, eine Erinnerung an frühere, fein gemalte Tafelbilder (Taf. 74, 82, 96).

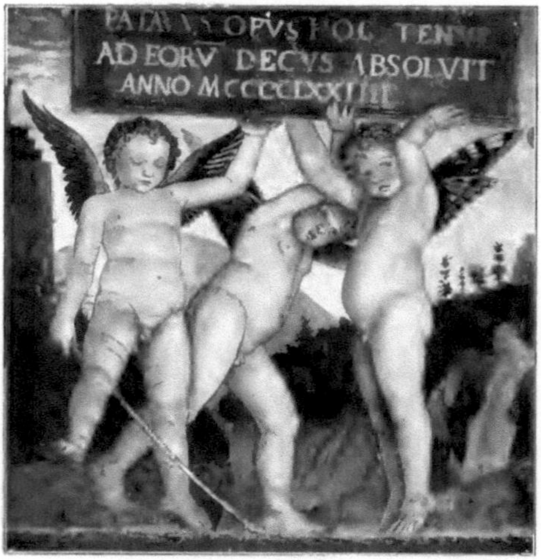

Putten aus dem Freskenzyklus in der Camera degli Sposi des Castello di Corte in Mantua
Nach einer Aufnahme von D. Anderson, Rom

Der Darstellungsmoment und die Gestalten sind auf dem letzten Fresko klar. Von links her steht vor Lodovico II. hinten im Profil sein dritter Sohn Gianfrancesco, vorn sein ältester Enkel Gianfrancesco, Sohn des am äußersten Rand rechts stehenden Federico. In der Mitte sehen wir Francesco, den zweiten Sohn und Kardinal, vor ihm Elisabeta, gehalten von Lodovico, dem jüngsten Sohn und Bischof von Mantua. In den drei Gestalten dahinter vermutet man Leon Battista Alberti, den jungen Dichter Angelo Poliziano, dessen erstes Drama „Orpheus“ damals in Mantua aufgeführt wurde, endlich Mantegna (Taf. 40), dessen Gesicht mit der dicken Nase und dem herben Ausdruck noch mehr dem Bronzekopf in seiner Grabkapelle zu S. Andrea in Mantua ähnelt (Titelbild) als der jugendliche Kopf in den Eremitani (Taf. 19 oben).

Ueber der Tür halten fliegende und auf Felsengrund stehende Putten die Widmungstafel: ILL(USTRISSIMO) LODOVICO II MM PRINCIPI OPTIMO AC FIDE INVECTISSIMO ET ILL(USTRIMAE) BARBARAE EJUS CONJUGI MULIERUM GLOR(IOSAE) INCOMPARABILI SUUS ANDREAS MANTINIA PATAVUS OPUS HOC TENUE AD EORUM DECUS ABSOLVIT ANNO MCCCCLXXIIII. Im Jahre 1474 hat er es vollendet und 1468 oder 1469 begonnen.

„Dem Meister Andrea all meine Kameen, Bronzen und andre schöne Antiken zu zeigen und mit ihm ihre Bedeutung zu besprechen, wird mir große Freude machen.“ So schreibt Kardinal Francesco 1472 an seinen Vater nach Mantua im Hinblick auf seine Heimkehr. Ein großer Verehrer der Antike, Kunstsammler wie Inschriftengelehrter war Mantegna, das spiegelt sich denn auch in seiner Kunst wider. Das sich so ergebende Zusammentreffen von absolutem, fast übertriebenem Realismus und antikisierendem Klassizismus sieht man als ein eigentümliches Beieinander an, erklärt es als unerklärlichen Zwiespalt zwischen dem Künstler und dem Gelehrten Mantegna. Indes, Mantegna war Oberitaliener, nicht Toskaner. In Padua, der gelehrten Schwester der schönen Venezia, hat er sich entwickelt. Das Interesse für die Antike ist dort viel mehr als in Florenz zu gelehrtem Studium entwickelt.

Dazu waren im Temperament die Oberitaliener, besonders die Venezianer, den Meistern der Antike näher verwandt als die leidenschaftlichen Florentiner. Man darf nicht die engen Beziehungen Venedigs zum Orient, zu Griechenland vergessen. Nirgendwo anders ist der Sinn für harmonischen Ausgleich, das Schönheitsgefühl so stark ausgebildet wie in der venezianischen Kunst. Man kann gut sagen, nicht in Florenz, nicht in Rom, sondern in Venedig feiert die ruhevoll klassische Größe der griechischen Antike ihre glänzende Wiedergeburt, kann von einer wahren Renaissance delle arti antiche die Rede sein. Palladio hat das in der Architektur bewiesen.

Mantegna strebte jedoch weiter, realistische Wahrheit mit klassischer Schönheit zu einen. Dazu regte ihn auch das stark entwickelte Interesse der hochgebildeten Isabella d'Este, Gemahlin des jungen Marchese Francesco, für die Antike an. Die Wände des Theatersaales im Castello di Corte sollte er mit großen Darstellungen verkleiden. Man dachte wohl an Teppiche, wozu wir die mit Leimfarben auf Papier gemalten Kartons haben. Der jetzige Zustand ist durch eine spätere Uebermalung derartig schlecht, daß wir eigentlich nur den Gesamtwert, nicht das feinere Detail schätzen können. Ob er das Motiv selbst gewählt, ob es ihm vorgeschrieben war, können wir nicht mehr bestimmen. Letzteres ist das wahrscheinlichste. Jedenfalls ist dieser „Triumphzug Cäsars“ vorzüglich geeignet, die langen Wände eines gestreckten, mit Säulen gegliederten Saales zu schmücken. Neun Kartons haben wir vor uns (Taf. 50—58). Verbunden waren sie durch gemalte Pilaster, ähnlich denen in der Camera degli Sposi, und ebenfalls wie dort sollten die Gestalten hinter ihnen erscheinen. Außerdem bildeten Statuen und Trophäen vielleicht die Sockel und Bekrönungen der Pilaster. Diese „Teppiche“ müssen entsprechend dem Augenpunkt der Bilder in der unteren Linie etwas über Augenhöhe gehängt haben.

Schon die damit angedeutete genaue Berechnung des Augenpunktes spricht dagegen, daß Mantegna das ihn bisher so leidenschaftlich erfüllende Raumproblem, seinen kräftigen Realismus natürlicher Darstellung und optisch täuschender Einordnung der Figuren in den Raum plötzlich einem klassischen Reliefstil geopfert habe. Die Figuren hat er, wie übrigens schon immer, an den vorderen Bildrand gerückt. Von klassizistischer, mehr flacher zeichnerischer Behandlung ist nicht die Rede. Der Zug der rundgebildeten Figuren wälzt sich als raumfüllende Masse breit dahin. Dazu wachsen bei fortschreitendem Schaffen mehr und mehr die Wucht der Formen, der Reichtum an Bewegungen und die Ideenfülle in den Kompositionen. Das erste Bild (Taf. 50) hat in der Tat etwas von der ruhigen Folge der Figuren auf antiken Reliefs und ihrer fast nüchternen Klarheit. Schon auf dem zweiten Bild (Taf. 51) ist nichts mehr davon zu spüren. Wie anders eng eingepreßt in die Tiefe des Raumes schieben sich die durch zwei schreitende Gestalten gegliederten Massen vorwärts! An Bewegungsmotiven ist dies Bild bedeutsam gewachsen. Dem künstlerischen Schaffen der Italiener, vorzüglich dem Mantegnas entspricht es, wie dieselben als bewußte Verbindung der Gestalten untereinander, als Belebung und zu kompositioneller Gliederung der Gruppe verwendet werden. Man beobachte: zuerst nach links vorwärts schreitende Figuren, dann ein mähliches Umwenden der Gestalten, ihrer Blicke bis zum Stehenbleiben der Rückenfigur. Das ist alles durchdacht, nichts hat der Zufall gegeben.

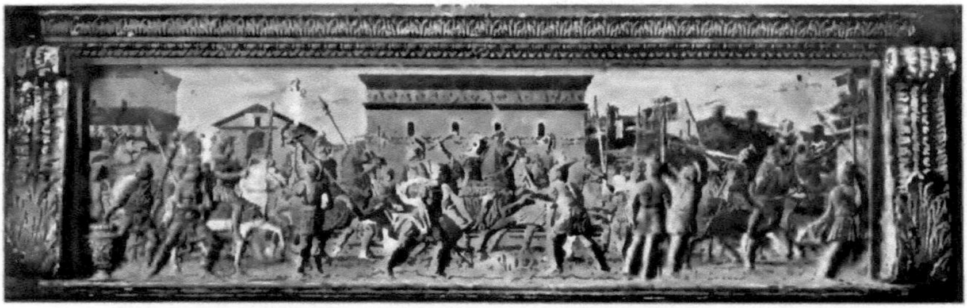

Mantegna-Schule: Farbiges Cassonerelief I im Museum Rudolphinum in Klagenfurt

Der gleichmäßige Abschluß jedes „Reliefs" für sich wird auf Nr. 3 (Taf. 52) aufgehoben. Eine ruhig stehende Figur schließt in der Mitte den zu vorigem Stück gehörigen Teilzug mit den Panzertrophäen ab. Lebhaft bewegt, schreitet, erkämpfte Prunkgefäße tragend, eine weitere Gruppe heran, die ebenfalls in das nächste Bild hineinragt (Taf. 53). Eine mächtige, lebhaft vorwärts schreitende Gestalt mit großer Vase beherrscht die Bildfläche; mehr zurück im Raume bewegt sich ein Zug von Stieren vorwärts. Das nächste Stück (Taf. 54) wird beherrscht von drei gewaltigen Elefanten, deren mächtige Massen an sich schon räumliche Tiefen für sich fordern, zumal da die Fackeln und schwingenden Gestalten über ihnen in ihren mageren, stark bewegten Silhouetten die Fülle der Formen kontrastlich zu höherer Wirkung bringen. Auf dem sechsten Bild (Taf. 55) läßt die lebendige Bewegtheit der Gestalten, ihre Gruppierung mit deutlicher Verwertung der Tiefe eine Steigerung des Bewegungsmotives, eine Auflockerung der Gruppe erkennen. Man kann hier unmöglich von antikem Relief reden. Man vergleiche diese Trophäenträger mit denen auf Bild 2 und 3, um zu erkennen, wie Mantegna den am Anfang vielleicht gefaßten Plan wirklich ruhiger Reliefdarstellung im antiken Sinne allmählich wieder aufgibt und seiner Freude an realistischer Wiedergabe vollkommene Freiheit läßt. Die nächsten drei Stücke sind gemessener. Bild 7, mit den Gefangenen (Taf. 56), ist gänzlich verdorben. Der Zug der Musikanten (Taf. 57) folgt, in harmonischem Dreiakkord gegliedert. Dann kommt der Triumphwagen des siegreichen Feldherrn Julius Cäsar heran (Taf. 58). Hinter ihm ein Engel, der über seinen Kopf den Siegeskranz hält, neben den Pferden ein Jüngling mit dem Siegeszeichen: Veni, vidi, vici. Alles zusammengerechnet, kann von einer strengen antiken Reliefbehandlung nicht die Rede sein, eher von einer bewußten

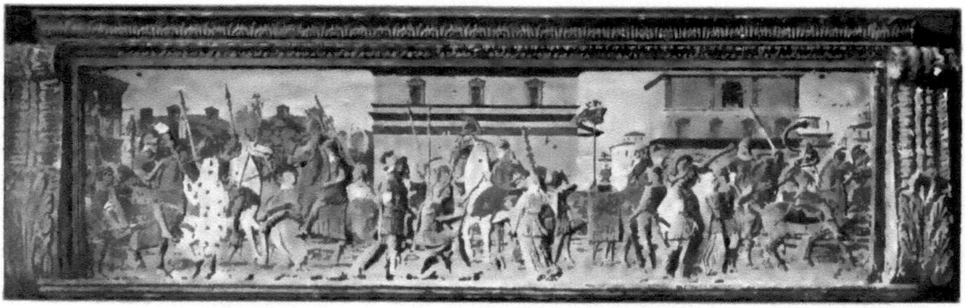

Mantegna-Schule: Farbiges Cassonerelief II im Museum Rudolphinum in Klagenfurt

Ueberwindung derselben. Das Stilgefühl läßt dazu schon fast cinquecentistische Formengebung und Figurengruppierung erkennen.

Die großartige Vorwärtsbewegung mächtiger Massen in dem hinter den Pilastern sich weit dehnenden Raum wird mehr und mehr als herrschende Hauptwirkung herausgearbeitet. Der antike Gedanke des in sich geschlossenen Flachreliefs wird von der wuchtigen Realität der Vorstellungen zurückgedrängt.

Jedenfalls beherrscht den Künstler die Idee der illusionistischen Malerei. Bei der wunderbaren Großartigkeit der Gesamtauffassung, dem Reichtum der Motive, der Pracht der menschlichen Erscheinungen, der Fülle an geistreichen Kompositionen ist der Ruhm des Werkes vollauf berechtigt. Es hat schon zu Lebzeiten Mantegnas als sein Meisterstück gegolten. Er erhielt am 2. Februar 1492 zum Lohn „für die glänzenden Werke in der Kapelle, dem Ehegemache und den ‚Triumphzug Cäsars‘ mit schier lebenden und frischatmenden Gestalten, an dem er noch arbeitete," ein großes Landgut, denn „wie Hiero durch Archimedes, Alexander durch Apelles und Lysipp,

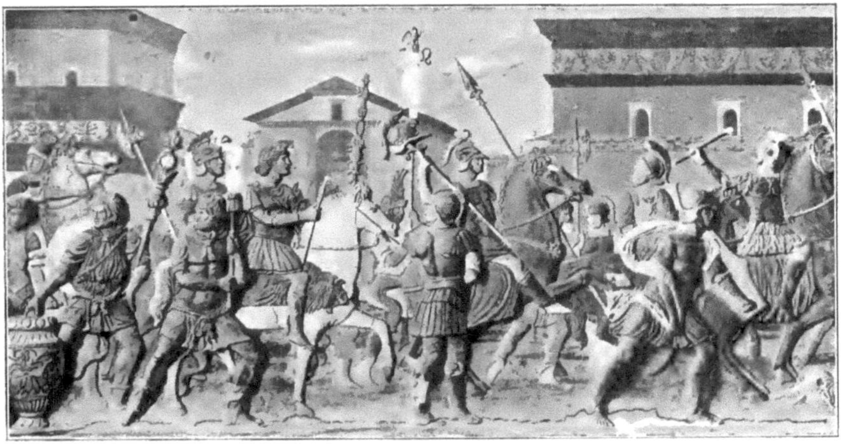

Detail vom Cassonerelief I (Abb. S. XXX)

Augustus durch Vitruv, so habe das Haus Gonzaga durch Mantegnas Werke sich unvergänglichen Ruhm erworben". Seine Arbeit ist 1492 noch nicht vollendet. Am 2. März 1494 zeigt sie Isabella dem Giovanni der Medici. Damals waren sie im Castello di Corte und wohl in genanntem Theatersaal aufgestellt. Später erst kamen sie in den Palast des Marchese Francesco bei S. Sebastiano.

Was die Beziehungen zur Antike betrifft, so hat Mantegna den antiken Vorbildern nicht nur Panzer und Kostüme, sondern auch manche künstlerische Motive entnommen. Zunächst hat er natürlich die Denkmäler Oberitaliens studiert und sind ihm dieselben in der Erinnerung geblieben. So begegnen wir der Rückenfigur eines Soldaten auf dem ersten Bild schon auf dem zweiten Eremitani-Fresko (Taf. 3 und 10). Ein Vergleich offenbart den glänzenden Fortschritt zu kraftvoller Formbildung, großer Haltung bei gleichem antikem Stand und Spielbeinmotiv. Die eine, auf Wagen gezogene Göttergestalt des zweiten Bildes ähnelt im Kopf dem Aeskulapkopf der Mantuaner Antikensammlung. Da der Künstler 1488—1490 in Rom war, hat er dort noch neue

Motive gefunden, was sich auf dem vierten Bilde (Taf. 53) bemerkbar macht (Hintergrund). Auf das einzelne hat es nicht viel Zweck einzugehen, da Mantegna doch alles persönlich neu gestaltet. Wir sehen die Marc-Aurel-Säule auf Taf. 55, die Rossebändiger auf dem Triumphbogen der Taf. 58. Aber nicht nur antike Denkmäler, auch die Literatur, Suetons Beschreibung von Cäsars Triumphzug, ferner die Appians von dem Scipios — vgl. auch späteres Bild mit Triumphzug Scipios (Taf. 119—121) —, muß Mantegna studiert haben. Der gelehrte Meister wollte gewiß streng antik sein, aber die Zeit gebot ihm andres. Der neue Subjektivismus drang durch. Sein Realismus, sein Kunstproblem gewann, wie wir sahen, immer wieder die Oberhand.

Hier muß auf zwei bemalte Cassonereliefs hingewiesen werden, die sicher auf zwei Werke oder Zeichnungen Mantegnas zurückgehen (Abb. s. S. XXX, XXXI). Verloren sind auch die Fresken in der Papstkapelle Innocenz' III. im Vatikan. Wir besitzen verschiedene Beschreibungen der Freskendekoration dieser Kapelle. Alle sind voller Begeisterung, besonders ob des lebendigen Realismus einerseits und der sorgfältigen Ausführung des reichen Ornamentes anderseits. Johannes dem Täufer war sie geweiht, und außen über der Tür war er in Halbfigur gemalt. An großen Freskostücken befand sich im Innern die „Taufe Christi", die „Enthauptung Johannes des Täufers" und die „Madonna mit Kind", „Petrus den knienden Papst Innocenz VIII. empfehlend" und verschiedene Heilige. Eine schlechte Kopie des Papstkopfes ist uns erhalten (Abb.S.XXXII). Neben zahlreichen andern, zum Teil Chiaroscurfresken, war das Bedeutsamste gewiß die Dekoration der kleinen Kuppel, wo eine Laube mit fünfzehn Putten in Untensicht — das Vorbild zu der Kuppel in S. Andrea, Mantua und Corregios Decke in S. Paolo, Parma — gemalt war.

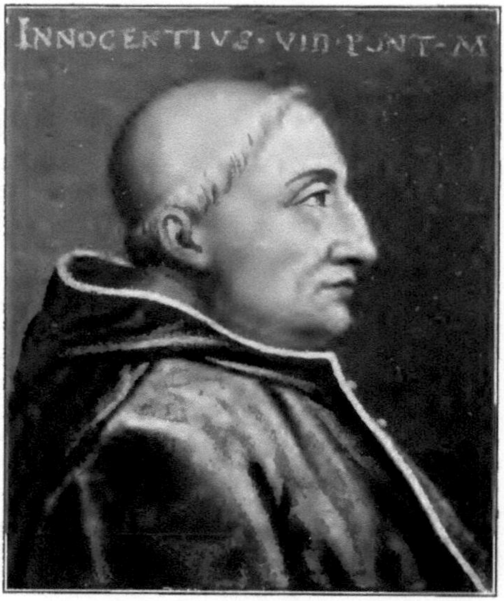

Wien, Hofmuseum — Papier auf Holz, H. 0,12, B. 0,098

Bildnis des Papstes Innocenz VIII.

Kopie aus den untergegangenen Fresken Andrea Mantegnas im Belvedere des Vatikans

Dazu kommen die Bilder für das Studiolo der Isabella d'Este (Taf. 59—64) aus dem letzten Jahrzehnt seines Lebens. Einen durch Pilaster gegliederten Raum sollten sie schmücken. Hier hat Mantegna die illusionistische Vereinigung des Bildraumes mit dem wirklichen Raum, die Verbindung verschiedener Bilder in einer Raumeinheit aufgeben müssen. Kaum freiwillig. Es waren kleine Bilder mit Figuren weit unter Lebensgröße gefordert. Der Begriff des Bildes an sich mit eignem, in sich geschlossenem Raum mußte stark werden. Auf den beiden von ihm fertiggemalten Bildern „Parnaß" (Taf. 59) und „Sieg der Tugend über das Laster" (Taf. 63) erkennen wir deutlich, daß der Künstler bemüht ist, den Raum, in dem sich die Figuren bewegen, in die Tiefe hinein zu weiten. Auf dem „Parnaß" sehen wir vorn rechts Merkur, den vorderen Abschluß bezeichnend, auf dem mittleren Hauptplan die tanzenden Musen, über ihnen über dem Felsentor Apoll und Venus mit Eros. Darunter geht der Blick in die weite Ferne. Wir erkennen, welche Fesseln die Zeit ihm gegeben. Hier wie auf folgendem Bild hat selbst Mantegna, dieser Meister des Raumproblemes, den Begriff des freien Weltraumes noch nicht erfaßt. Das war späteren Jahrhunderten vorbehalten. Er begreift doch nur die feste Form. Von ihr geht er aus und konstruiert sich den sie umschließenden, gewissermaßen architektonischen Raum. Auf beiden Bildern ist, sei es durch eine Felswand, sei es durch große Arkaden, der Raum nach hinten abgeschlossen. Die Ferne steht, unverbunden mit diesem erweiterten Vordergrund, nur als Ausblick in die Weite.

Im übrigen ist der sogenannte „Parnaß" — im Inventar des Arbeitszimmers der Isabella wird „Orpheus mit den Nymphen" genannt — vielleicht das reizvollste Stück von der Hand des rauhen Meisters. Man hätte ihm solch entzückenden Reigentanz, solch leicht schwingende Bewegungen, wie sie die Musen hier vorführen, kaum zugetraut. Besonders frisch sind die beiden zuspringenden Mädchen rechts mit den außerordentlich delikaten Linienführungen und zierlichen Bewegungen (Taf. 62), vgl. Botticelli. Die Gestalt der Venus neben Apoll ist von großer Weichheit und Geschmeidigkeit (Taf. 60). Vor dem dunkeln Orangebusch hebt sich die helle Gestalt leicht ab. Auch die feine Beleuchtung, der zarte Farbauftrag auf Leinwand, die lichte Gesamtstimmung und die hübschen Fernblicke steigern die Reize des Bildes.

Weniger verlockend, allein schon wegen des unsympathischen Motivs ist der Triumph der Tugend über das Laster (Taf. 63). Die Tugend — eine Athena — treibt in ziemlich grober Bewegung allerlei lasterhafte, oder von den üblen Folgen des Lasters verzerrte Gestalten nach rechts. Es fehlt dem Bild die Geschlossenheit. Die schönen Arkaden, sich prachtvoll vom farbigen Himmel abhebend, vermögen nicht Rhythmik oder Gliederung in die Gruppen zu bringen. Der Künstler ist wieder der alte Realist, der nicht nur an naturgetreuer Wiedergabe selbst häßlicher Formen, sondern auch an schwierigen Verkürzungen seine Freude hat. Besonders die Gruppe rechts, wo ein nacktes, stark in Verkürzung gegebenes Weib — vgl. Pietà, Taf. 115 — weggetragen wird, ist dafür charakteristisch.

An dem dritten Bild (Taf. 64) war Mantegna kaum noch tätig. Er hat einige Gestalten (s. Anmerkung) vorgezeichnet. Am ehesten können wir in der sehr bewegten Gruppe des Merkur mit Janus rechts noch etwas von seiner Art erkennen. Im übrigen hat Costa, der das Bild ausführte, dem Ganzen seinen weichen, liebenswürdigen Stimmungston gegeben. Hier mag noch auf die fein abgestimmte Landschaft aufmerksam gemacht werden, die sich, ganz anders als die harten detaillierten Fernen Mantegnas, in dem tonigen Nebelhauch einem malerischen Landschaftsbild nähert. Ein interessanter Hinweis auf die Wege, welche die Landschaftsmalerei einzugehen hat; nicht jedes feine Detail darf heraustreten, sondern ein Gesamtton, die Luftstimmung im weiten Raum muß dominieren.

Ein unbedingter Beweis dafür, daß dem Meister das Problem illusionistischer Raumwirkung bis zu seinem Tode als höchstes Ideal vorschwebte, sind die Fresken seiner Grabkapelle in S. Andrea zu Mantua. Abgesehen von dem eigenhändigen Bild der heiligen Familie (Taf. 65) stammt nur der Entwurf von ihm. Die Taufe Christi (Taf. 67) mag er begonnen haben. Die Wandmalereien beschränken sich auf dekorative Verzierungen der aus farbigem Stein, in strengem Renaissancestil aufgeführten Kapelle. Abgesehen von kleinen, einfarbigen Stücken sind die vier Evangelisten in den Zwickeln, die das Rechteck des Raumes zum Rundgesims der Kuppel (Taf. 68, 69) überleiten, zu nennen. Sie sind vom Standpunkte des Beschauers in entsprechender Untensicht gegeben. Der Blick steigt mit ihnen empor; sie sitzen, sich an eine vordere

Brüstung lehnend, vor Orangenhecken, über denen der Himmel hell aufleuchtet. Besonders interessant ist der heilige Matthäus, im Kontrapostmotiv Gestalten der sixtinischen Decke Michelangelos verwandt. Die Kuppel selbst schließt nach oben in einer gemalten Rundlaube ab, deren Mitte das Wappen des Künstlers trägt (Abb. S. XII). Vollendet ist die Ausführung erst zehn Jahre nach dem Tode des Meisters.

Damit schließt die Reihe der Monumentalwerke des Meisters ab. Allein in der wirklichen Raumdekoration, bei den mit architektonischen Räumen innigst verbundenen Wandmalereien hat das Raumproblem Mantegnas zu natürlicher Entwicklung, großartiger Entfaltung kommen können. Was er weiter an Tafelbildern, Altarstücken geschaffen, wie weit sie auch die Maltechnik zur Entwicklung bringen, das werden wir jetzt sehen.

Mantegna ist kein rechter Tafelmaler gewesen. Waren seinem ins Große strebenden Geiste die kleinen Bildflächen nicht genug oder fehlte ihm und seinem etwas nüchternen Wahrheitssinn bei diesen gesonderten Stücken die rechte Verbindung mit der räumlichen Wirklichkeit, wie sie sich bei den Wandbildern von selbst ergab? Bei manchen Bildern hat man den Eindruck, als ob der Meister kein rechtes künstlerisches Ziel gehabt hätte und sich zu kleinlicher, fast spielerischer Wiedergabe des Details verleiten ließ. Wie Freude an feiner Malweise, gewissermaßen in den stillen Stunden seines Lebens, lacht es uns da öfters zu. Aber eigentümlich wie der Meister, der so frappante naturalistische Szenen, so ausdrucksvolle Porträte im Wandbild gegeben, dem Einzelporträt hilflos gegenübersteht, wie ferner seine Realitätseffekte im Tafelbilde fast störend werden. Indes, diese Tafelbilder haben in ihrer reicheren Zahl den Vorzug, daß sie uns des Künstlers Charakter näher führen und da wo Fresken verloren sind, seine Entwicklung uns klar vorlegen. Wir werden vier Epochen erkennen:

Epoche I (bis 1456): Im Fresko beginnend, Suchen des Jünglings, sein Studium Donatellos und der Antike, sein Streben nach plastisch-realer Wiedergabe der Natur und ihrer Erscheinungen im einzelnen wie im Raum. Auch Tafelbilder.

Epoche II (1456—1468): Nur in Tafelbildern tätig. Es entwickelt sich unter venezianischem und niederländischem Einfluß ein bunter, glatter Kolorismus.

Epoche III (1468—1494): Hauptwerke der Wandmalerei. Die Raumkunst in realistischer Gestaltung und sinnlicher Formgebung erreicht bei mächtiger Energie ihren Höhepunkt. Tafelbilder der Zeit sind geringer Qualität.

Epoche IV (1494—1506): Zweite Hauptepoche der Tafelmalerei. Entwicklung des Meisters aus realistischer Quattrocentokunst zu cinquecentistischer Massenkomposition. Der Realismus bleibt herrschend.

Bevor wir zu den Tafelbildern kommen, haben wir noch eines Freskos zu gedenken, welches das Giebelfeld des Hauptportales vom Santo in Padua schmückt. Dargestellt sind die beiden Heiligen Antonius und Bernardinus, die kniend einen Kranz mit dem Christuszeichen halten (Taf. 70). Es ist genau datiert auf den 11. Juni 1452. Wir erkennen hier, daß der junge Künstler damals schon im Vollbesitz technischer Hilfsmittel und perspektivischer Berechnung selbst auf tiefen Augenpunkt hin war. Das von rechts her eindringende Licht hebt, stark Schatten werfend, die Gestalten unter dem Bogen kräftig heraus. Die Farben sind sehr verblaßt, so auch der grüne Grund. Die Figuren sind fein gezeichnet, wie die der Christophorusfresken in der Art des Jacopo Bellini, den Mantegna 1452 kennen lernte. Amüsant ist die Freude an kleinem Beiwerk.

Die Tafelbilder Mantegnas können die großen Linien seiner genialen Erscheinung zwar nicht verstärken, aber doch das Porträt im einzelnen durchbilden und feiner modellieren. Bei den Wandbildern kam sein realistisches Prinzip, das Kunstproblem, das seinen Geist so sehr erfüllte, zu vollem Ausdruck. Wie seine Formkenntnis sich entwickelte, seine Maltechnik besser wurde, das geben die Bilder an. Da bringt gleich sein frühestes datiertes Altarbild, der Lukasaltar in der Brera zu Mailand (Taf. 72 und 73), eine deutliche Erklärung von des Künstlers Wollen. Das, was uns im Fresko sogleich auffiel, das Streben nach plastisch klarer Bildung, nach dem Vorbild keines Größeren als Donatello, wird uns ebenfalls offenbar. Ein Vergleich dieses aus zwölf Holztafeln — auf jeder eine Ganz- oder Halbfigur — bestehenden Altaraufbaues mit ähnlichen Werken der venezianischen Schule, wie dem 1450 datierten Altar der Antonio und Bartolommeo Vivarini im Museum zu Bologna (gemalt für S. Francesco zu Padua) läßt deutlich eine äußerliche Abhängigkeit von dieser älteren, noch gotisierenden venezianischen Kunst erkennen. Die Anordnung ist im großen und ganzen dieselbe, und sicher hat auch ein ähnlicher Rahmen mit gotischem Zierat dereinst die einzelnen Bilder, die Gestalten des Lukasaltares besser miteinander zu einem Altaraufbau verbunden. Dafür sprechen die Spitzbogen und der goldene Hintergrund. Das sind äußerliche Aehnlichkeiten. Bei näherem Studium erkennt man den ganz hervorragenden Fortschritt Mantegnas über die weichlich-kraftlose Manier der Muranomaler hinaus. Nicht allein, daß die Haltung an Festigkeit gewonnen hat, die Bewegungsmotive plastisch streng und sicher nach der Natur gebildet sind, auch bis ins einzelne hinein sind die Formen, die Gesichter, die Hände, die Gewandmotive, die Falten äußerst sorgsam, in der Klarheit neu gewonnener Vorstellung fast hart und realistisch rund herausgearbeitet. Trotz dieser kraftvollen Neubildung der Formen unter Einfluß der Florentiner, vorzüglich Donatello, verleugnet Mantegna seine oberitalienische Natur nicht. Nichts von florentinischer bewegter plastischer Gestaltung mit tiefen Schatten und hartlinigen Umrissen, bunten Farbenkontrasten: auf rötlichem Unterton mit Goldhintergrund, arbeitet mit fein aufgesetzten Lichtern und lichten Tönen. Er modelliert mit Farben. Die venezianischen Reize eines schillernden, mit vielen feinen Nuancen arbeitenden Farbenspieles lassen fast die koloristischen Werte über die plastischen emporragen. Der Farbcharakter des Bildes ist in dem zarten Rosa am Gewand des heiligen Lukas und am Mantel der heiligen Justina, dem Hellrotbrokat des Mantels des heiligen Benedikt und Zinnoberrot des Mantels der Justina, in ihrem blauen Aermel, dazu dem feinen Blau, lichten Rot an den Büchern der beiden Schwarzgekleideten u. a. m. durchaus ein duftiger, helleuchtender.

Nahe verwandt in den Typen wie in den feinen Farbtönen ist eine „Darbringung im Tempel" in Berlin (Taf. 71). Bedeutsam ist die Technik: das Bild ist auf Leinwand gemalt. Früher hat man Mantegna für den Erfinder dieser Manier gehalten. Neuerdings hat sich jedoch herausgestellt, daß sie schon von anderen Malern vor ihm, besonders in Venetien, wo das feuchte Klima der Holztafel wie der Freskotechnik besonders ungünstig war, gehandhabt wurde. Mantegna wendet hier einen feineren Leinenstoff und dazu scheint's eine Kreidegrundierung an. Ein Vergleich der Gesichtstypen — Maria cf. Joseph cf. heiliger Agstinus oder Prosdozimus, Kopf rechts hinten cf. S. Sebastian, Priester links oben heiliger Daniel cf. heiliger Benedikt — wie der breiten kurzen Hände, endlich verwandte Farbenspiele, wie das zarte Rosabrokat des Mantels vom Priester oder das Gelbschwarzbrokat am Mantel der Maria, lehren den innigen Zusammenhang mit dem Lukasaltar der Brera. Das Karnat ist bleich grünlich oder matt rosa. Auch hier liebt er die hell aufgesetzten Lichter, mit denen er auf farbigem Grund modelliert. Besonders bei den Gewändern kommt er so zu glanzschillernden Farben, wenn auch infolge der rauheren Technik nicht zu der Glätte und Eleganz der Oberfläche auf den Holztafeln des Brerabildes.

Fast alle Tafelbilder hat er auf Leinwand gemalt, so die heilige Eufemia in Neapel, 1454 datiert (Taf. 75, 76), und zwar in weiterer Entwicklung dieser Technik.

Er verzichtet auf Grundierung und trägt die Leimfarben direkt auf die grobe Leinwand auf. Wenn dabei auch der Glanz der Farben einem stumpferen Ton weichen muß, so gewährt die Leichtigkeit des Pinselstriches dem Künstler eine bedeutend freiere, schnellere Aussprache. Deshalb zeigen gerade diese Leinwandbilder im Ausdruck zumeist die lebendigste Stimmung. Das läßt sich freilich nicht von der strengen, etwas leblosen Gestalt der Eufemia sagen, die als das interessanteste Zeugnis für das Antikenstudium des jungen Meisters, wie wir es schon auf dem zweiten Fresko — Jakobus vor dem Richter — beobachten konnten, zu gelten hat. Hier tritt es an der hochaufgerichteten Haltung der Heiligen klar hervor, die wie statuarisch fest in ihrem Steinrahmen steht. Antike Vorbilder haben die einfachen Proportionen, die ruhige Haltung und den Wurf des Gewandes veranlaßt. Wie anders, klassisch-ruhig ist das Stehmotiv hier gebildet gegenüber der heiligen Justina des Brerabildes! Auch das Gesicht ist in der korrekten Gleichmäßigkeit, von herabwallenden Locken eingefaßt, der geraden Nase durchaus antikisch, selbst in der Leere des Ausdrucks.

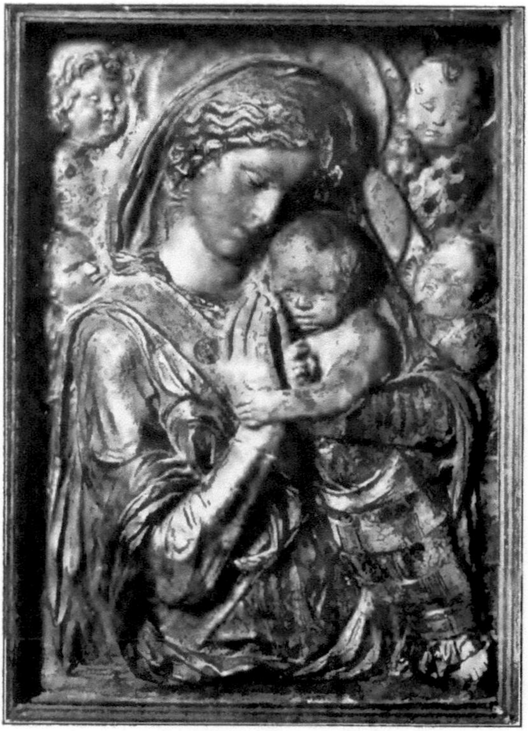

Donatello, Madonnenrelief
Berlin, Kaiser-Friedrich-Museum

An Größe der Gesichtsbildung mit den flachen, scharfgeschnittenen Augen durchaus verwandt und darum zu gleicher Zeit entstanden ist die Madonna Simon (Taf. 77) in Berlin. Das starre Vorsichhinblicken hat etwas Tiefsinnendes bei der Innigkeit, mit der die Mutter ihr schlafendes Wickelkind — cf. Darbringung im Tempel — an sich drückt. Neben dem Antikennachahmer, dem Gelehrten Mantegna kommt hier der Realist und Mensch zur Aussprache. Auch hier haben ihm, wie überall auf den Bahnen seines Naturalismus, Florentiner, und zwar kein andrer als Donatello (Abb. S. XXXVI) die Wege gewiesen. Freilich zeigt sich neben dem genialen Vorbild die ängstliche Befangenheit des jungen Künstlers. Dazu fehlt ihm, wie übrigens auch weiterhin der höhere Kunstsinn für die rechte Einordnung der Figuren, der Büsten in den Rahmen. Donatello erscheint monumental, fast cinquecentistisch in der großen plastischen Bildung und der klassischen Vornehmheit der Erscheinung, während diese Madonna Mantegnas und alle seine folgenden nie den Charakter ungeschickter, mühseliger Quattrocentokunst überwinden, freilich auch intimer, menschlicher sind.

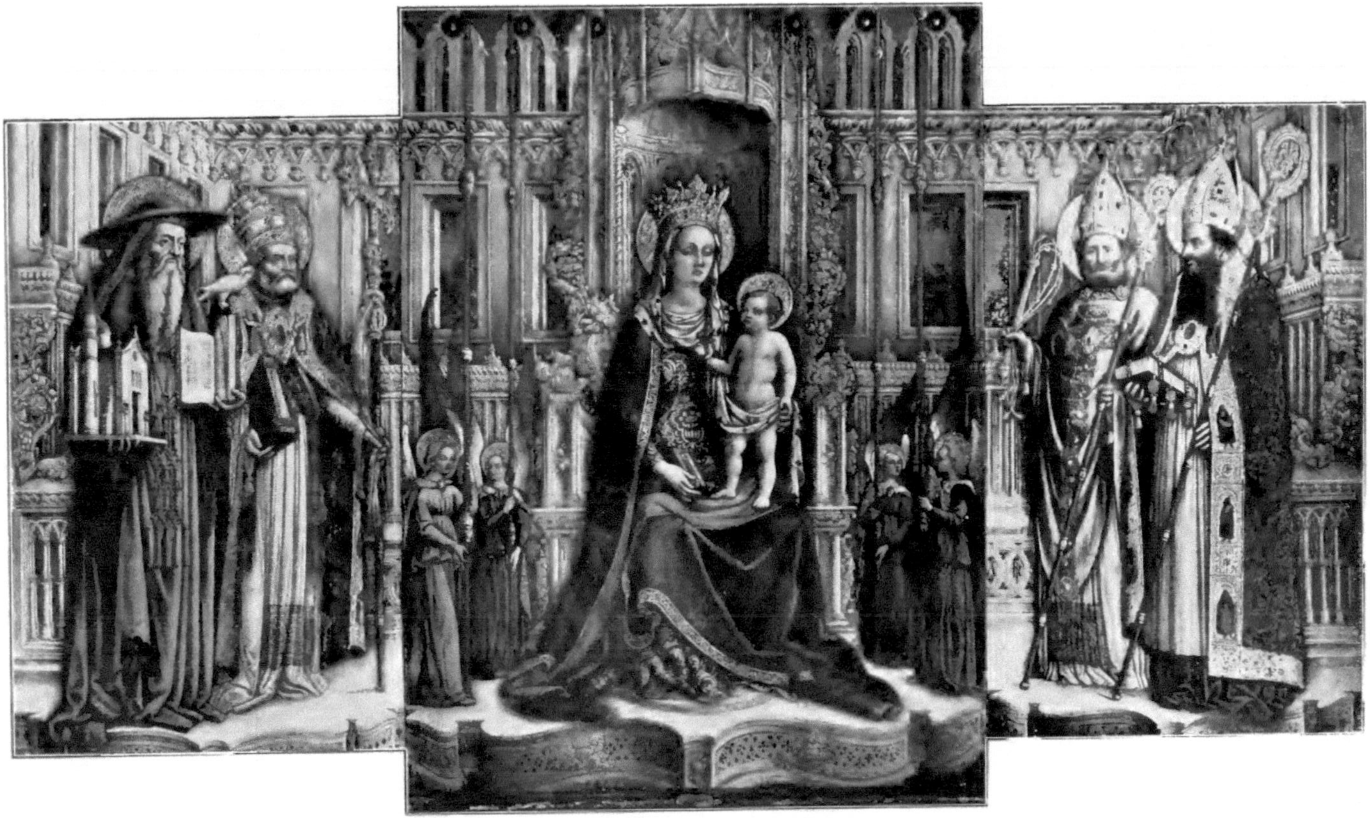

Maria mit Kind zwischen den Kirchenvätern
Johannes Alemannus und Antonio da Murano. Venedig, Akademie

Der Frühzeit des Suchens soll eine große Aktgestalt, ein heiliger Sebastian in Aigueperse (Taf. 74) angehören. Die Gestalt in ihren schweren Formen erinnert an den heiligen Christophorus auf den letzten Eremitanifresken Mantegnas (Abb. S. XXII), Formen, die Meistern wie Castagno entnommen zu sein scheinen. Die einzelnen Architekturmotive, so das der Tritonen am Kapitell, ferner der Feigenbaum, die runden Baumformen und der Triumphbogen im Hintergrund finden sich auch dort. Anderes wieder erinnert an das Jakobus-Hinrichtungsfresko. Dazu jedoch nirgends etwas von Stilisierung, scharfem Linienumriß oder der Antike entnommenem entwickeltem Stehmotiv, wie etwa bei der heiligen Eufemia. Der Körper ist kräftig realistisch herausgearbeitet, fast plump in den Formen und in Proportionen, ungeschickt in der Haltung. Mir will bei dieser Vollbildung der Formen, der prachtvollen Säule eine spätere Entstehung, vor 1480, nicht unmöglich erscheinen.

Wenn der Künstler hier immerhin naiv erscheint, so ist nicht das gleiche bei dem größten Altarwerk, das er geschaffen, dem Altar in S. Zeno zu Verona (Taf. 78—87), der Fall. Es beginnt mit ihm eine neue Epoche in Mantegnas Kunst, die des bewußten energischen Strebens nach strenger Formenbildung und fester Zeichnung. Wenn irgendwo mit Gelehrsamkeit und künstlerischer Doktrin gemalt wurde, so hier! Fast drei Jahre hat der Künstler an dem Werk gearbeitet. Es ist in vieler Beziehung eine Meisterleistung der Zeit. Das Bedeutsamste ist daran die vollkommene Ueberwindung schwankender mittelalterlicher Auffassung. Wir haben hier den ersten, rein in Renaissanceformen aufgebauten, mit Renaissancerealismus durchgebildeten Hochaltar. Welche gewaltige Umgestaltung sich damit in der Dekoration wie in der neugewonnenen Realität der Erscheinungen des Bildes ergibt, zeigt ein Vergleich mit dem zehn Jahre früher gemalten Bild des Giovanni d'Allemagna und Antonio Murano in Venedig (Abb. S. XXXVII). An Stelle niedlichen Zierats, schwächlicher Figuren sind kraftvolle Architekturformen und greifbare, plastische Gestalten getreten. Alles nur feste Realität. Mehr noch wie sonst hat dabei Mantegna die Arbeit eines Größeren, Donatellos Altaraufbau im Santo zu Padua, sich zum Vorbild genommen. Er ist leider nicht mehr in alter Form erhalten, aber die Anlehnung Mantegnas ist eine so starke, daß sein Bild zu dessen Wiederaufbau herangezogen ist. Des Malers Aufgabe war, auf der Bildfläche plastische Rundung, räumliche Vertiefung und perspektivische Einordnung der Heiligengestalten zu erwecken. Es handelt sich, wie wir schon bei seinen Raumbildern betont haben, um die Schaffung eines architektonischen Raumes, den er nach vorn durch Pilaster, Säulen, Girlanden, nach hinten durch schwere Pilaster-Arkaden abgrenzt, ähnlich wie auf den Jakobusfresken (Taf. 2).

Leider ist der Altar nicht mehr am alten Platze, wo der Lichteinfall dem des Bildes genau entsprach, sondern sehr schlecht im Chor bei entgegengesetztem Licht und dazu viel zu hoch aufgehängt. Die illusionistischen Wirkungen, die bei voller Einheit der Beleuchtung im wirklichen Raum mit der im Bild, bei dem Zusammenlaufen der perspektivischen Linien im Auge des Beschauers dereinst am rechten Ort zum Ausdruck kamen, sind so vollkommen genommen. Wir sehen jetzt nur kühle Nacktheit der realistischen Einzelbildungen. Auch die Pracht und Reinheit der Renaissanceformen kommt in diesem öden Raum nicht zur Geltung.

Der Einfluß des plastischen Vorbildes hat feste, ja harte Formgebung zur Folge. Die Haltung der Gestalten hat etwas von statuarischer Starrheit an sich, zu sorgsam, zu streng der Natur nachgebildet. Die Figuren Maria, die singenden, musizierenden Kinder und die Heiligen der Seitenteile erscheinen wie aus der Naturform herausgegossen. Alles ist von äußerster Genauigkeit und Sorgfalt, sowohl die Perspektive, der Lichteinfall, als auch jedes kleine Falten- oder Architekturdetail, die realistischen Figuren, die Girlanden. Gewiß hat die Madonna in ihrer etwas zeremoniellen Haltung, haben die Heiligengestalten in ihrer Hoheit, in der Festigkeit der körperlichen Erscheinung und der Klarheit, mit der das scharfe Seitenlicht sie herausmodelliert, etwas Monumentales. Wir bekommen hier gerade jenen früher genannten venezianischen Arbeiten gegenüber zum ersten Male auf einem oberitalienischen Altarbild den Begriff fester, klarer Wirklichkeitsvorstellung. Aber diese Vorstellung — es muß gesagt werden — hat unbedingt etwas vom mühselig Erkämpften, aus gelehrtem Studium Errungenem, etwas, was übrigens dem Schaffen in der zweiten Hälfte des Quattrocentos durchaus und überall anhaftet. Die Bildung der nackten Formen Johannes' des Täufers möge der des eben besprochenen Sebastian an die Seite gestellt werden. Man wird erstaunt sein über die plötzliche Härte der Umrisse, die Schlankheit der Proportionen und Magerkeit der Formen bei fortgeschrittener Sicherheit der Bildung.

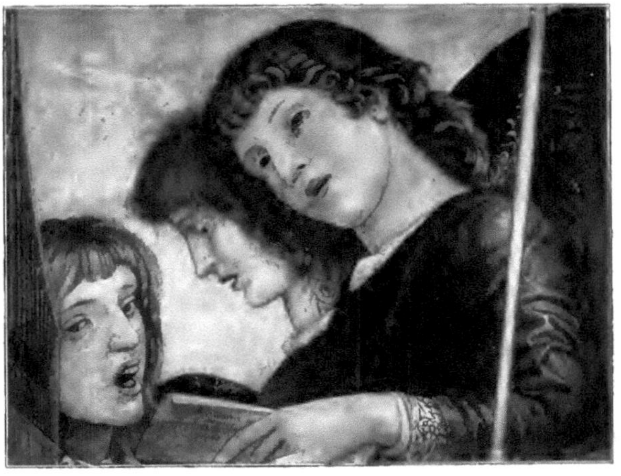

Aus der „Madonna mit dem Kinde in Wolken"
(Mailand, Principe Trivulzio. Vergl. Taf. III)

Nach einer Aufnahme von D. Anderson, Rom

Auch die Farben zeigen ernstes Studium, nicht frohe Leichtigkeit. Bei Johannes ist das Karnat bräunlich, bei den übrigen mehr ins Rote gehend. Die greifbare Wahrheit der Figuren wird durch das harte Licht und die Schwere der Gewänder erhöht. Der rechte Flügel ist überhaupt dunkel. Den drei Heiligen hinter Johannes sind lastende Mäntel in Gelbbraunbrokat, Grünbrokat und Schwarz übergelegt. Maria trägt alten Vorschriften entsprechend ihr übliches rotes Kleid und blauen Mantel. Allein der grün-orange-blau-farbige Teppich zu ihren Füßen belebt und erheitert zusammen mit den hellblauen, grünen und gelben Kleidchen der Engel das Mittelstück. Auf dem linken Flügel, wo die Heiligen breit vom Licht getroffen werden, sind die Farben lebendiger. Vor allem leuchtet das Gelb des schweren Mantels des Petrus links hervor; bei den andern sind die Mäntel blau, grün und violettlich eine unangenehme Buntheit, die wieder zerreißt, was die schwer konstruierte Einheit auf einen Augenpunkt hin und im gleichen Lichteinfall erwirkte. Keinerlei harmonische Zusammenstimmung der Farben, keinerlei Toneinheit gibt dem Ganzen etwas Geschlossenes. Es fehlt eben noch das malerische Feingefühl für Gesamtwirkung. Die plastische Wahrheit der Einzeldinge in der Natur ist mit der ganzen Energie eines scharfblickenden Geistes erfaßt. Die Gestalten sind wie herausgerissen aus der Natur. Sie sind von einer Naturfrische — man betrachte besonders die entzückenden Engelputten —, die, wenn wir das einzelne betrachten, überrascht. Nun schafft der Künstler für diese plastisch gesehenen Figuren Räume mit Perspektive und Licht. Man könnte malerische Absichten vermuten. Indes der plastische Gedanke, die konstruierte Raumplastik dominiert. Wie Mantegna dies Problem sich stellt, ist etwas ganz Neues. Auch andre haben gleichzeitig mit ihm und zum Teil mit mehr malerischem Gefühl — man denke an Piero dei Franceschi — das gleiche erstrebt. Daß es schließlich ein Streiten ohne rechte Erfolge war, daß es zu wirklicher, malerischer Auffassung noch nicht kam, sondern zunächst die Plastik obsiegen sollte, die Schönheit der Einzelform auch im Bild — ist nicht dem Meister zum Vorwurf zu machen. Die Zeit war noch nicht reif dazu, und in Italien, dem Lande, wo die scharfen Sonnenstrahlen jedes Detail herausheben und den Wert der Einzeldinge über die Gesamtheit und die große Raumeinheit stellen, sollte eine Malerei des weiten Luftraumes nicht erstehen. Vier Jahrhunderte hat es gedauert, ehe es, und zwar im Norden, dazu kam!

Fast wie ein Ahnen feinerer malerischer Auffassung klingt es aus den drei Predellenstücken, vorzüglich aus der wunderbaren „Kreuzigung", die sich jetzt im Louvre befindet (Taf. 82—84). Auch hier die noch schematische Anordnung der Figuren, der Felsenkulissen in die Tiefe. Aber alles ist lockerer, freier. Das Licht belebt die Luft, strömt durch die Räume bis in die Weite. Keine der Figuren drängt sich aus dem Bild heraus. Das Licht scheint die Oberhand zu gewinnen. Die hell bestrahlte Bodenfläche, die aufgelichteten Schatten der Felswand rechts, eine andre beleuchtet im Mittelgrund, führen das Auge in die Tiefe. Wir schauen empor zu Gipfeln, auf denen eine Stadt sich breitet, und zu der von Licht zart umfluteten leicht gerundeten Höhe rechts hinten, über der der strahlende Horizont aufleuchtet. Hier fühlen wir über das gelehrte Begreifen hinaus ein intimeres Eindringen in die Schönheit der sonnenglänzenden Natur und der atmosphärischen Abtönungen. Das Stück, wo hinter dem mit festen Linien und Farben gemalten Helm des Soldaten die duftige Ferne leuchtet, das bedeutet eine neue Etappe zu malerischer Auffassung. Man sieht, das scharfblickende Auge des Realisten allein ist es, das neue künstlerische Probleme erfaßt. Von besonderer Bedeutung ist ferner die seelische Belebung der Figuren in diesem schmerzensreichen Moment. Wie ausdrucksvoll und zugleich zart in Linie wie Lichtführung ist die Gestalt des Gekreuzigten (Taf. 83). Maria sinkt gebrochen zu Füßen des Kreuzes in die Arme der Frauen (Taf. 84), und wehmütiges Klagen tönt aus dem Innern des tiefergriffenen Johannes (Taf. 82). Die Gestalten der Soldaten, besonders derer, die am Boden um den Rock würfeln, sind nicht nur in ihrer Verkürzung interessant, sondern wir finden in ihnen auch die ersten Ansätze zur Genremalerei, zu einer kräftigeren Charakterisierung und zugleich starken Geisteskonzentration der Menschen auf einen Moment hin (Taf. 85). Das bedeutet eine gewisse Höhe in Mantegnas Schaffen. Kein Werk seiner Hand ist so voller Ausdruck, so sprossend von den verschiedenfachsten Keimen zu neuen Kunstzielen wie diese „Kreuzigung".

Die beiden andern Stücke der Predella, in Tours (Taf. 86 und 87), sind nicht von gleichem Reichtum an Bildung, seelischen Gefühlen oder malerischen Effekten. Sie sind härter, klarer, einfacher, aber von eigenartiger Großartigkeit. Wie die Landschaft auf „Christus auf dem Oelberg" breit und groß in zwei mächtige Massen — rechts der steil aufsteigende Fels, links der mählich sich erhebende Hügel — geteilt ist und die Gestalten fest geformt sind, wie hoheitsvoll Christus sich auf dem andern Stück aus dem Grabe aufrichtet, dahinter der mächtige Felsblock, in großer Silhouette vor dem helleuchtenden Himmel, das ist besonders monumental.

Durchaus verwandt der Manier des Zenoaltares ist der „Heilige Sebastian" in Wien (Taf. 88). Die eckig strenge Zeichnung und magere Formgebung entsprechen durchaus dem Johannes dem Täufer dort im charakteristischen Gegensatz zu dem früheren

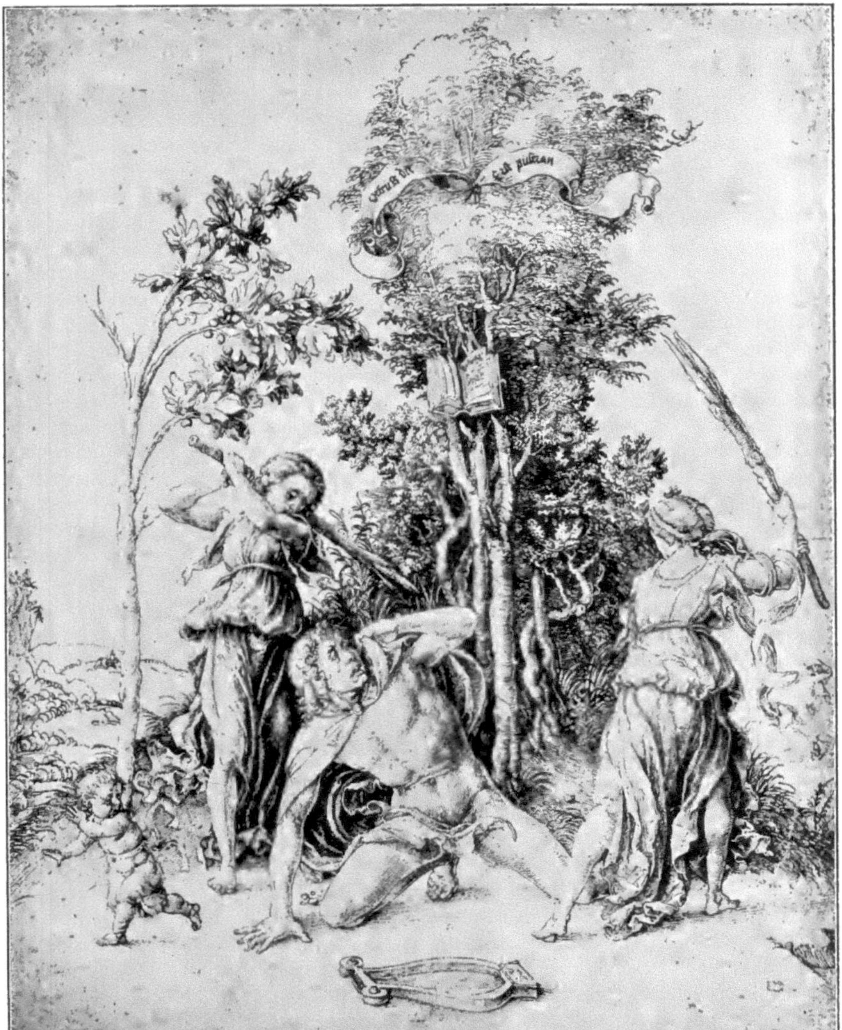

Albrecht Dürer, Orpheus von Bacchantinnen getötet
Federzeichnung nach einem Stich oder einer Zeichnung Mantegnas. Wien, Albertina

Sebastian (Taf. 74). Alles ist scharfkantig, hell und klar; die Luft ist durchsichtig, die Details der nahen Architektur wie der weiten Ferne sind von äußerster Genauigkeit. Man bekommt unbedingt den Eindruck, als ob der Künstler möglichst reiche Bewegung im Körper mit starker Heraushebung aller Gelenke geben wollte. Die bewegte Figur hat ruhige Vertikalen eines Pilasters zum Hintergrund. Die Antikenreste, ferner die in Wolken links oben dahinjagende Figur eines Reiters, dem Theodorich von Bern am Portal von S. Zeno nachgebildet, erweisen weiterhin, daß das Bild in Verona gemalt ist. Die Landschaft ähnelt der auf der Hinrichtung des Jakobus so sehr, daß man eben auf ein reiches Studienmaterial, das er immer wieder verwendete (cf. Taf. 102), schließen kann.

„Bronzeköpfe“ hat er gebildet; das Porträt des Kardinals Lodovico Mezzarota in Berlin (Taf. 90) gibt das glänzendste Beispiel dafür. Feste Zeichnung, scharfer Umriß, drahtartige Haarlocken; die Augenlider, die glatten Licht- und Schattenflächen, die Falten wie aus sprödem Blech. Die Technik ist dünne Tempera. Die Farbe ist mit feinsten Pinselstrichen aufgetragen, bald dichter, bald dünner, je nach der Helligkeit und Leuchtkraft des Farbtones, besonders im Karnat. Neben dem rötlichen Gesicht, das sich von blaugrünem Grund abhebt, leuchten das Rot des Kardinalsgewandes, das Weiß des Ueberkleides und das etwas kräftigere Rot des Moiréseidenmantels glänzend heraus. Etwas von herber Sentimentalität liegt auf dem Gesicht, der harten Manier und dem Augenaufschlag entsprechend. Der Künstler wird es nicht gewollt haben, und der Wahrheit entsprach das kaum. Wir wissen, daß der Dargestellte ein Lebemann war, „Lucullus“ in seinen Kreisen genannt. Die Formen mögen der Natur entsprechen. Dem Künstler fehlt die Begabung, den Hauch des Individuellen auf das Porträt zu legen. So viel Porträte er gemalt hat, sie sind ihm immer nur lebendig geworden, wenn er sie in irgendeinem Moment aktiv darstellen konnte. Dabei ist dieses Porträt, was Erhaltung betrifft, eines der besten Werke Mantegnas.

Das läßt sich nicht in gleichem Maße von dem Profilporträt des jungen Kardinals Francesco Gonzaga in Neapel (Taf. 90) sagen. 1460 noch auf der Universität in Pavia, ist er 1461 von Papst Pius II., der auf dem Konzil in Mantua war, zum Kardinal ernannt worden. Die charakteristische Profillinie erfaßte der kühl beobachtende Blick schärfer als das Facegesicht. Wir erkennen darin das „Gonzagaprofil“ leicht wieder. Uebrigens ist auch bei diesen beiden Porträtbildern das gleiche Ungeschick im Ausschnitt der Büste, wie auch bei den Halbfigurenmadonnen zu konstatieren.

Was den Madonnentypus betrifft, so hatte sich derselbe auf dem Zenoaltar aus der klassischen in eine vollere Form verwandelt, ohne jedoch das Steif-Zeremonielle zu überwinden. Auf einem Madonnenbild in Sammlung Poldi-Pezzoli (Taf. 92) wird trotz gewisser Strenge das Gesicht der Madonna ausdrucksvoller. Die Mutter drückt auch hier ihr schlafendes Kind innig an sich. Dem Simonbild (Taf. 77) verwandt ist der Fortschritt ein ganz bedeutender: dort Maria flächenhaft in den Rahmen eingezwängt, hier volle Rundung. Das Knie ist zugefügt. Das Kind ist plastisch, realistisch wiedergegeben. Luft und Raum ist, wenn auch wenig, ringsum. Mutter und Kind bilden ein in sich abgerundetes Stück, ein Tuch umfaßt beide. Zuerst findet sich hier das herabhängende Tuch als Hintergrund, wie es von Giovanni Bellini, dem Schwager Mantegnas, oft genug wiederholt ist. Die Farben sind heiterer und frischer als gewöhnlich: das Gewand hellrosa goldmeliert, Mantel blau mit grünem Umschlag, bräunlich — einst wohl warmrot — das Tuch, rechts und links davon hellrosa Streifen. Der Typus der Madonna, rund und fein, ist dem der „Anbetung der Könige“ (Taf. 95) verwandt.

Früher noch ist ein andres Madonnenbild in Bergamo (Taf. 99). Es zeigt noch mehr zeichnerische Strenge. Die Formen sind schlanker, die Malweise ist flacher.

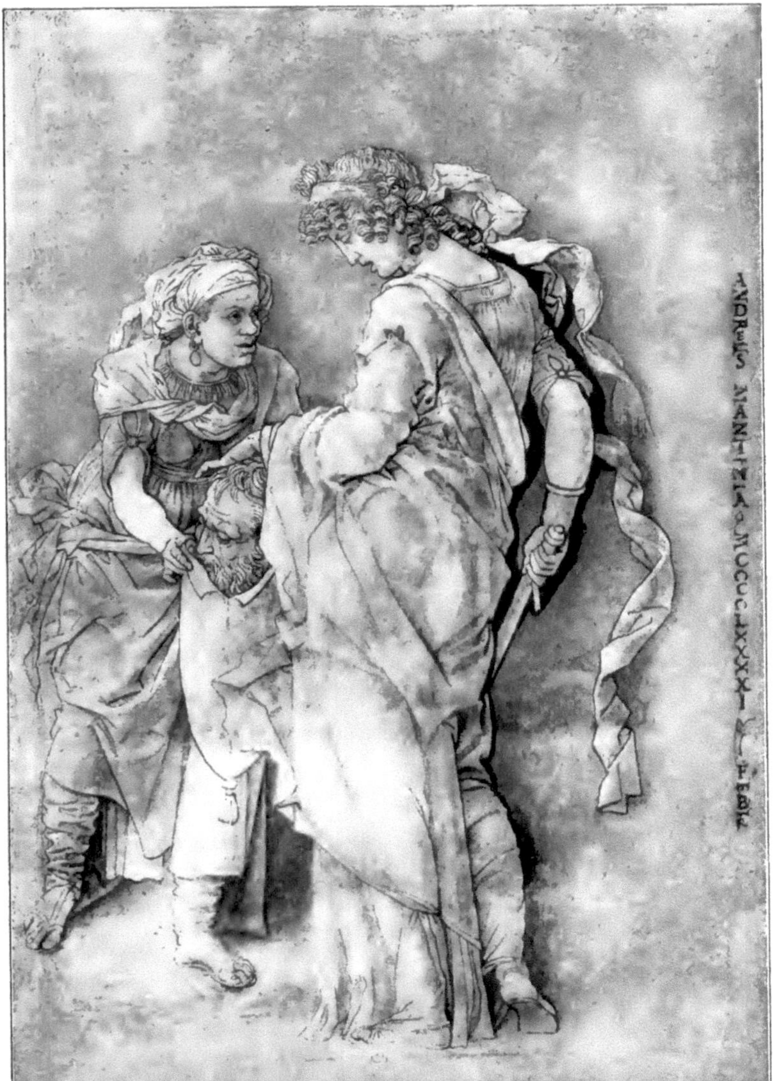

Judith

Getuschte Federzeichnung Mantegnas im Handzeichnungen-Kabinett der Uffizien in Florenz

Nach einer Aufnahme von Braun, Clement & Cie., Dornach (Elsass)

Das Kind ähnelt dem auf der Darbringung im Tempel (Taf. 98), aber es muß bei all den Härten vor dem Triptychon gemalt sein. Im Ausdruck ist der Kopf der Maria von „bronzener" Festigkeit. Koloristisch herrscht, wie auf dem Mezzarota-Porträt (Taf. 89), das Rot des hartfaltigen Moiréstoffes.

Zarte Lichtführung beginnt die Bronzehärte zu lösen auf dem „Heiligen Georg" in Venedig (Taf. 102, 103). Ein feiner Silberglanz liegt über dem Ganzen, leuchtet nicht nur in den Reflexen des äußerst delikat gemalten Panzers, sondern auch über dem blonden Lockenhaar und dem weichen jugendlichen Gesicht, vor allem jedoch über der duftigen Landschaft und dem lichten blauen Himmel, der mit weißen Wolken über-

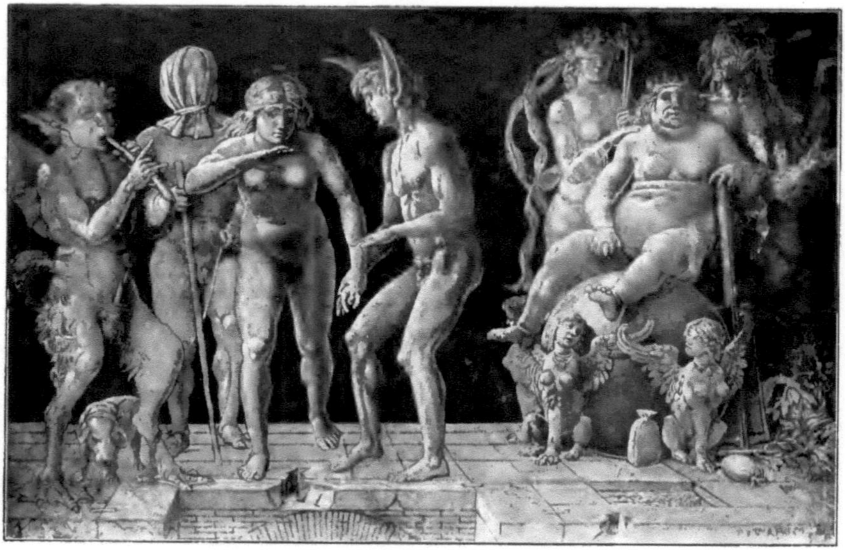

Allegorie der Fortuna und der Virtus
Getuschte Federzeichnung Mantegnas im Britischen Museum in London

Nach einer Aufnahme von Braun, Clément & Cie., Dornach (Elsass)

streut ist. Der Künstler erscheint hier als feinster Lichtmaler, und man möchte bei der Zartheit der Modellierung des Kopfes, wo nicht scharfe Umrisse und harte Flächen, sondern die Lichter weich formenbildend wirken, fast nicht glauben, denselben Künstler, welcher das Berliner Kardinalsporträt gemalt hat, vor uns zu haben. Diese feine Rittergestalt hebt sich hier, neben dem grüngelblichen Drachen stehend, licht vor lichtem Grunde ab. Harte Architekturen, Triumphbogenreste wie auf den beiden Sebastiansgestalten finden sich nicht mehr. Licht, Luft umspielt malerisch die Gestalt, läßt auch die Girlande oben in Dunst gelöst vor dem Himmel erscheinen. Selbst über dem leicht violetten Rahmen scheint das Sonnenlicht äußerst fein zu vibrieren. Das ist wiederum der feine Lichtmaler Mantegna. Aber er sieht nur das zarte, willkürliche Spiel des Lichtes mit den Farben. Großer malerischer Raumrealismus fehlt. Die Figur steht für sich vor einem unwahr aufgebauten Hintergrund, der wie eine Tapete für sich wirkt.

Das erste Zeugnis seines Aufenthaltes in Mantua bringt eine kleine Darstellung vom Tode der Maria in Madrid (Taf. 91). Durch ein Fenster eilt der Blick hinab auf die Brücke bei S. Giorgio, welche den Lago di Mezzo vom Lago inferiore scheidet, so wie wir es aus der Camera degli Sposi sehen. Die Komposition erinnert stark an Castagnos gleiche Darstellung in S. Marco (Abb. S. XVI). Die Gestalt links vorn, ebenso Maria ist der entsprechenden Johannesfigur dort nachgebildet. Perspektivische Vertiefung in der Anordnung der Figuren — Castagno hat nur die linke Seite ausgeführt — wie in dem Blick durch Tor oder Fenster in die Ferne ist da wie hier gegeben. Im übrigen sind die Figuren denen auf der „Kreuzigung" im Louvre verwandt. Dieselben herben, schwarzbärtigen Köpfe; der eine Apostel rechts neben dem Priester genau dem hinter den Spielern stehenden Mann entsprechend. Auch hier die übliche Gruppierung der Figuren wie der Architektur durch die Mitte in die Tiefe hinein. Aber künstlerisch ist das Bild eine ganz hervorragende Leistung von Mantegnas Pinsel. Wie bei Freilichtmalerei flutet das Licht ganz leicht, lösend über den Boden, über die Gestalten dahin, dazu Gestalten von wirklicher Tiefe des Ausdrucks. Der Ausblick durch das Fenster gibt uns ein andres dazu, ein Landschaftsbild, wie es bis dahin kaum in Italien gegeben war, naturwahr, frisch und fein in dem über den Wassern spielenden Sonnenglanz. Die Aufgabe, getreu ein vor ihm sich breitendes Landschaftsbild wiederzugeben, hat das erwirkt. Wiederum hat kraftvoller Realismus neue Erkenntnis gegeben, Mantegna zum ersten Landschaftsmaler gemacht. Er hat im Gegensatz zu den tieferen Tönen des Interieurs schon den feinen Dunst im Freilicht und den zarten atmosphärischen Hauch wiedergegeben.

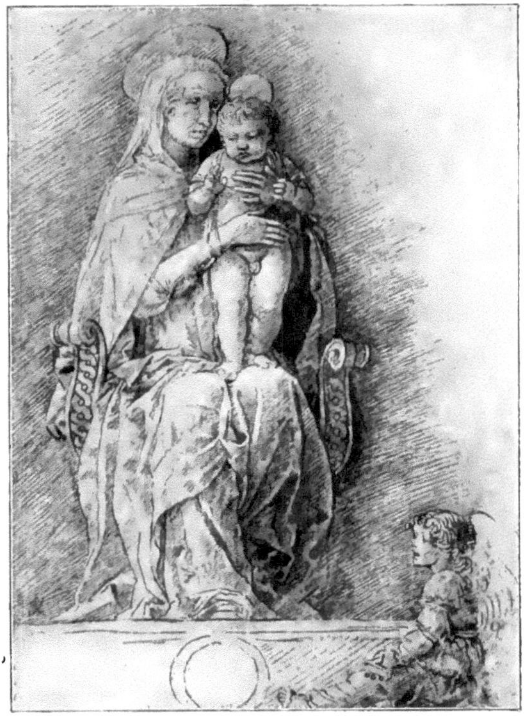

Madonna mit dem Kinde und einem Engel
Federzeichnung Mantegnas im Britischen Museum in London
Nach einer Aufnahme von Braun, Clément & Cie., Dornach (Elsass)

Das bald darauf entstandene Triptychon in Florenz (Taf. 93—98) bringt eine neue Weiterentwicklung, wenn auch nicht auf dem Gebiet der Landschaftsmalerei, wo er ein phantastisches Gebilde, zusammengesetzt aus verschiedenfachen der Natur entnommenen Einzelmotiven, die zu einer Art Kulissenhintergrund zusammengebaut werden, gibt. Die nüchternen Felsenformen, der kalte Himmelston, die sorgfältig gezeichneten

Pflanzen, selbst die vielen kleinen Steinchen lassen deutlich ein andres künstlerisches Streben erkennen. An Stelle jenes im freien Blick auf die Natur gewonnenen Gesamttones und der Naturwahrheit hier eine neue Festigkeit der Formen sowohl wie der Farben, wo strenge Plastik und starke Lokaltöne herrschen. Die Gesamtwirkung ist fast lustig bunt und klar bei einem Glanz der Oberfläche, die etwas vom polierten Stein hat. Die Lichter setzt er mit Gold auf. Die Farben sind prunkend in ungeordnetem Durcheinander. Vorzüglich Rot findet sich in den verschiedensten Nuancen, vom lichtesten Hellrot, scharfem Mittelton bis zu kaltem Karmin und Violett, besonders bei den „Heiligen drei Königen". Der gelbe Mantel kehrt auf jedem Bild, bei Joseph oder einem der Apostel wieder. Mit welcher Feinheit ist der stoffliche Charakter der glänzenden, zum Teil schwer seidenen Gewänder herausgebracht! Mit äußerstem Raffinement hat er die mit farbigen Steinen, Pilastern, Reliefs, Ornamenten und Säulen geschmückte Wand der „Darbringung im Tempel" gebildet. Maltechnisch ist dies Bild, welches einst die Schloßkapelle der Gonzaga schmückte, ganz vorzüglich. So sehr jedes einzelne der Gestalten, der Ornamente, des Hintergrundes, besonders bei den starken Lokalfarben für sich hervortritt, so überraschend ist doch die beherrschende Gewalt des helleuchtenden, breiten Lichtes, die hier zu dem sehr ins Detail gehenden quattrocentistischen Realismus und der kraftvoll realistischen Charakterbildung der Gestalten tritt. In dieser Künstlerseele lebt zu dem festen Formgefühl ein ganz außerordentlicher Sinn für weiche Lichtmalerei. Die Zeit hat es nicht zur Entwicklung kommen lassen. Der Maler Mantegna beugte sich dem Plastiker. Bei einzelnen Gestalten, besonders den drei Königen überrascht die Pracht der Köpfe, die in vollendeter Plastik nicht etwa hart rund, sondern auch farbig leuchtend weich bei breitem Licht gebildet sind. Das Karnat ist warm und zumeist wie bei den Frauen auf dem rechten Flügel (Taf. 97) von wirklich koloristischen Reizen.

Noch deutlicher wird diese Weiterbildung der Formen aus einer strengen, linienumrissenen Plastik in raumfüllende, von weichem Licht umflutete Massigkeit auf dem „Oelberg" in London, Nationalgalerie (Taf. 100 und 101). Ein Vergleich mit der gleichen Darstellung auf der Predella des Zenoaltars (Taf. 86), mit dem es fälschlicherweise in gleiche Zeit gesetzt wird, offenbart dies in glänzender Weise. Auf dem frühen Stück ist die Fläche mit zahlreichem Detail überfüllt, die Landschaft breitet sich außergewöhnlich weit aus, die Figuren verlieren sich. Schauen wir näher hin, so erkennen wir scharfe Zeichnung bei hartem Licht; magere Formen, eckige Bewegung, naß aufliegende Gewänder mit gebrochenen Falten. Wie viel fortgeschrittener ist die Londoner Darstellung. Die Gestalten sind zu großen, voll gebildeten Massen emporgewachsen. Nirgends zeigen sich scharfe Linien, Ecken oder Kanten. Weich bildet sich alles zu fast malerischer Rundung im Licht — nicht nur der menschliche Organismus, sondern auch die ihn umschließenden schweren Wollgewänder. Von kleinlichem Detail ist nichts mehr zu sehen. Und was noch wichtiger ist, Mantegna arbeitet auf eine große künstlerische Wirkung hin. Der Künstler sucht die Figuren möglichst gewaltig herauszuholen, nicht allein durch genannte größere Gestaltung, sondern auch durch die Behandlung des Hintergrundes. Die Landschaft bedeutet hier nichts mehr für sich. Sie ist eckig, scharflinig gebildet, um in ihrer Nüchternheit, Magerkeit und zugleich in den harten, unruhigen Lichtern kontrastlich die Wucht der menschlichen Erscheinungen zu erhöhen. Sie dominieren entgegen dem frühen Bild hier besonders. Hinzu kommt die mehr entwickelte Lebenswahrheit bei den in tiefen Schlaf versunkenen Jüngern wie bei dem betenden Christus. Das ist der Sieg der Form als schwere, raumfüllende Masse. Jene „Bronzebildung" der Formen, wie sie die beiden Porträte (Taf. 89 und 90) von 1460 und 1461, die beiden bald darauf gemalten Madonnen

(Taf. 92 und 99), der „HeiligeGeorg“(Taf.100 und 101) zeigen, ist hier wie schon auf dem Triptychon(Taf.93—98) verschwunden. Man ist erstaunt ob der großen Weichheit der Formgebung (vgl. auch Taf. 98), wo jede zeichnerische Strenge überwunden ist.

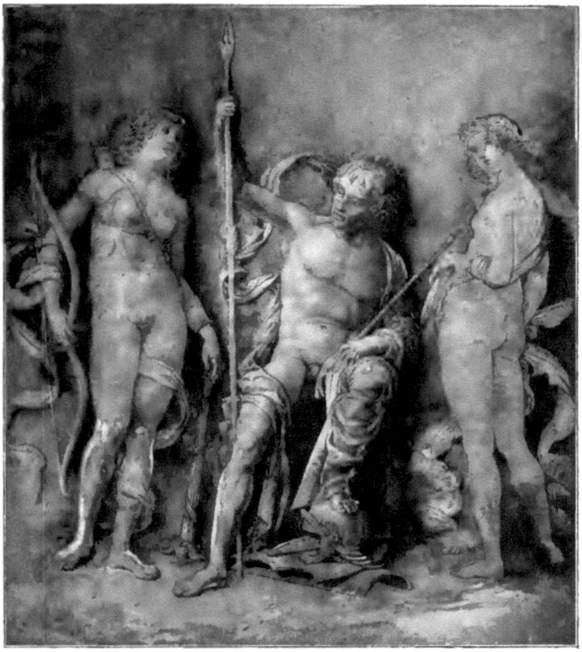

Mars, Venus und Diana
Getuschte Federzeichnung Mantegnas im Britischen Museum zu London

Nach einer Aufnahme von Braun, Clément & Cie., Dornach (Elsass)

Wir hatten an den Madonnen und der kühlen Härte des Ausdruckes gesehen, daß es dem Meister zum Madonnenbild eigentlich an liebevoller Auffassung fehlte. Zwar hatte er das Kind realistisch gebildet, in Schlaf versunken oder eben aufwachend. Maria, die Mutter, zeigte zuerst einen der Antike, dann einen andern, Donatello entnommenen Typus. Immer war ihr Ausdruck kühl geblieben. Eigne Formen hatte er nicht gewonnen. Eine kleine Madonna in den Uffizien (Taf. 104) zeigt ihn lebendiger, und zwar unter florentinischem Einfluß. Dieses Oval des Gesichtes, das lange Lockenhaar, die reiche Bewegung, die durch die Figur geht, ferner die klare Ordnung der Falten, der blaue Mantel, wie er über das hellrotfarbige Kleid breit gelegt ist, all das erinnert an Florenz. 1466 war Mantegna dort, 1467 in Pisa. Der Hintergrund möchte fast vermuten lassen, daß er in den Marmorbrüchen von Carrara war. Das Bild könnte so 1466/67 gemalt sein, aber auch einige Jahre später. Die Aehnlichkeit des Kindes mit den verkürzt gemalten Kindern oben an der Camera-degli-Sposi-Decke — der kleine, sorgsam gezeichnete Körper, das kurze Drahthaar — setzt als äußerste Grenze 1474 an. Die Malweise ist von zartester Delikatesse und einer Feinheit, wie sie sich in späteren Jahren nicht mehr findet, weswegen die übliche Datierung in die neunziger Jahre zurückzuweisen ist.

Eigenartig ist, wie diese Werke einzig in der Reihe der Arbeiten des Künstlers stehen; wie wenig diese malerischen Feinheiten weiterhin Fortsetzung finden. Mit diesem Bild schließt eine reiche künstlerische Tätigkeit des Meisters auf dem Gebiete des Tafelbildes ab. Es folgen nun bis 1495 einige wenige Stücke, deren Datierung schwierig ist. Die Fresken der Camera degli Sposi, der Cäsartriumphzug und die Fresken in Rom beschäftigten ihn seit 1468 allzusehr. Es ist seine dritte, die klassizistische Epoche der großen Wandmalerei.

Neue Mängel zeigt eine Madonna mit dem stehenden Kind, von Cherubim umgeben, in Mailand (Taf. 107). Hier setzt zwar plötzlich eine ganz andre Maltechnik ein, die er sicher seinem Schwager Giovanni Bellini entnommen hat. Das sind dessen glänzende Lokalfarben, rotes Gewand, blauer Mantel, leuchtendes Karnat mit dem glatten, kräftigen Farbenauftrag, wie sie von ihm seit Antonello da Messinas Rückkehr aus den Niederlanden in üppigster Weise entwickelt wurden und schließlich die Grundlage zum glänzenden Kolorit der Venezianer bildeten. Mantegna hat sich von dieser Malweise leiten lassen. Eigenartig ist, wie er sich im Tafelbild so leicht von andern bestimmen läßt. Sein realistisches Streben kam bei diesen zeremoniellen Stücken nicht zum Ausdruck, und so fehlte ihm Interesse und frische Erfindung. Die Wirkung des Bildes ist eine durchaus plastische, zusammen mit dem harten Farbauftrag. 1485 mag das Bild gemalt sein; damals wird von der Isabella d'Este eine „Madonna mit Cherubim" erwähnt. Der Typus der Maria ist durchaus antik, wie es jener klassizistischen Epoche (bis 1494) entsprach.

In das Ende dieser Epoche gehört ein Bild mit dem stehenden jugendlichen Christkind, welches die Weltkugel hält, neben ihm links Johannes, rechts Maria und Joseph, in London (Taf. 106). Wenigstens haben wir Grund, das nach der Untersetztheit der Kinder, der Feinheit der Zeichnung zu vermuten. Eigenartig ist das Motiv, das im übrigen der italienischen Kunst fremd ist. Die Gestalt des in die Weite schauenden, hoheitsvoll dastehenden Christusknaben hat etwas Großes, in der ganzen Schlichtheit der Formgebung, der Gewandung etwas Monumentales. Bescheiden zurücktretend weist der kleine Johannes auf ihn. Weniger gelungen ist der Kopf des Joseph, der besser fehlte, und das Profil der sich niederbeugenden Maria. Breit legt sich das Licht über alles. Ruhige Licht- und Schattenflächen resultieren. Die Verwandtschaft des Christkindes mit dem Johannes auf folgendem Bild weist in die Jahre 1493/94.

1495 beginnt eine neue, die letzte Epoche, in der Mantegna wiederum viele Bilder, aber jetzt nicht kleine Stücke, sondern großartige, fast cinquecentistische Werke, und zwar auf Leinwand mit vollendeter Technik gemalt hat. Da ist zuerst die Madonna della Vittoria (Taf. 108 und 109) zu nennen, das Meisterstück des Künstlers, das als Altarbild dem Zenoaltar an die Seite zu stellen ist. Aber wenn der Problematiker des Raumes dereinst streng, fast nüchtern jede der Gestalten einzeln für sich plastisch in den konstruierten Raum hineinordnet, hat er jetzt, nach vierzig Jahren, ein entwickeltes Gefühl für die große Komposition, für die geschlossene Massengruppierung gewonnen. Er ist freilich da nicht der Erfinder, sondern folgt nur dem Fortschritt der Zeit. Leonardo da Vinci scheint das Motiv der in der Mitte aufgerichteten Figurenpyramide gegeben zu haben: Maria, die Spitze bildend, links der Stifter Francesco Gonzaga, rechts die heilige Anna. Erstere erinnert mit der segnenden Hand direkt an Leonardos Grottenmadonna, und es ist nicht unwahrscheinlich, daß Mantegna, vielleicht 1495 in Mailand weilend, dort Leonardo persönlich kennen lernte. Ob darum auch die Orangenlaube Beziehungen hat zu den prachtvollen Baumgewinden des einen Saales im Castello Sforza zu Mailand, ist insofern zweifelhaft, als Mantegna doch ähnliche Motive schon in der Camera degli Sposi verwendet hat. Die übrigen Gestalten sind räumlich rings um die Hauptfigur gruppiert, vorn kniend der Stifter und die heilige Elisabeth; die Heiligen Georg und Michael in der Mitte, den Schutzmantel der Maria über den Marchese haltend, hinten die Heiligen Andreas und Longinus.

Die Ausführung ist von echt mantegneskem Quattrocentorealismus, der das Harte, Scharfe, nicht das Weiche, Zarte allzu kleinlich wiedergibt: der schillernde Panzer des Feldherrn, das hartbrüchige moiréseidene Kleid der Maria, der farbige Stein des Thrones, das Steinrelief des Sündenfalles, all das kleine Detail, die Blätter der Orangenlaube u. a. Außergewöhnlich reizvoll sind Maria und das Kind (Taf. 109), denen mit lichtem Ton ein zartes Karnat gegeben wird. Die Gestalten sind in ihrer Formengröße von einem vollendeten Kenner der menschlichen Erscheinung gebildet. Das Ganze, die Komposition wäre monumental cinquecentistisch, wenn der Künstler nicht auch hier in seinem Detailrealismus steckengeblieben wäre und sein Temperament stark genug gewesen wäre, frischere Belebung, eine von starkem Geist erregte Szene gegeben hätte. Aber so ist es zwar zu einer schön aufgebauten Gruppe gekommen, aber doch bei einem steifen, zeremoniellen Akt geblieben. Die Wirkung des genau berechneten, von rechts oben über die Gestalten fallenden Lichtes wird, wie so oft, durch den

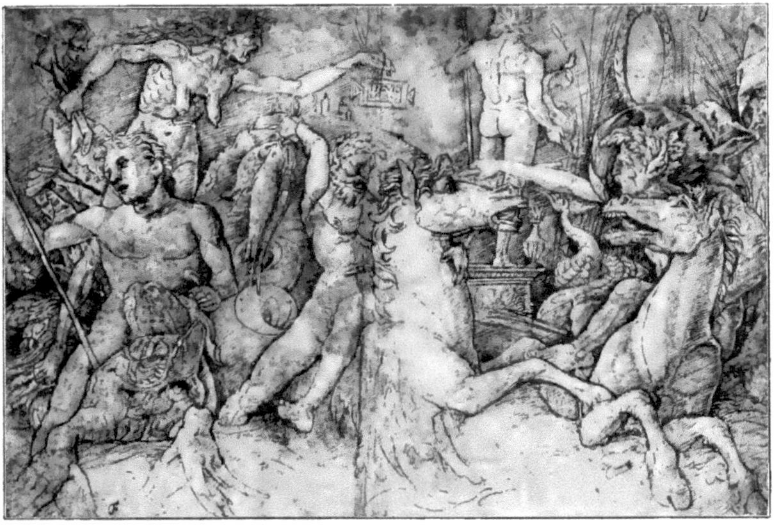

Kampf der Tritonen
Nach Mantegna. Sammlung des Herzogs von Devonshire auf Schloß Chatsworth
Nach einer Aufnahme von Braun, Clément & Cie., Dornach (Elsass)

ungünstigen Hintergrund und den Einfall des Lichtes von dort sehr beeinträchtigt. Trotzdem hat das Gemälde als eine der vorzüglichsten Kompositionen des Meisters zu gelten, bedeutsam deswegen auch, weil es für Correggios erstes Hauptwerk (in Dresden) vorbildlich gewesen ist. Ein Vergleich würde sofort das ganz andre Streben des Schülers offenbaren. An Stelle plastisch männlicher Formengröße, sicherer Zeichnung und quattrocentistischen Sorgfalt weiche Formen, duftige, zarte Malweise, Schmiegsamkeit in den Bewegungen wie cinquecentistische Zusammensetzung der Gestalten und endlich weibliche Anmut.

Noch härter, von noch weniger Anmut ist ein andres großes Altarbild in Mailänder Privatbesitz (Taf. 110 und 111). Die Hauptschuld muß Schülerbeihilfe zugeschrieben werden. Die Komposition an sich ist monumental: die Madonna zwischen Cherubim schwebend und vier großartige Heiligengestalten. Aber es ist so hart gemalt und ausdruckslos, daß an vollständige Eigenhändigkeit nicht gedacht werden kann. Sicher von des Meisters Hand sind die drei musizierenden Engel an der Orgel unten, die voller Ausdruck und Innigkeit lebendig erscheinen (Abb. S. XXXIX).

Ein drittes großes Altarbild, Maria zwischen zwei Heiligen, in London (Taf. 114), einige Jahre später gemalt, bringt eine weitere Verhärtung der Formgebung und Abkühlung des Ausdruckes. Die Falten sind glatt und scharf gebrochen, die Fleischbehandlung trocken, keinerlei stoffliche Wirkung. Johannes erinnert an den Johannes auf Botticellis Altarbild von 1485 in Berlin; Magdalena erscheint wie einer antiken Gewandstatue nachgebildet. Die Haltung der Arme, die Wendungen des Kopfes u. a. sind genau symmetrisch gegeneinander berechnet. Der greise Künstler schafft nur noch aus altem Schatz, nicht frisches Leben mehr weiß er zu geben.

Besser ist ein sehr verdorbenes Halbfigurenbild in Dresden (Taf. 112 und 113). Die Malweise, die noch feine Behandlung des Lichtes, wie es über die seidenen Kleider und das zarte Karnat hinwegeilt, besonders bei Maria und dem Kind, steht der Vittoria-Madonna sehr nahe und hat auch etwas von deren Ausdruck. Weniger hervorragend sind Joseph, Elisabeth und Johannes, die, durchaus nüchtern und ausdruckslos, in den Formen schematisch gebildet sind.

Zu den wenigen, ebenfalls glatt gemalten Stücken dieser Zeit gehört eine Pietà in Kopenhagen (Taf. 105), wo der Hintergrund eine Wiederholung desselben auf der Madonna in Florenz (Taf. 104) ist. Der Farbenauftrag und die Zeichnung sind von fast abstoßender Härte. Zu der geringen Modellierung, fast Flächenhaftigkeit, des Körpers kommt eine eckige zeichnerische Faltenlage. Geradezu abschreckend leer und steif sind Ausdruck und Haltung. Das Motiv des auf dem Sarkophag aufgerichteten Christus geht auf Jacopo Bellini zurück, in dessen Skizzenbüchern es öfters wiederkehrt. Die Bezeichnung Andreas Mantinias findet sich schon in der Camera degli Sposi. Das Bild muß spät, nach 1500, gemalt sein.

Wie ganz anders wirkt dagegen eines der berühmtesten Meisterstücke Mantegnas, die „Klage um den Leichnam Christi" in Mailand (Taf. 115—117). Der starke Realismus flammt noch einmal auf in voller Rücksichtslosigkeit. Der alte Künstler stellt uns mit wahrer Wollust die Natur in ihrer grandiosen Wahrheit vor. Man hat es nicht geglaubt, daß der alte Greis sich noch so jugendlichen Neigungen, der stürmerischen Begeisterung für eine fast häßliche Realbildung hingeben konnte und das Bild vierzig Jahre früher angesetzt. Es hätte wegen seines Realismus keinen Käufer gefunden, oder der Meister wäre so stolz auf die perspektivische Zeichnung gewesen, daß er es nicht hätte missen wollen. Darum wäre es bei seinem Tode noch in seinem Atelier gewesen. Bei näherem Studium jedoch erkennt man viele Aehnlichkeiten gerade mit späten Bildern. So Maria, cf. Dresden (Taf. 112); der verkürzte Körper, cf. rechts auf „Jugend vertreibt das Laster" (Taf. 63); die Gewandfalten, cf. Londoner Bild (Taf. 114). Die Farbe ist von äußerster Feinheit und bildet ein zartes koloristisches Ensemble zusammen mit den hell, breit aufgetragenen Lichtern. Selten, daß hier oder dort ein harter Umriß bemerkbar wird, trotzdem die Zeichnung von vorzüglicher Güte ist. Auf rosa meliertem Stein und rosa Kissen — dahinter ist ein grünlicher Streifen — liegt der bleiche, schon grünlich erbleichende Leichnam von schweren Formen, bedeckt mit einem weißen Tuch. Das Karnat der klagenden Maria und des Johannes wirkt auf rötlichem Grund wärmer; violett und kräftig grün sind die wenig sichtbaren Aermel. Die Zartheit des Farbenauftrages nimmt zusammen mit der Tiefe des Ausdrucks dem derb realistischen Motiv das Abstoßende. Es ersteht bei der großartigen Formgebung und der erschütternden Wahrheit eine Wirkung von edelster Monumentalität. Die bittere Wahrheit des grausigen Todes, der herbe Schmerz der Zurückgebliebenen, von denen nur die Köpfe sichtbar werden, das ist kaum wieder gleich groß gegeben. Fast scheint etwas schweres nordisches Blut in den Adern dieses großen Italieners zu fließen, und wir begreifen Albrecht Dürer, daß ihn höchste Begeisterung für Mantegna hingerissen hat. Nicht nur seine Leinwandmaltechnik übernahm er, sondern kopierte auch Zeichnungen (Abb. S. XLI), ahmte Stiche seiner Hand nach.

Ein andres spät datiertes Werk, der „Triumphzug des Scipio" in London (Taf. 119, 120, 121), 1504 bestellt, 1506 vollendet, greift dagegen wieder auf die klassizistische Weise zurück, auf den „Triumphzug Cäsars". Indes ist die Zeichnung flüchtiger, die Bewegung der Gestalten lebendiger, die Haltung weniger streng. Wir merken deutlich, wie des Künstlers Pinselstrich bei der regen Tätigkeit der letzten Jahre an Schwung zugenommen hat, freilich auch flüchtiger geworden ist. Nichts mehr von der festen plastischen Gestaltung oder von dem imposanten Bewegungsrhythmus wie dereinst. Das lange „Relief" ist dreigegliedert; von links und von rechts schwingt die Bewegung an, in der Mitte ein Ruhepunkt in einer in sich geschlossenen Gruppe. Dabei gibt er den Gestalten beinahe zu stark erregte Pose. Die Technik ist weiße Farbe, lasiert auf schwarzem Grund, die Formgebung etwas oberflächlich, die Gewandung reichfaltig, fast unruhig. Dieses grau in grau gemalte Stück in der sicheren Zeichnung und guten Charakteristik der Köpfe ist als eigenhändige Arbeit Mantegnas selbst bezeichnet gegenüber den vielen andern ebenfalls in Grisaille gemalten kleinen Bildern (Taf. 124—129), die, flau und kraftlos, höchstens auf Zeichnungen des Meisters zurückgehen. Sommer und Herbst (Taf. 125) sind die besten von den Schülerstücken. „Prophet und Sibylle" (Taf. 118) hat noch als eigenhändiges Werk zu gelten, und zwar aus einer früheren Zeit. Es muß um 1495 entstanden sein. Die Aehnlichkeit der Typen, der Gewandbehandlung, mit denen der Madonna della Vittoria sprechen sehr dafür.

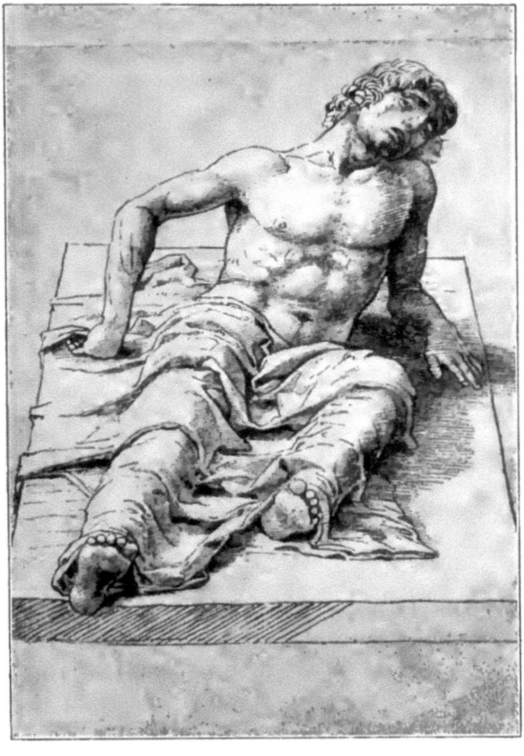

Ein kranker Mann
Federzeichnung Mantegnas (?) im Britischen Museum in London
Nach einer Aufnahme von Braun, Clément & Cie., Dornach (Elsass)

Ein weiteres Stück, das sich ebenfalls im Nachlaß des Meisters befand, ein heiliger Sebastian in London (Taf. 122), läßt schon völligen Verfall seines Könnens erkennen. Aufgeregte Bewegung, unruhig flatterndes Tuch, flüchtig geformte Gestalt, verzerrter Gesichtsausdruck, kurz nichts mehr von einstiger Klarheit der Vorstellung, plastischer

Kraft der Formgebung. Ein Vergleich mit der fast plumpen Schwere der frühesten Aktfigur (Taf. 74) oder der lebendigen Linienführung und Stilisierung auf dem Wiener Sebastian (Taf. 88) fällt nicht zugunsten des späten Werkes aus.

In der Ausführung noch matter, ganz kraftlos ist eine „Anbetung der Könige" in Halbfigur (Taf. 123), die, wenn überhaupt von Mantegnas Hand, in dieser letzten Zeit gemalt sein muß. Die Typen sind denen des Heiligen-Familien-Bildes in der Grabkapelle Mantegnas (Taf. 65, 66) nahe verwandt. Die Formen sind so weichlich und fast verschwommen, so daß man hier die Eigenhändigkeit des Meisters bestreiten muß.

Von einer neuen, historisch bedeutsamen Seite zeigen die Stiche uns Mantegna. Als Zeichner und Kupferstecher ist er eine Persönlichkeit für sich in der Kunstgeschichte. Schon bei den Bildern war es uns klar geworden, daß der feste Strich der Linienführung, die klare Konzeption der Form in deutlicher Modellierung des Künstlers Größe ausmachten.

So erscheint er in seinen Zeichnungen und Stichen als der vollendetste Meister der Zeichnung. Wir begreifen, daß derartige Stücke zum Studium für die jugendlichen Künstler vervielfältigt wurden. Denn das war zunächst die Aufgabe des Kupferstiches, wie er von den beiden Hauptmeistern Antonio Pollajuolo und Andrea Mantegna u. a. betrieben wurde. Darum geben sie vorzüglich Akte in den verschiedenen Stellungen und Bewegungen. Nur wenige Stiche hat Mantegna selbst ausgeführt: das wunderbare „Bacchanal bei der Kufe", ein Meisterstück kraftvoller Zeichnung und fester Formgebung (Taf. 131 und 132), die beiden lebendig bewegten Kampfszenen zwischen Tritonen (Taf. 133—135), das derb realistische „Bacchanal mit Silen" (Taf. 136 und 137), die auf der Erde hockende Madonna, vorzüglich fein durchgebildet (Taf. 130), endlich das monumental im großen Stil der letzten Zeit gestaltete, wohl letzte Stück „Christus zwischen Andreas und Longinus" (Taf. 138), das sind zweifellos von dem Meister selbst auf die Kupferplatte gearbeitete Stiche. Sie offenbaren eine außerordentliche Klarheit der Formvorstellung bei scharfer Umrißzeichnung, sicherer Schattierung mit einfachen Parallelstrichen. Sie sind von einer Kraft der Bildung, wie sie nur seine eignen besten Werke noch zeigen und übertreffen alles, was zeitgenössische Künstler derartig gegeben haben. Mantegna erscheint auch da als der größte Schüler des ersten Quattrocentomeisters, des Donatello. Die ersten Stücke, in abgebildeter Folge entstanden, lassen in ihren eckigen Bewegungen, der harten Linienführung die Abhängigkeit von der harten Bronzereliefplastik erkennen. Später gibt der Grabstichel mehr runde Formen und große Gestalten.

Dazu kommt noch eine große Zahl von Schülerstichen (Taf. 139—145). Der beste davon ist die vorzügliche „Grablegung" (Taf. 139 und 140). Nur ein gewisser Schematismus der Griffelführung läßt Zweifel an der Eigenhändigkeit aufkommen. Jedenfalls geht sie auf eine glänzende Zeichnung Mantegnas zurück. Bei solchen Werten hat natürlich jede echte Zeichnung des Meisters besondere Bedeutung. Ein Entwurf zu dem Jakobusfresko mit dem „Gang zum Gericht" (Abb. S. XX) wurde schon genannt und ist interessant wegen der Aktstudien für die Soldaten rechts. Andre Zeichnungen machen in der Sorgfalt der Linienführung den Eindruck, als ob sie zur Vorlage für Stiche bestimmt wären, so eine Judith in den Uffizien (Abb. S. XLIII), datiert 1491, die freilich einst in Silberstift, später mit Feder überarbeitet wurde. Girolamo Mocetto hat sie denn auch gestochen. Eine Allegorie der Fortuna und Virtus in London (Abb. S. XLIV) ist von Zuan Andrea gestochen, der Mantegnas Hauptstecher war und auch gegen dessen Willen Zeichnungen scheint's nicht ungestraft verwertet hat. 1475 wird von einem Streit zwischen beiden geredet. Mantegna ließ ihn und seinen Freund Simone d'Ardizoni verprügeln. Mantegna suchte Stecher für sich zu gewinnen und war damals wohl selbst noch nicht als Stecher tätig. Andre Zeichnungen, wie eine Madonna (Abb. S. XLV), ferner Mars, Venus und Diana (Abb. S. XLVII) im Britischen Museum, sollten sicher dem gleichen Zwecke dienen. Andre Stücke, wie eine Zeichnung mit Tritonen in Chatsworth (Abb. S. XLIX), ein liegender Mann im Britischen Museum (Abb. S. LI), sind nur Nachzeichnungen nach Stichen. Auch der Entwurf zu einem Virgildenkmal ist nicht eigenhändig (Abb. S. LIII). Besonders interessant ist eine 1494 datierte Zeichnung Albrecht Dürers in Wien (Abb. S. XLI), die sicher nach einer Zeichnung oder einem Stich Mantegnas gezeichnet ist, ein interessanter Erweis für Dürers erste italienische Reise und für die einstige erzieherische Verwertung der Stiche und Zeichnungen großer Meister. So berühren sich in geistiger Wahlverwandtschaft die beiden größten Meister der gestrengen Zeichnung, Albrecht Dürer und Andrea Mantegna.

Schauen wir zurück. Eine Künstlergestalt von außerordentlicher Energie und wunderbarer Zielbewußtheit steht vor uns, ein Realist, wie es von gleicher geistvoller Erkenntnis und Rücksichtslosigkeit nicht viele gegeben hat. Sein Auge will die Natur, die ganze Welt der Erscheinungen erfassen, eine gewaltige Vorstellungskraft lebt in ihm und vermag das Erschaute zum Bilde zu gestalten. Emporgewachsen ist er aus einem gärenden Grunde. Noch war es nicht entschieden, wohin die Bewegung sich wenden sollte. Das Grundproblem realistischer Malerei, dasselbe, das der modernen Kunst in ihrer lebendigen Entwicklung vorgestanden hat, das Problem der Raumdarstellung im Bild bewegte die Zeit. Dies Raumproblem wurde des Künstlers Mantegna Lebensziel. Höchst interessant ist es, welche Lösung unser Meister fand. In ihm als Oberitaliener lebte ein zarter Farbensinn. Farbe und Licht, die helleuchtende Einigung beider im Freilicht, hätte das darum nicht sein Ziel, und die Landschaft, ihr weiter unendlicher Raum, hätte sie nicht schon damals wie in der Moderne die Aufgabe der Malerei werden können? In der Tat zeigt Mantegnas Werk Ansätze dazu in den Jahren, als er sich der feinen Tafelmalerei ergab. Die Bilder zwischen 1462

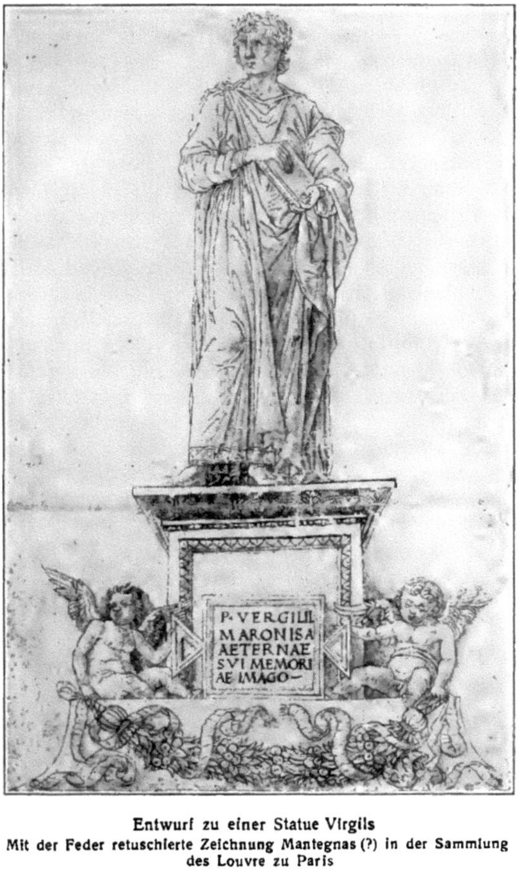

Entwurf zu einer Statue Virgils
Mit der Feder retuschierte Zeichnung Mantegnas (?) in der Sammlung des Louvre zu Paris

und 1466, der „Heilige Georg" in dem zarten Lichtton (Taf. 102), der „Tod der Maria" mit der realistischen Landschaft (Taf. 91), das „Triptychon" in den Uffizien (Taf. 93ff.) und das Londoner Oelbergbild (Taf. 100) in der weichen Lichtführung und der vollen Farbigkeit der Formen sind ganz überraschende Leistungen. Sie müssen hervorgehoben werden, weil des Meisters klarblickendes Auge hier fast schon Erkenntnisse erst später Jahrhunderte geschaut zu haben scheint: Farbe und Licht erwecken hier ohne harte Linien, ohne plastische Modellierung Fülle der Erscheinungen und weite Raumtiefe.

Aber es sollte anders werden. In Mantegnas Kunst war das nur ein vorübergehendes Hinausschweifen in die Weiten. Auch ihn hatte, wie ganz Italien, der vorwärtsschreitende kraftvolle Geist der Florentiner gepackt. Feste Linienperspektive und klarplastische Formgebung, wo die Farbe nur als bunte Kolorierung, als Trennung der verschiedenen Formen aufgefaßt wird. Seine frühesten erhaltenen Arbeiten, die Fresken der Eremitani, stehen ganz im Bann florentinischer Kunst. Zuletzt zwar sucht er da, geleitet von Jacopo Bellini, eine freiere malerische Auffassung zu gewinnen. In jenen kleinen Tafelbildern setzt sich das fort. Aber schließlich wird auch bei ihm die menschliche Gestalt, wie in der ganzen italienischen Renaissance, die herrschende Erscheinung im Bild. Die Linie, die Plastik siegt, und der Raum ist nur als Vordergrund, architektonisch, für die Figuren da. Die Fresken der Camera degli Sposi (Taf. 25ff.), der „Triumphzug Cäsars" (Taf. 50ff.), wie all seine späten Bilder sind in diesem Sinne gebildet. So ist der Mantegna der echte große italienische Renaissancemeister geworden, und seine großfigurigen Bilder offenbaren durchaus kristallisierte Klarheit und Festigkeit. So ist Mantegna einer der charaktervollsten Künstlerpersönlichkeiten Italiens geworden, der weit weg noch steht von freier malerischer Auffassung, ja der die venezianische Kunst in die Bahnen der strengen Formgebung und dementsprechend des Lokalkolorits gelenkt hat.

Mantegna hat sich aber auch so sehr in seine realistischen Aufgaben vertieft, daß er sich nicht zu freierer cinquecentistischer Gestaltung erheben konnte. Man wird die Werke seiner letzten Epoche eher im Wert herabsetzen. Sie stehen weit ab von den kraftvoll-gesunden Leistungen seines mit ihm verwachsenen quattrocentistischen Realismus, mag auch da manches unausgeglichen sein. Gerade die frische, festzugreifende Kraft, die fast derbe Männlichkeit erhöht ihn. Er ist ein hoher Genius des Quattrocento, wo mit der klaren Erkenntnis der Erscheinungen selbständiges Wollen, eigne Gesinnung, das besondere Naturgefühl erstarken.

Abkürzungen – Abbreviations – Abréviations

H. = Höhe = Height = Hauteur
B. = Breite = Width = Largeur

Fresko = fresco = fresque
Auf Holz = on wood = sur bois
Auf Leinwand = on canvas = sur toile

Die Maße sind in Metern angegeben
Measures are noted in meters
Les mesures sont indiquées en mètres

---

* = vergleiche die Erläuterungen (S. 171)
= see the „Erläuterungen" (p. 171)
= voyez les „Erläuterungen" (p. 171)

DIE GROSSEN BILDERFOLGEN ZUR RAUMDEKORATION

THE GREAT SERIES OF PICTURES FOR INSIDE-DECORATION

LES GRANDES SÉRIES DE TABLEAUX DÉCORATIFS

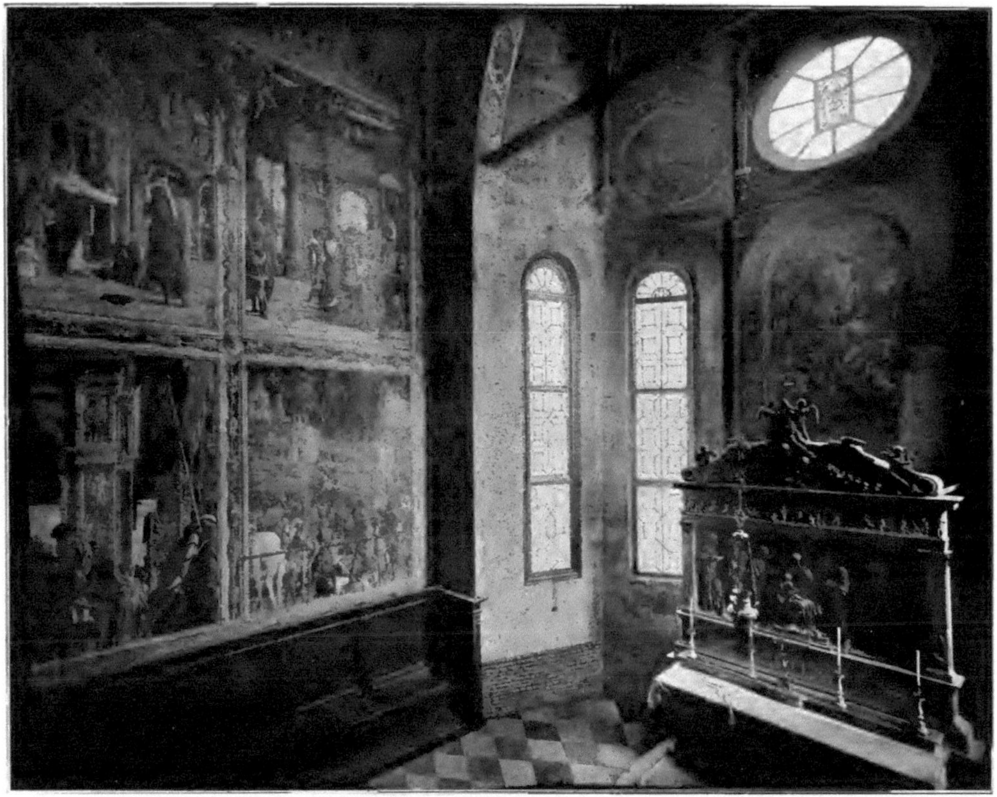

* Padua, Eremitani-Kirche

Ovetari-Kapelle in der Eremitanikirche zu Padua

Innenansicht

1448—1454

Inside-view of the Ovetari-chapel of the Eremitani-church at Padua

Vue intérieure de la chapelle Ovetari de l'église Erémitani à Padoue

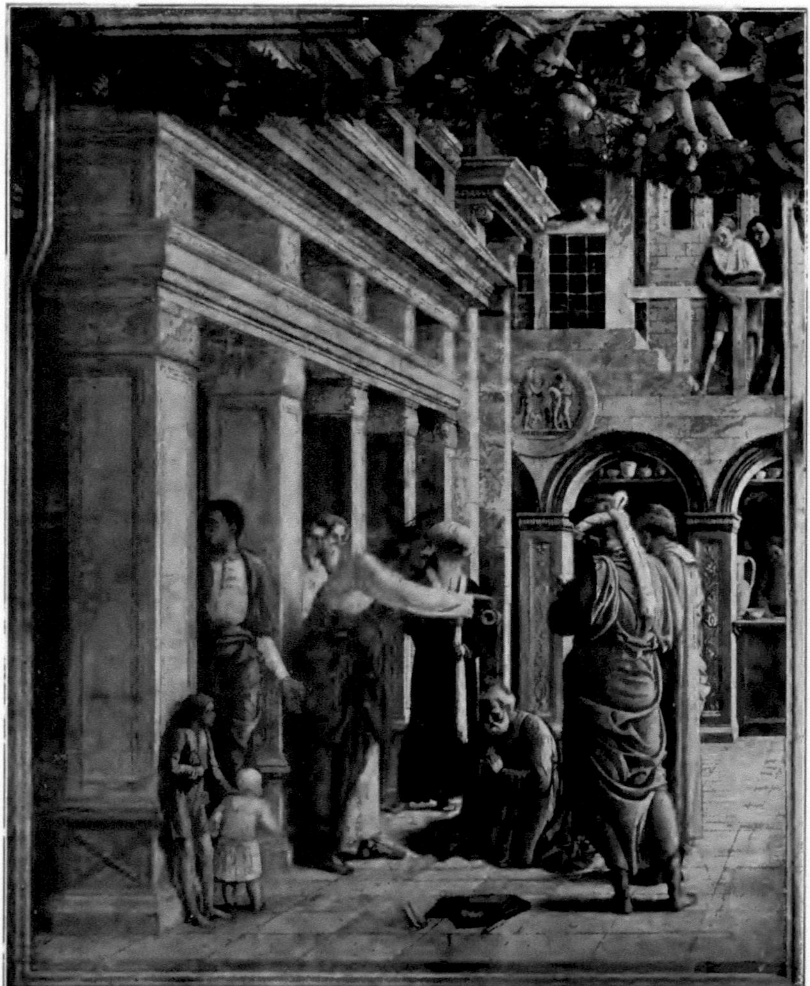

* Padua, Eremitanikirche — Fresko

Legende des heiligen Jakobus: Die Taufe des Hermogenes

The baptism of Hermogenes — 1449 — Le baptême de Hermogène

Legend of St. Jacob — (Légende de saint Jacques)

Nach einer Aufnahme von D. Anderson, Rom

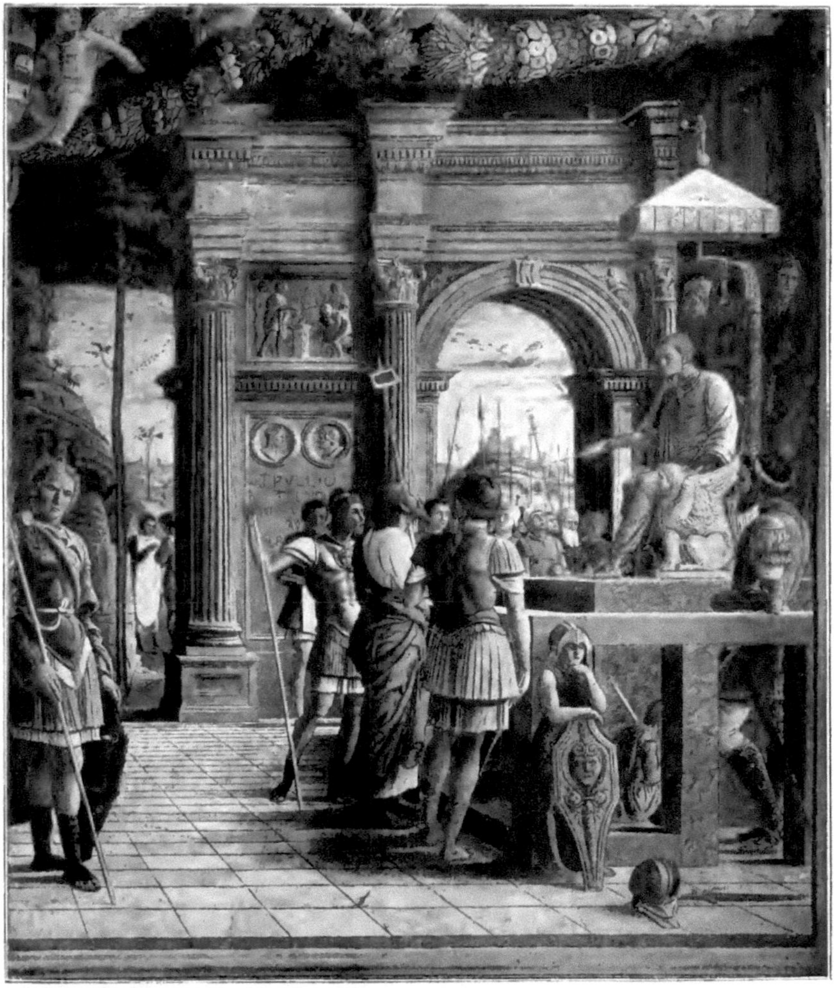

* Padua, Eremitanikirche | Fresko

Die Verurteilung des heiligen Jakobus zum Tode

St. Jacob condemned to death | 1450 | La condamnation de saint Jacques

Nach einer Aufnahme von D. Anderson, Rom

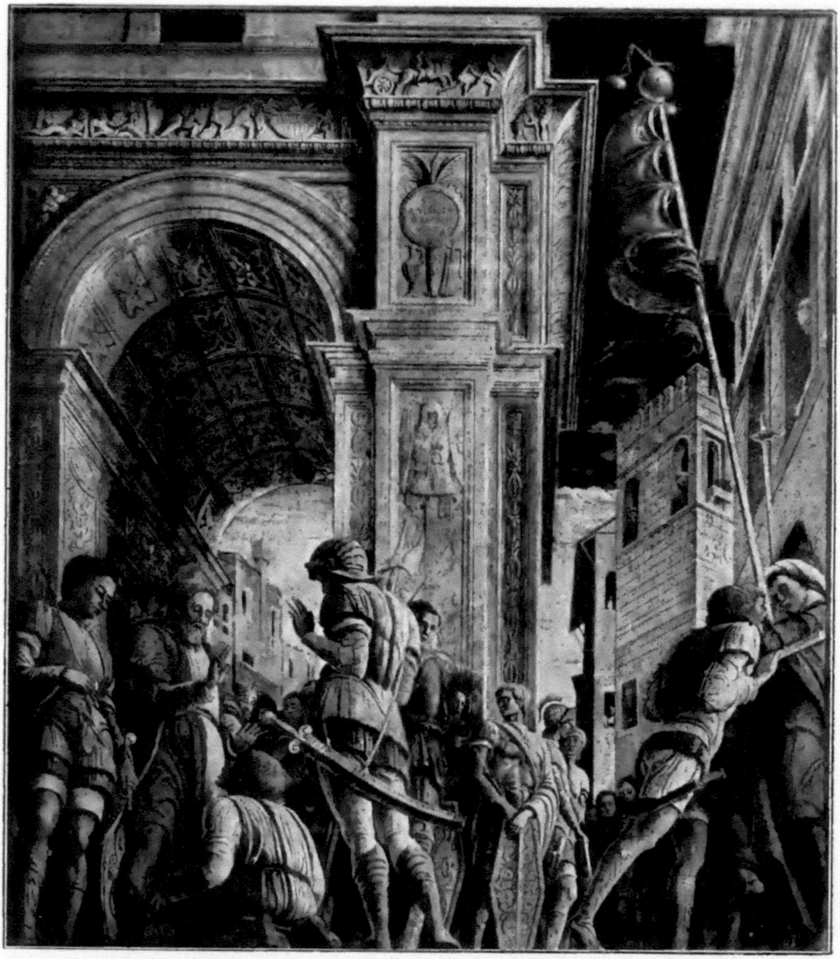

*Padua, Eremitanikirche Fresko

Der Gang des heiligen Jakobus zur Richtstätte

St. Jacob on the way to the place of execution 1451 Saint Jacques marchant au lieu du supplice

Nach einer Aufnahme von D. Anderson, Rom

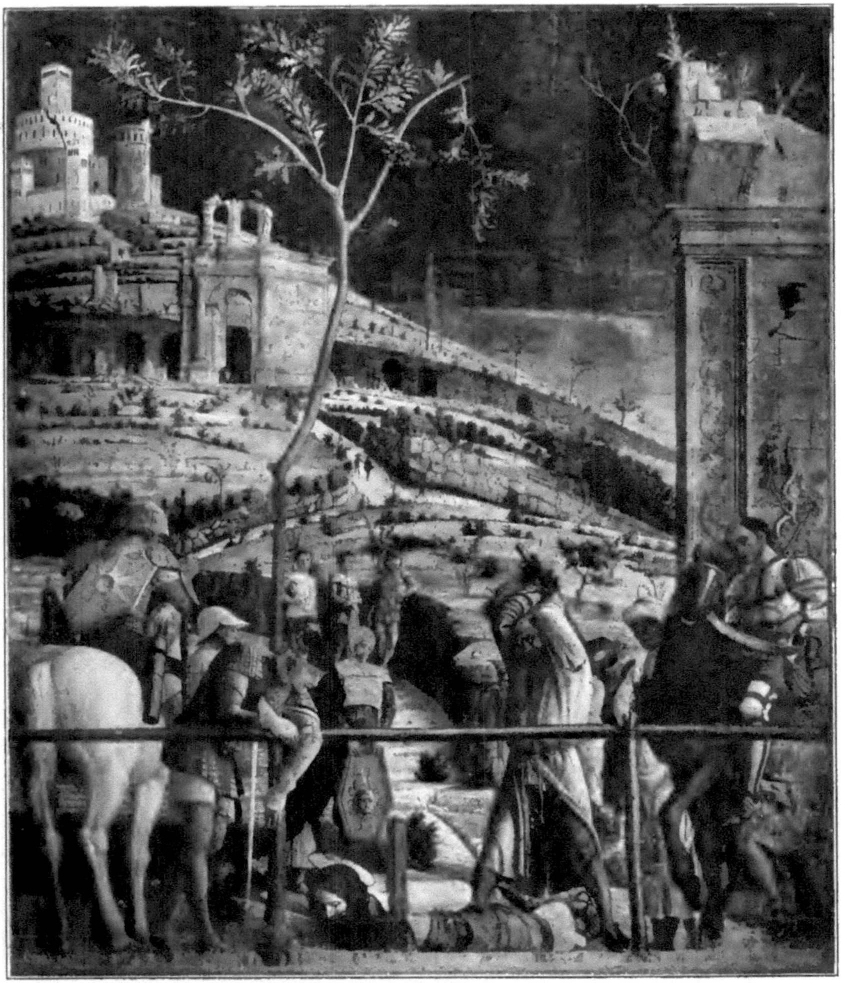

*Padua, Eremitanikirche Fresko

Die Hinrichtung des heiligen Jakobus

The execution of St. Jacob 1452 L'exécution de saint Jacques

Nach einer Aufnahme von D. Anderson, Rom

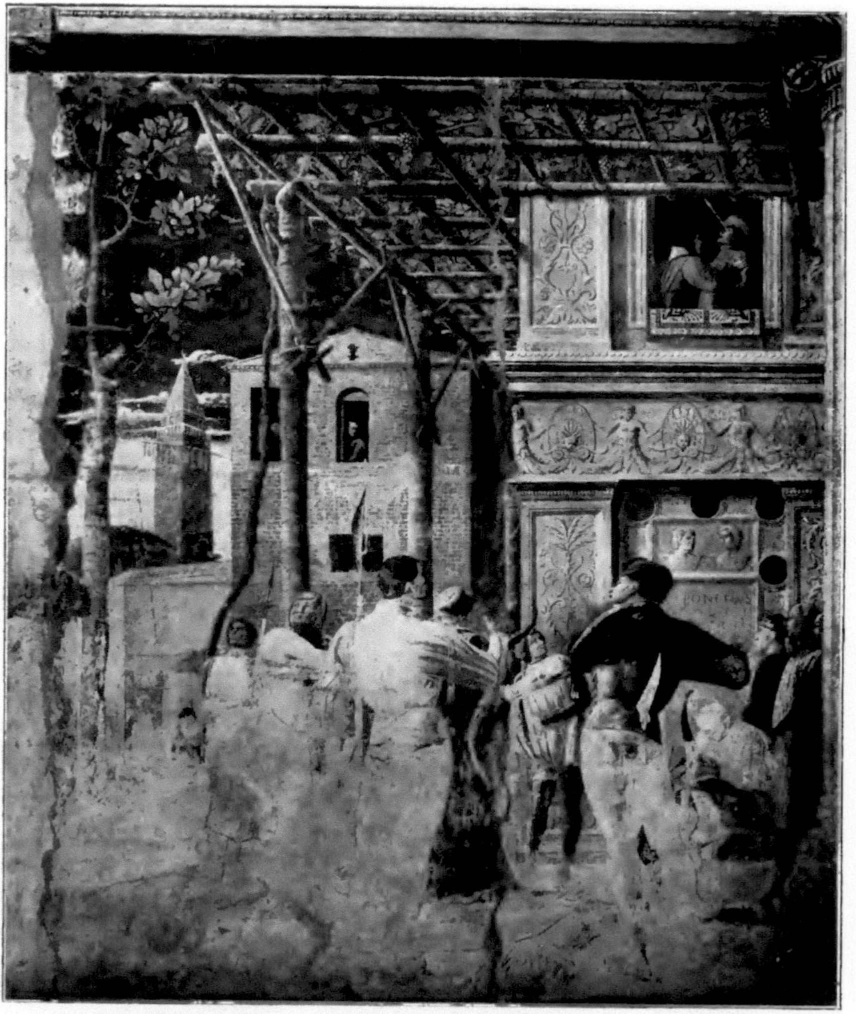

* Padua, Eremitanikirche

Fresko

Das Martyrium des heiligen Christoph

The martyrdom of St. Christopher 1453—1454 Le martyre de saint Christophe

Nach einer Aufnahme von D. Anderson, Rom

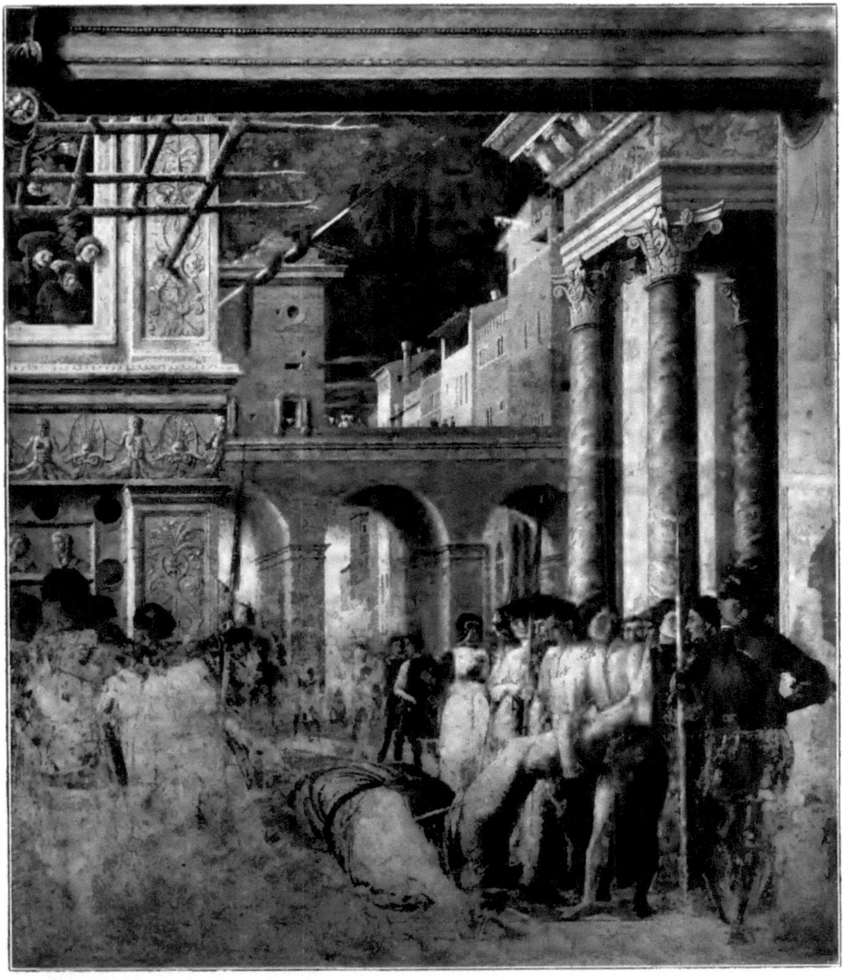

* Padua, Eremitanikirche

Fresko

Die Fortschaffung der Leiche des heiligen Christoph

The removal of the corpse of St. Christopher

1453—1454

Le transport du corps de saint Christophe

Nach einer Aufnahme von D. Anderson, Rom

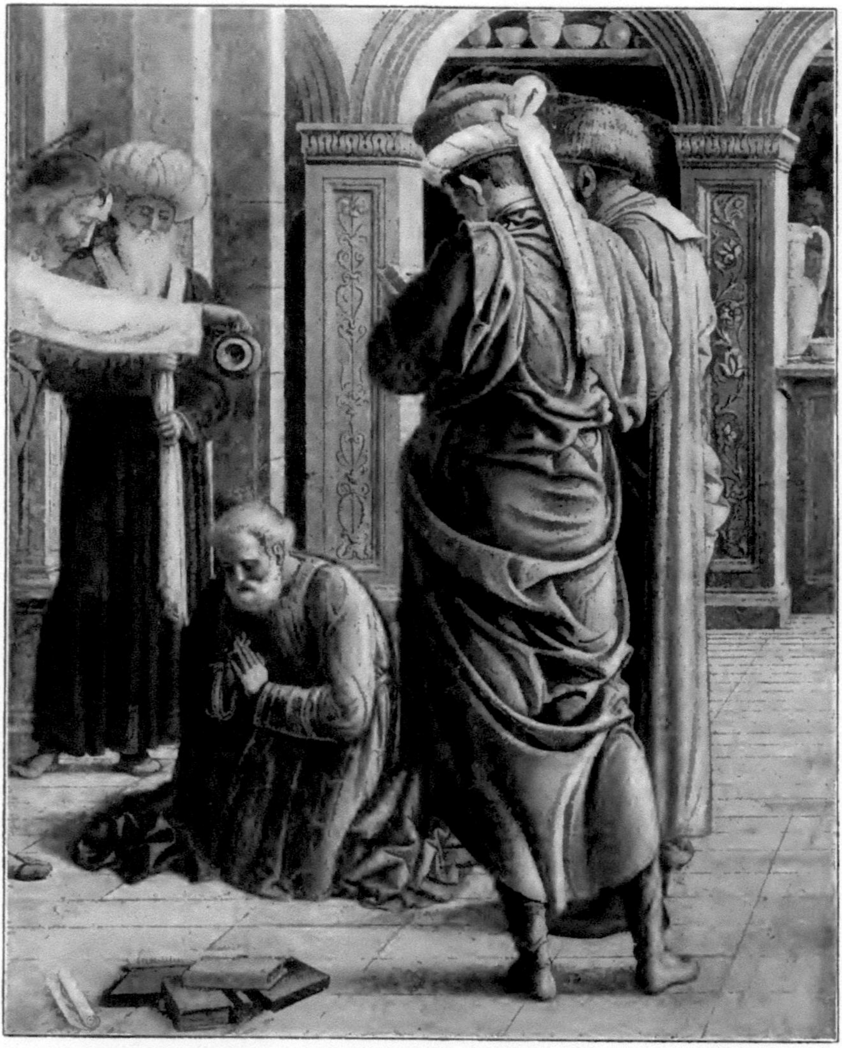

Padua, Eremitanikirche Fresko

Detail aus der Taufe des Hermogenes (Tafel 2)

Detail of the baptism of Hermogenes Détail du baptême de Hermogène

Nach einer Aufnahme von D. Anderson, Rom

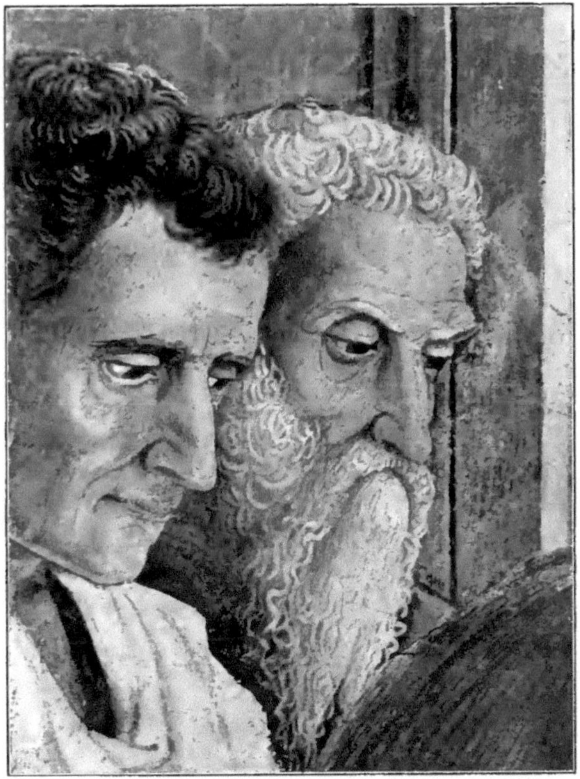

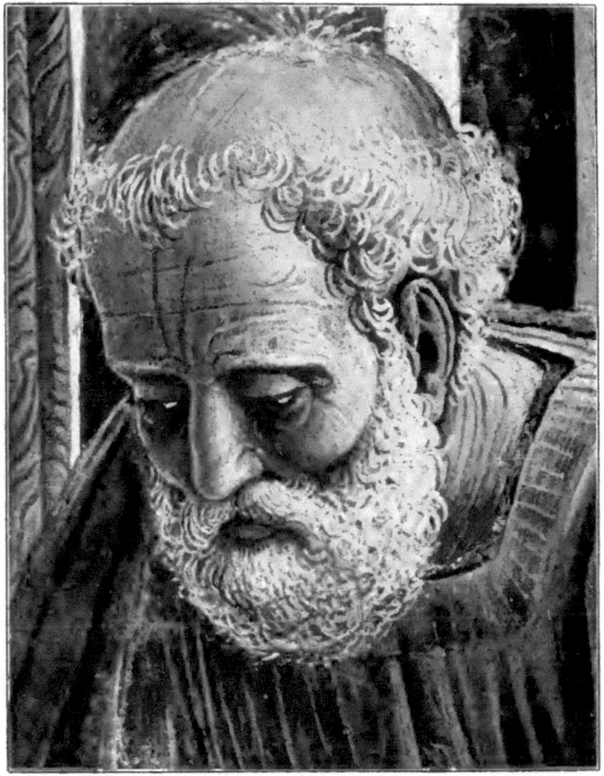

Padua. Eremitanikirche

Fresko

Details aus der Taufe des Hermogenes (Tafel 2)

Details of the baptism of Hermogenes

Détails du baptême de Hermogène

Nach einer Aufnahme von D. Anderson, Rom

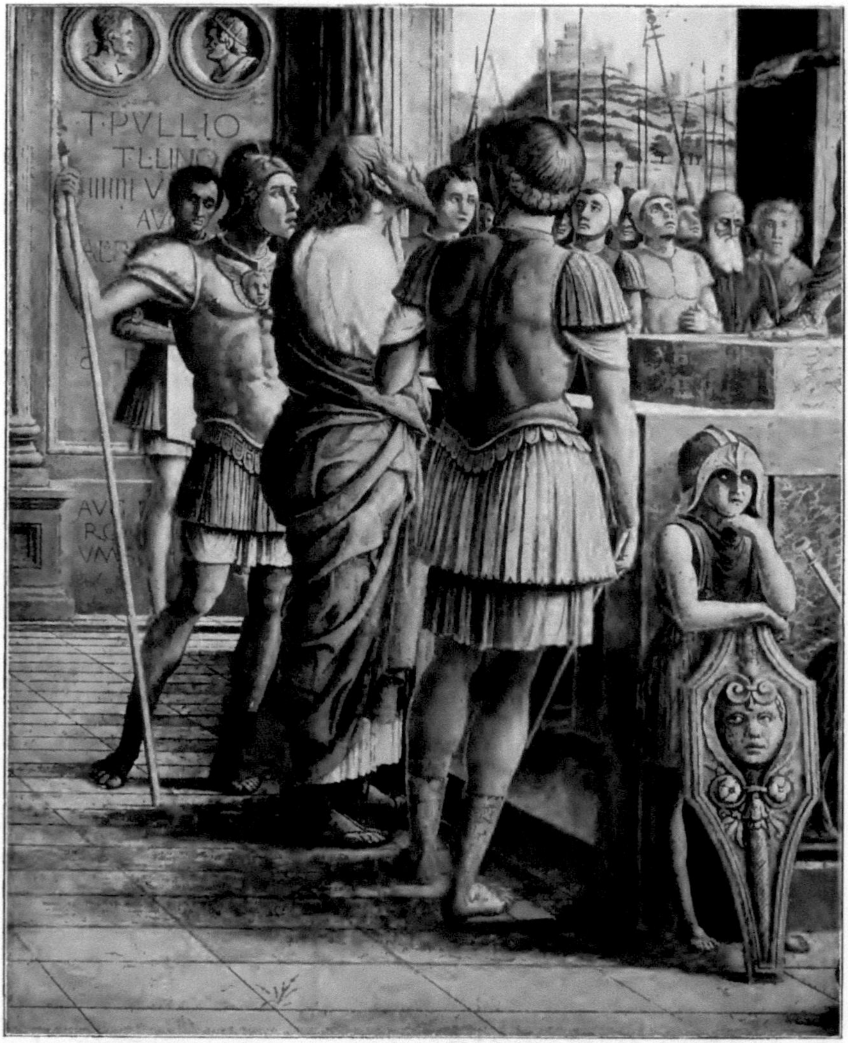

Padua, Eremitanikirche Fresko

Detail aus der Verurteilung des heiligen Jakobus zum Tode (Tafel 3)

Detail of St. Jacob condemned to death Détail de la condamnation de saint Jacques

Nach einer Aufnahme von D. Anderson, Rom

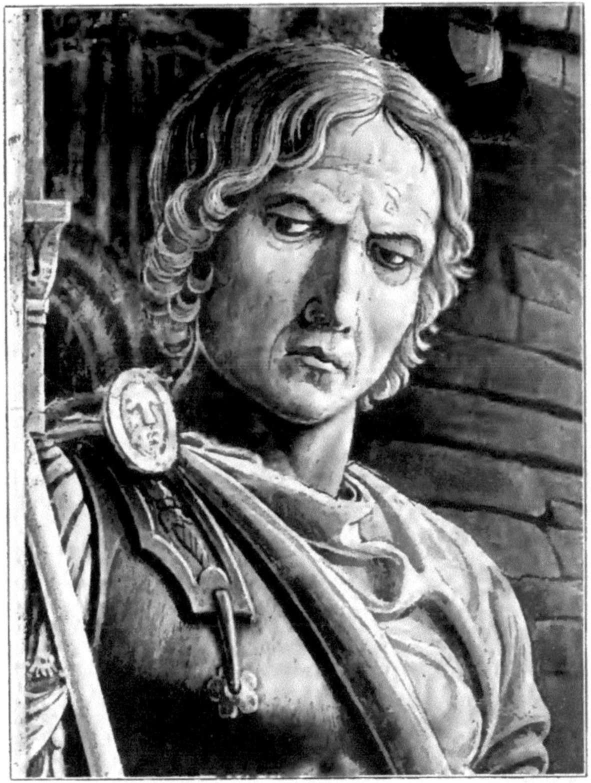

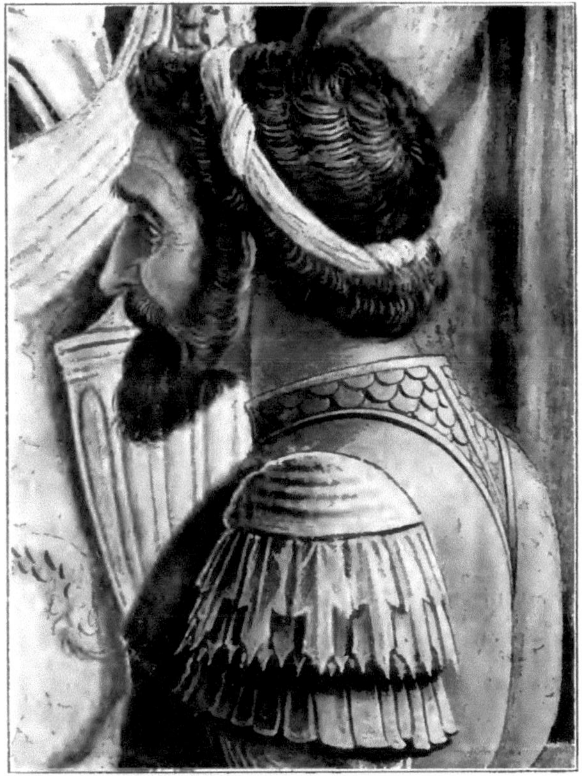

Padua, Eremitanikirche

Fresko

Details aus der Verurteilung des heiligen Jakobus zum Tode (Tafel 3)

Details of St. Jacob condemned to death

Détails de la condamnation de saint Jacques

Nach einer Aufnahme von D Anderson, Rom

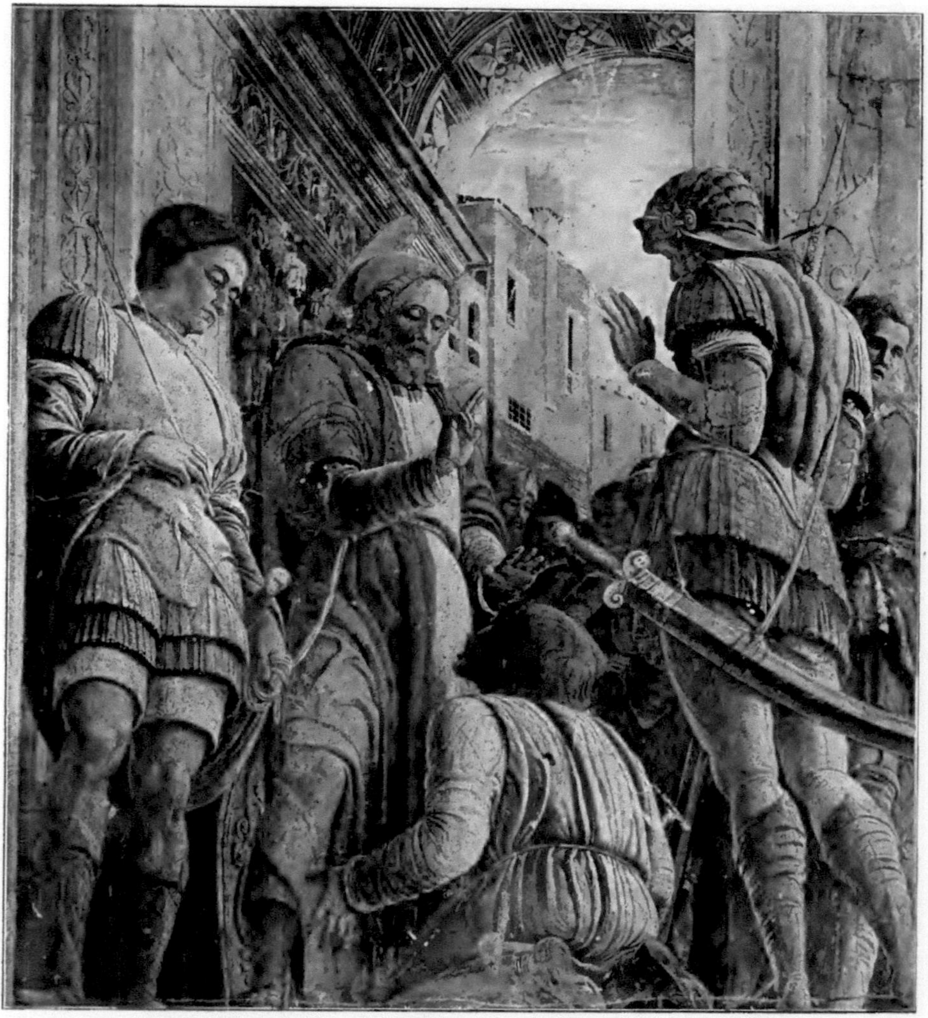

Padua, Eremitanikirche

Fresko

Detail aus dem Gang des heiligen Jakobus zur Richtstätte (Tafel 4)

Detail of St. Jacob on the way to the place of execution

Marche de saint Jacques au lieu du supplice (Détail)

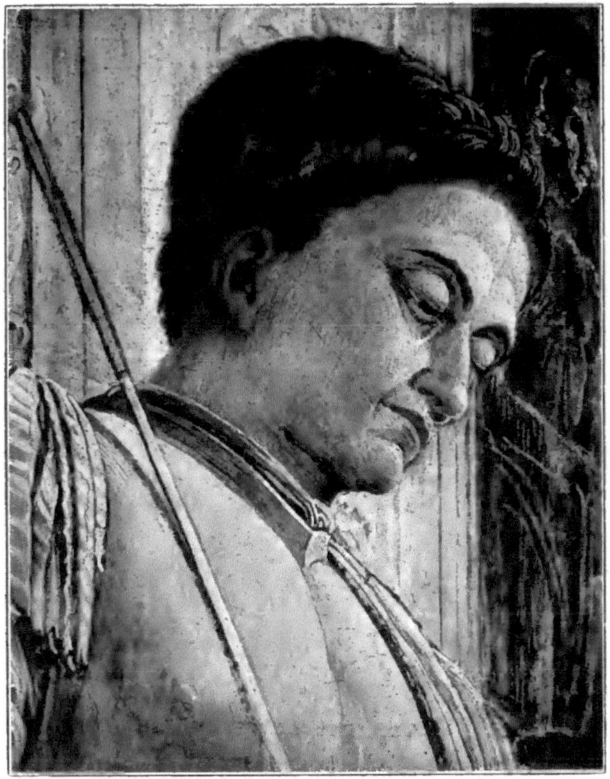

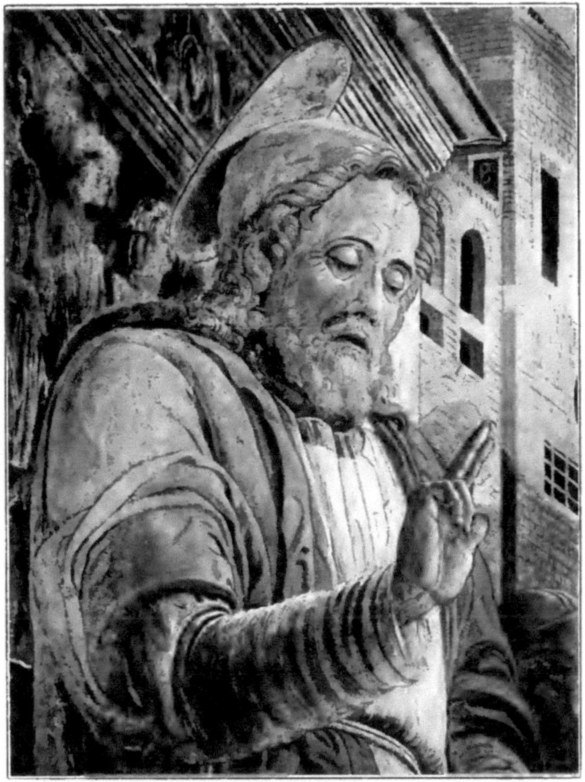

Padua, Eremitanikirche

Fresko

Details aus dem Gang des heiligen Jakobus zur Richtstätte (Tafel 4)

Details of St. Jacob on the way to the place of execution

Marche de saint Jacques au lieu du supplice (Détail)

Nach einer Aufnahme von D. Anderson, Rom

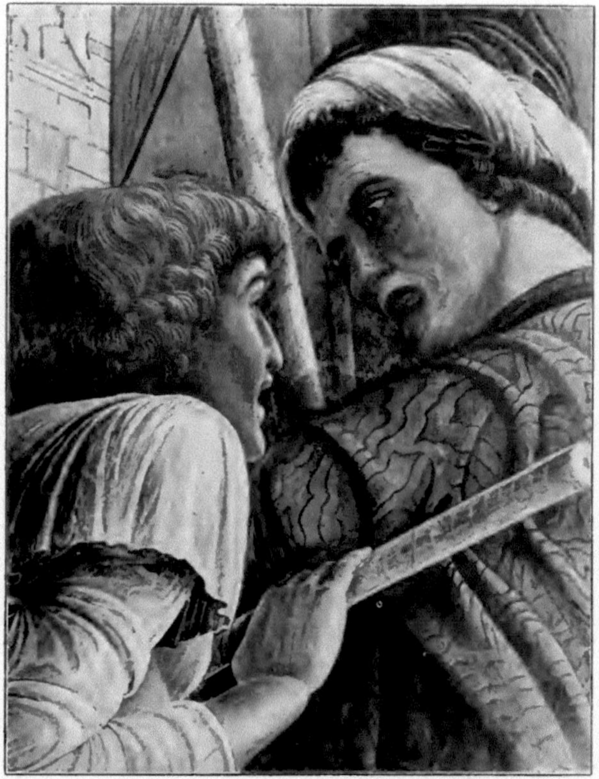

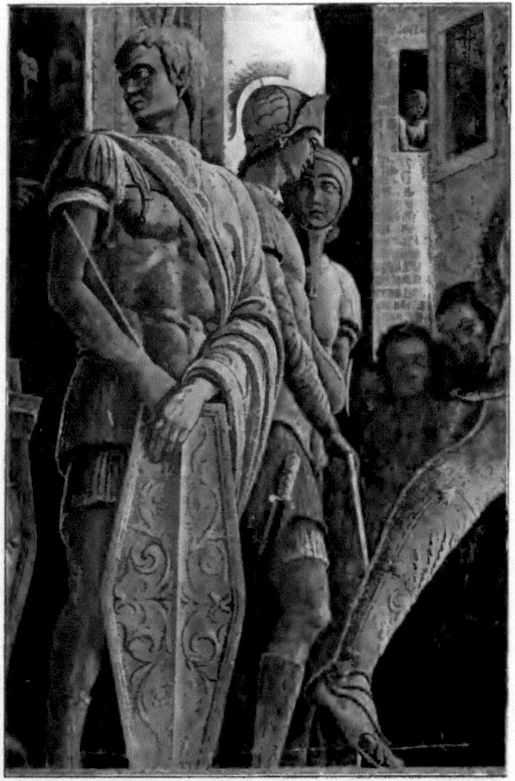

Padua, Eremitanikirche — Fresko

Details aus dem Gang des heiligen Jakobus zur Richtstätte (Tafel 4)

Details of St. Jacob on the way to the place of execution — Saint Jacques à la marche au lieu du supplice (Détail)

Nach einer Aufnahme von D. Anderson, Rom

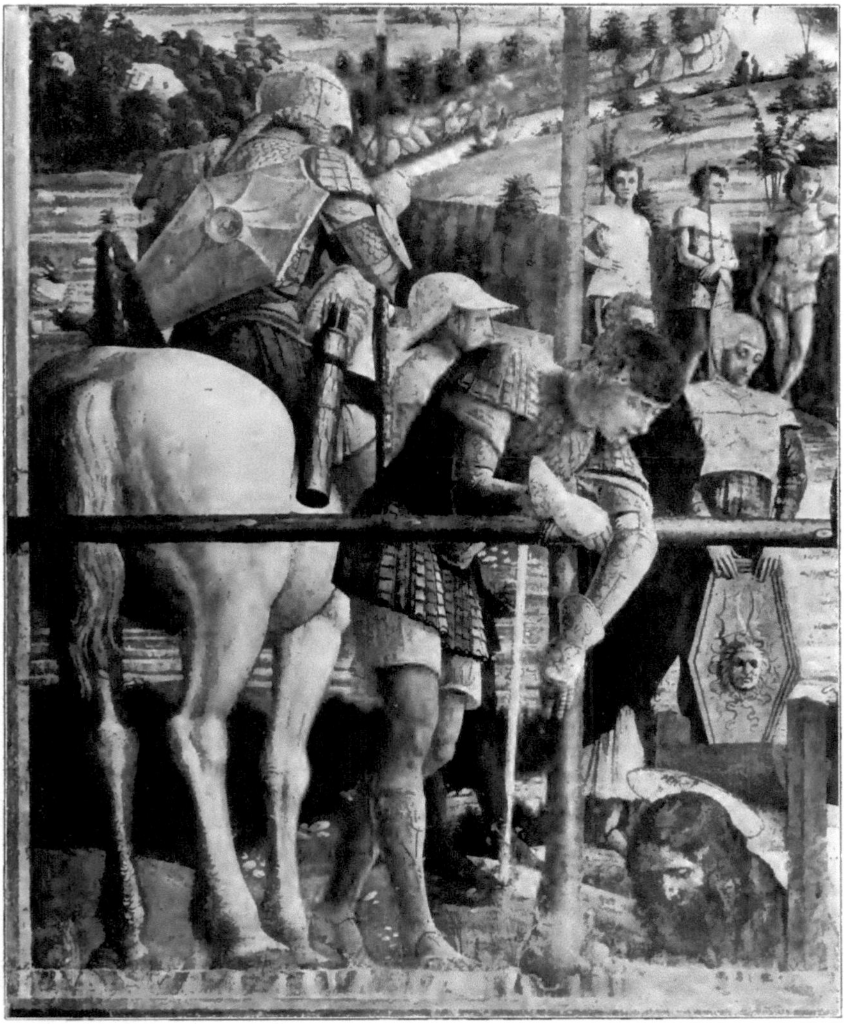

Padua, Eremitanikirche | Fresko

Detail aus der Hinrichtung des heiligen Jakobus (Tafel 5)

Detail of the execution of St. Jacob | Détail de l'exécution de saint Jacques

Nach einer Aufnahme von D. Anderson, Rom

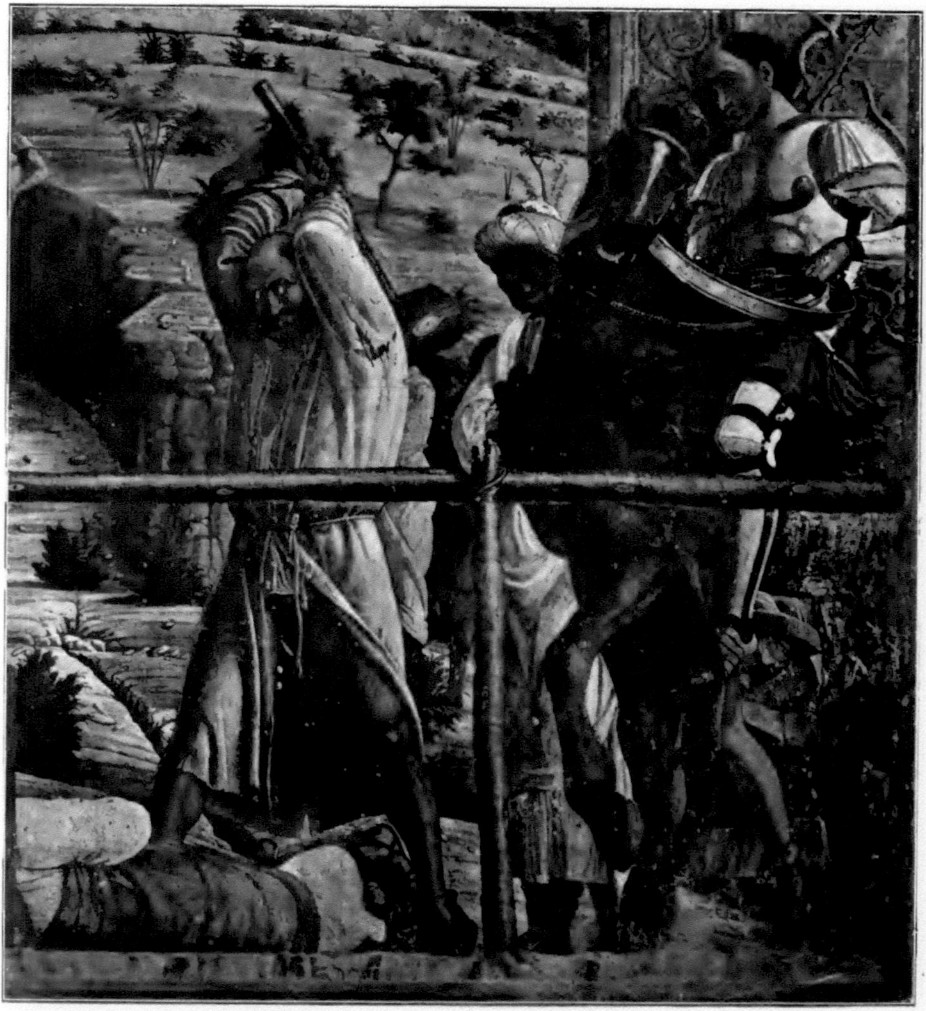

Padua, Eremitanikirche — Fresko

Detail aus der Hinrichtung des heiligen Jakobus (Tafel 5)

Detail of the execution of St. Jacob — Détail de l'exécution de saint Jacques

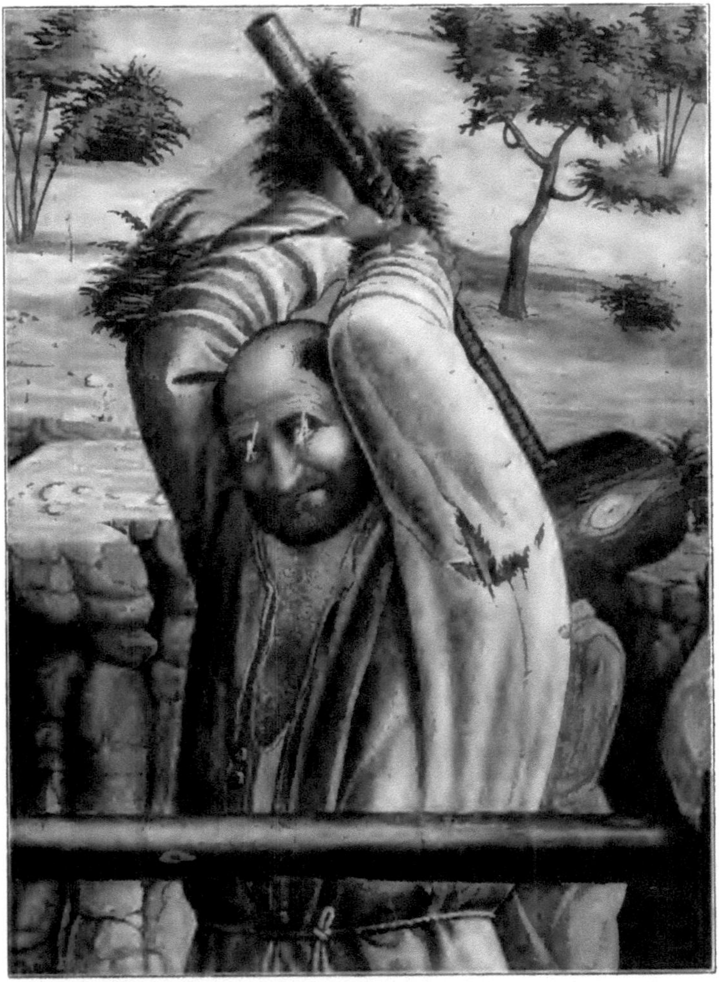

Padua, Eremitanikirche Fresko

Detail aus der Hinrichtung des heiligen Jakobus (Tafel 5)

Detail of the execution of St. Jacob Détail de l'exécution de saint Jacques

Nach einer Aufnahme von D. Anderson, Rom

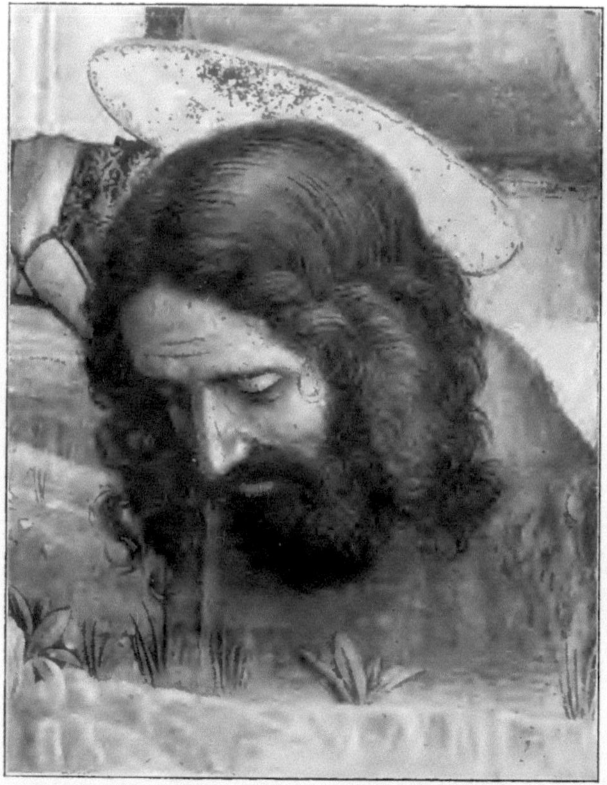

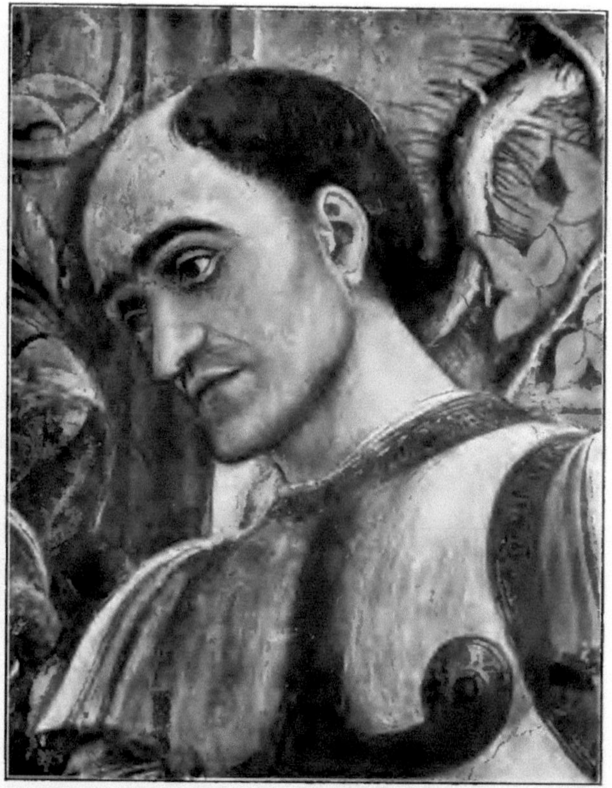

Padua, Eremitanikirche

Fresko

Der Kopf des Jakobus

Kopf eines Zuschauers

Details aus der Hinrichtung des heiligen Jakobus (Tafel 5)

The head of Jacob — La tête de Jacques

Details of the execution of St. Jacob

Head of a spectator — Tête d'un spectateur

Détails de l'exécution de saint Jacques

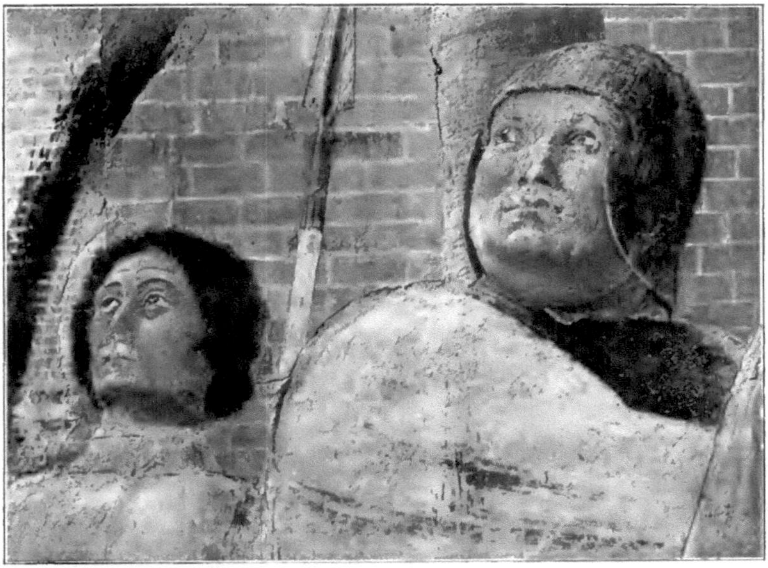

Padua, Eremitanikirche — Fresko

Mantegna und Pizolo

Detail aus dem Martyrium des heiligen Christoph (Tafel 6)

Detail of the martyrdom of St. Christopher — Détail du martyre de saint Christophe

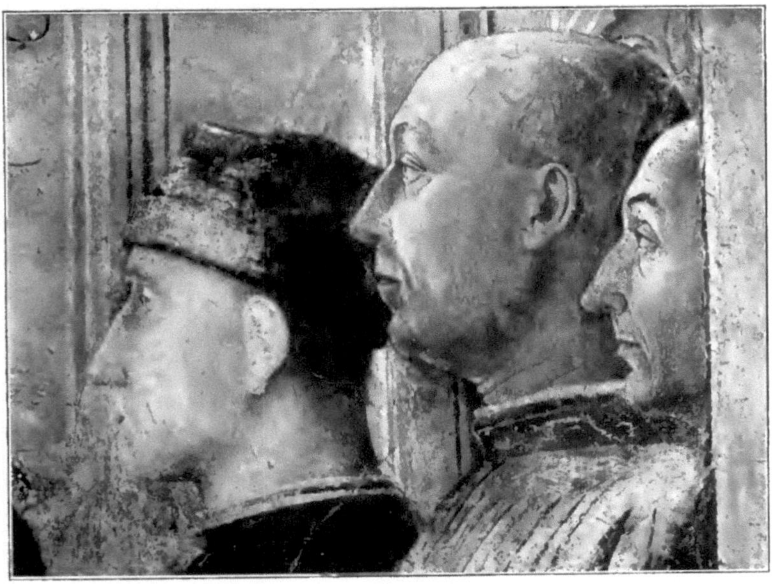

Padua, Eremitanikirche — Fresko

Onofrio di Palla Strozzi, Girolamo Valle und Bonifazio Frigimalica

Detail aus dem Martyrium des heiligen Christoph (Tafel 6)

Detail of the martyrdom of St. Christopher — Détail du martyre de saint Christophe

Nach einer Aufnahme von D. Anderson, Rom

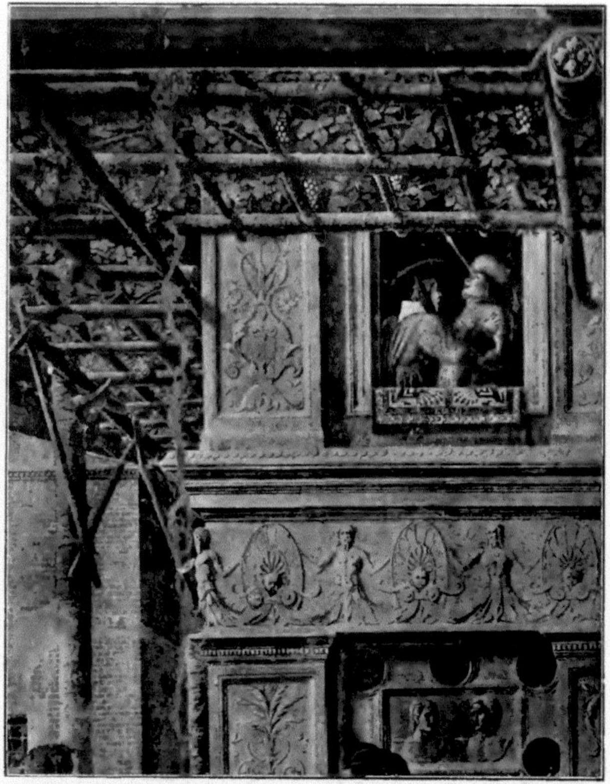

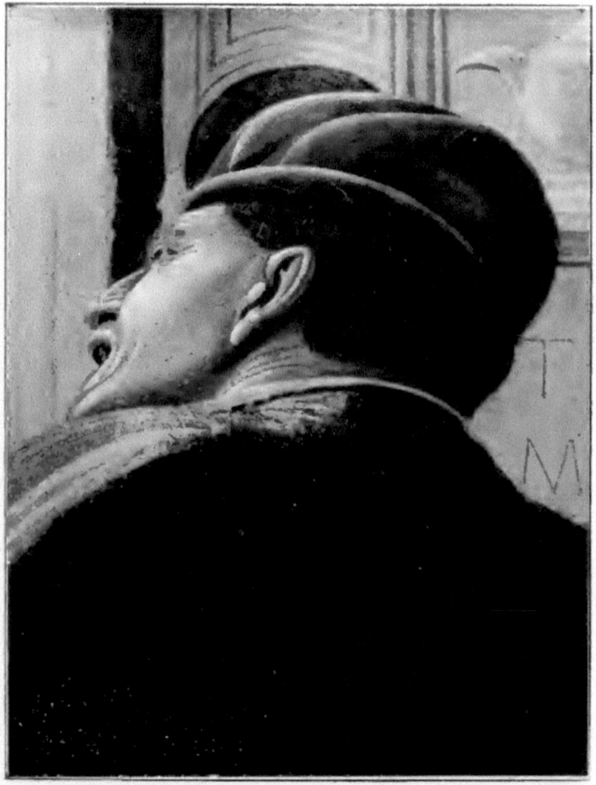

Padua, Eremitanikirche

Fresko

Details aus dem Martyrium des heiligen Christoph (Tafel 6)

Details of the martyrdom of St. Christopher

Détails du martyre de saint Christophe

Nach einer Aufnahme von D. Anderson, Rom

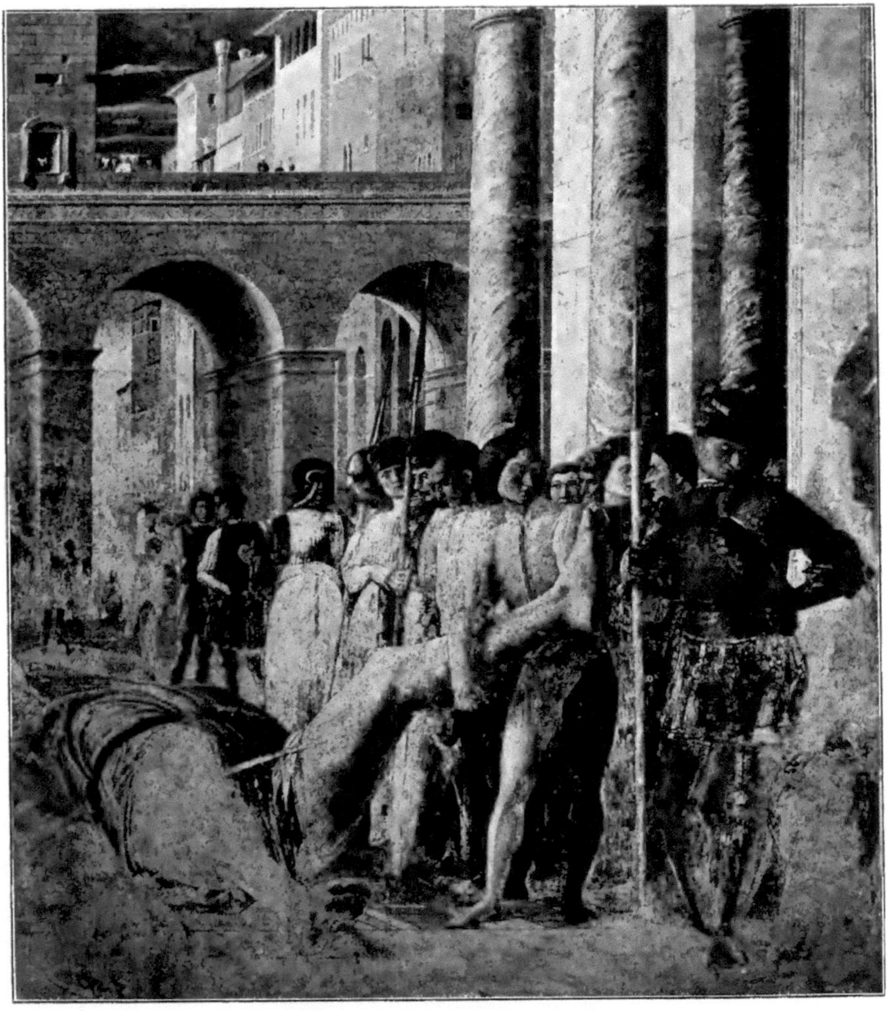

Padua, Eremitanikirche — Fresko

Detail aus der Fortschaffung der Leiche des heiligen Christoph (Tafel 7)

Detail of the removing of the corpse of St. Christopher

Détail du transport du corps de saint Christophe

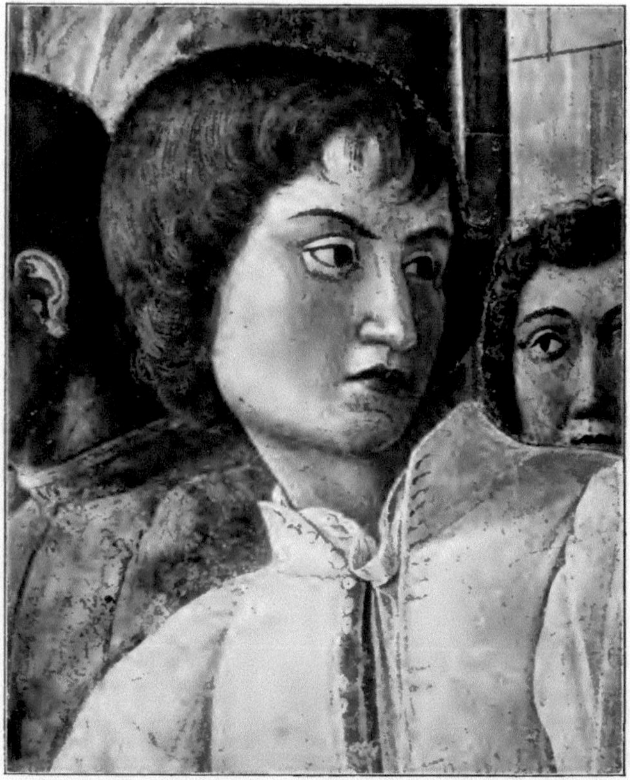

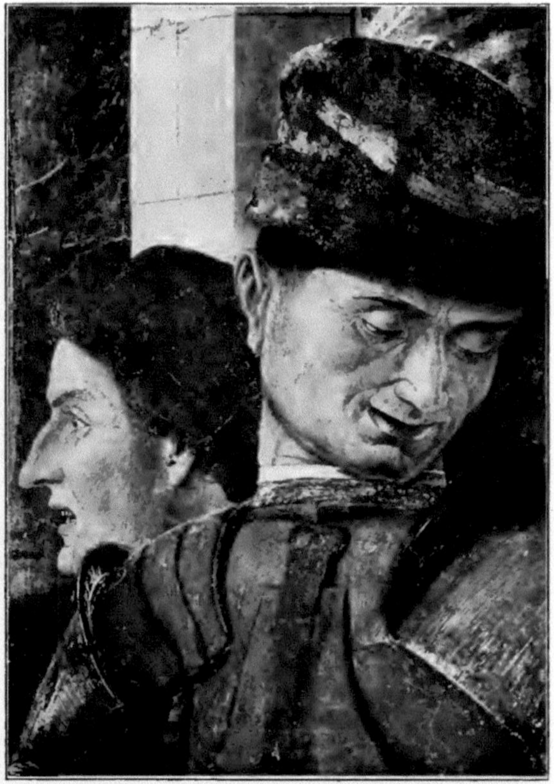

Padua, Eremitanikirche

Fresko

Details aus der Fortschaffung der Leiche des heiligen Christoph (Tafel 7)

Details of the removing of the corpse of St. Christopher

Détails du transport du corps de saint Christophe

Nach einer Aufnahme von D. Anderson, Rom

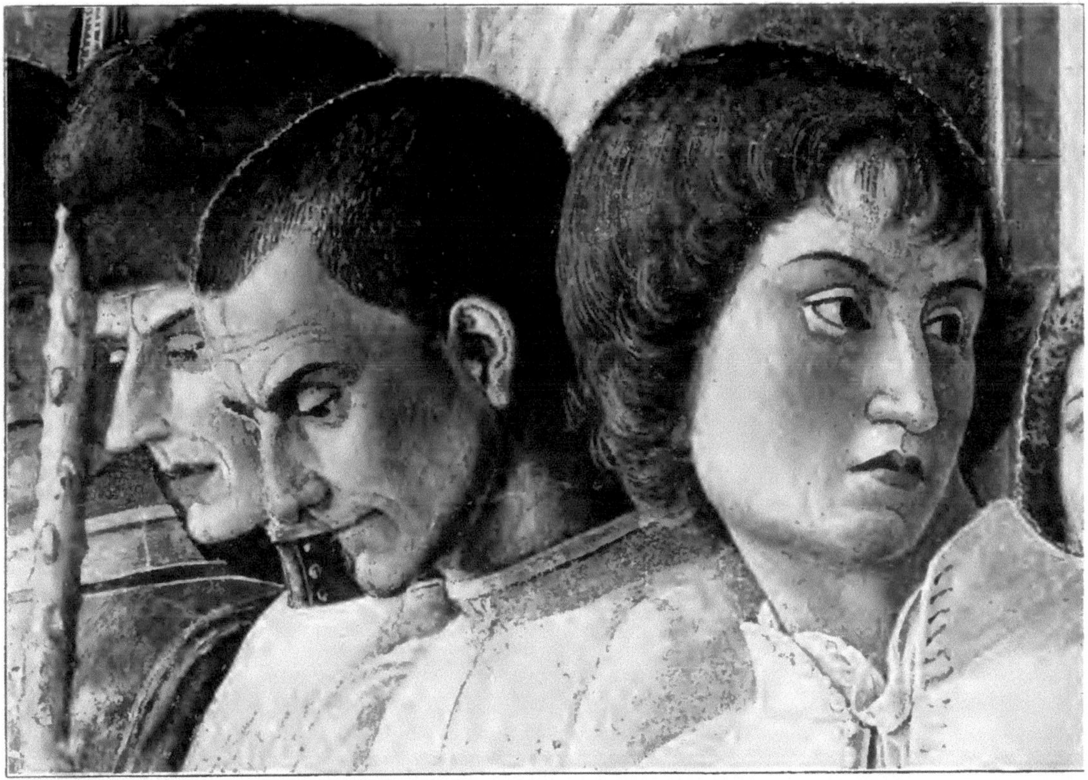

Padua, Eremitanikirche — Fresko

Detail aus der Fortschaffung der Leiche des heiligen Christoph (Tafel 7)

Detail of the removing of the corpse of St. Christopher

Détail du transport du corps de saint Christophe

Nach einer Aufnahme von D. Anderson, Rom

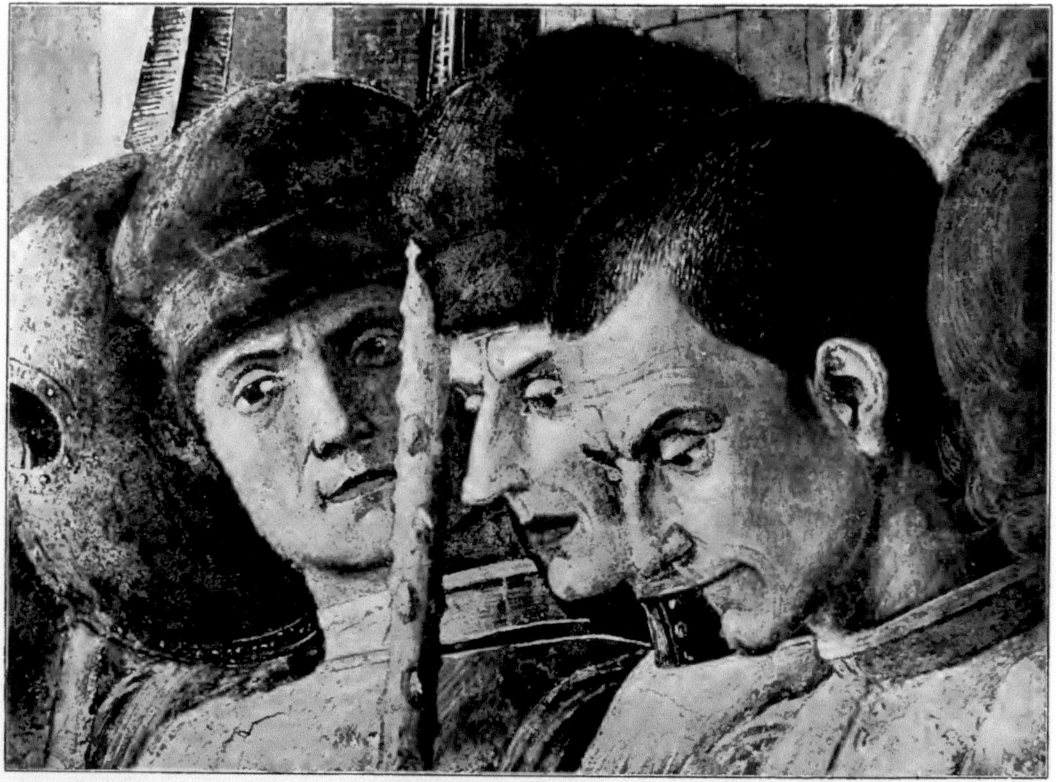

Padua, Eremitanikirche — Fresko

Detail aus der Fortschaffung der Leiche des heiligen Christoph (Tafel 7)

Detail of the removing of the corpse of St. Christopher — Détail du transport du corps de saint Christophe

Nach einer Aufnahme von D. Anderson, Rom

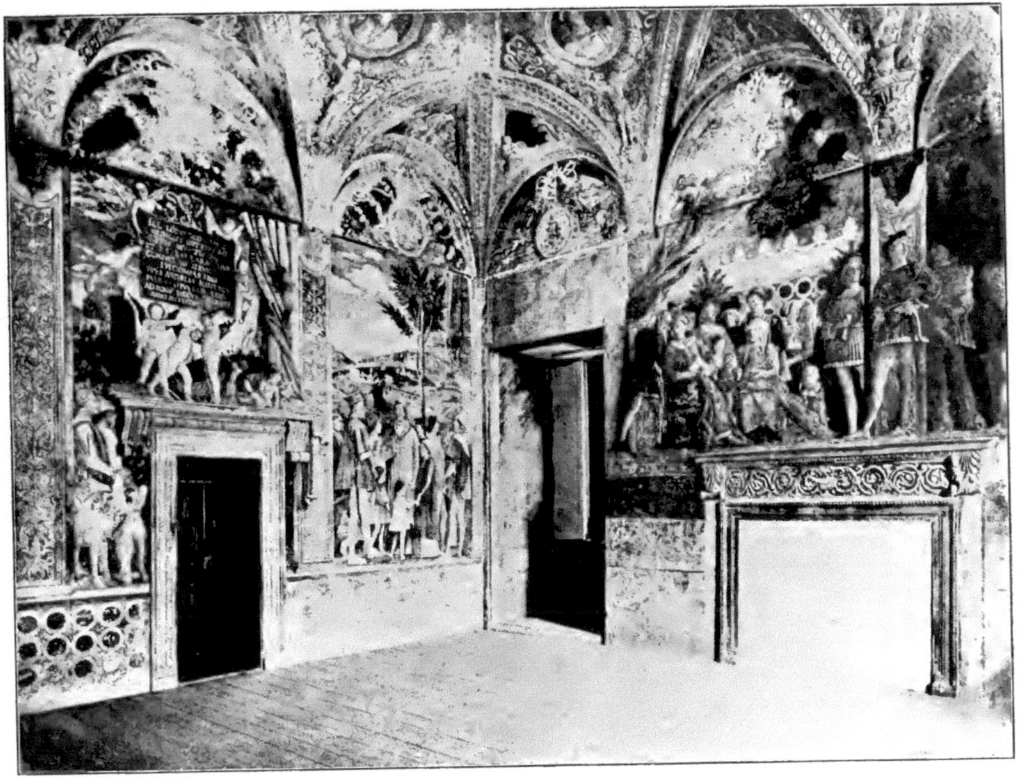

Camera degli Sposi im Castello di Corte zu Mantua

Innenansicht

1468–1474

Inside-view of the „Camera degli Sposi“ in the Castello di Corte at Mantua

Vue intérieure de la „Camera degli Sposi“ dans le château di Corte à Mantoue

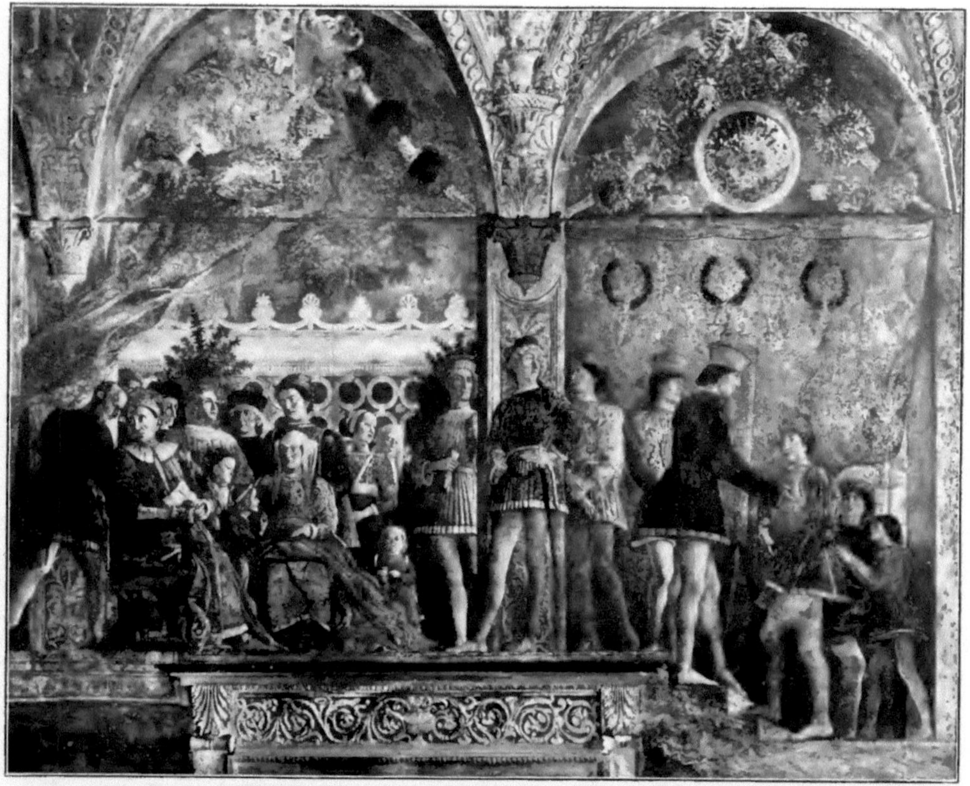

Mantua, Castello di Corte (Camera degli Sposi) Fresko

Markgraf Lodovico Gonzaga mit seiner Familie

The margrave Ludovic Gonzaga with his family 1469—1472 Le margrave Ludovic Gonzaga et sa famille

Nach einer Aufnahme von D. Anderson, Rom

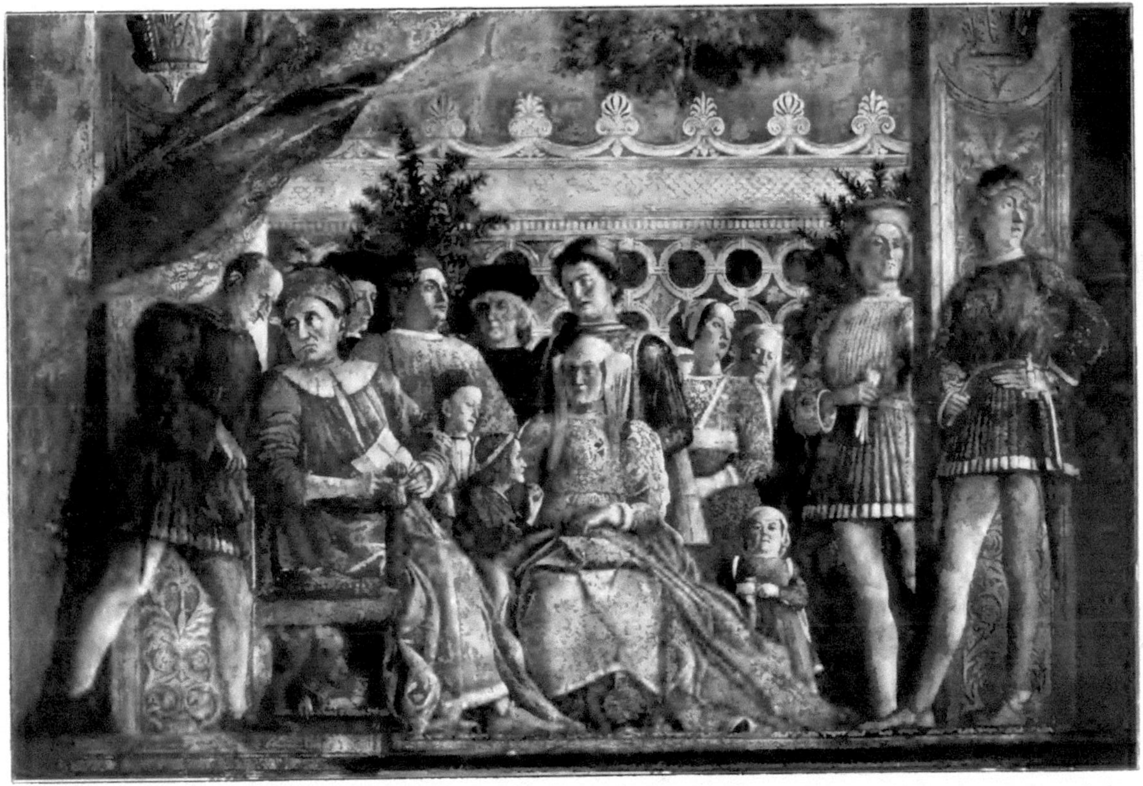

Mantua, Castello di Corte (Camera degli Sposi) — Fresko

Detail aus „Markgraf Lodovico Gonzaga mit seiner Familie“

Detail of the family-picture of the margrave Ludovic Gonzaga

Détail du tableau de la famille du margrave Ludovic Gonzaga

Nach einer Aufnahme von D. Anderson, Rom

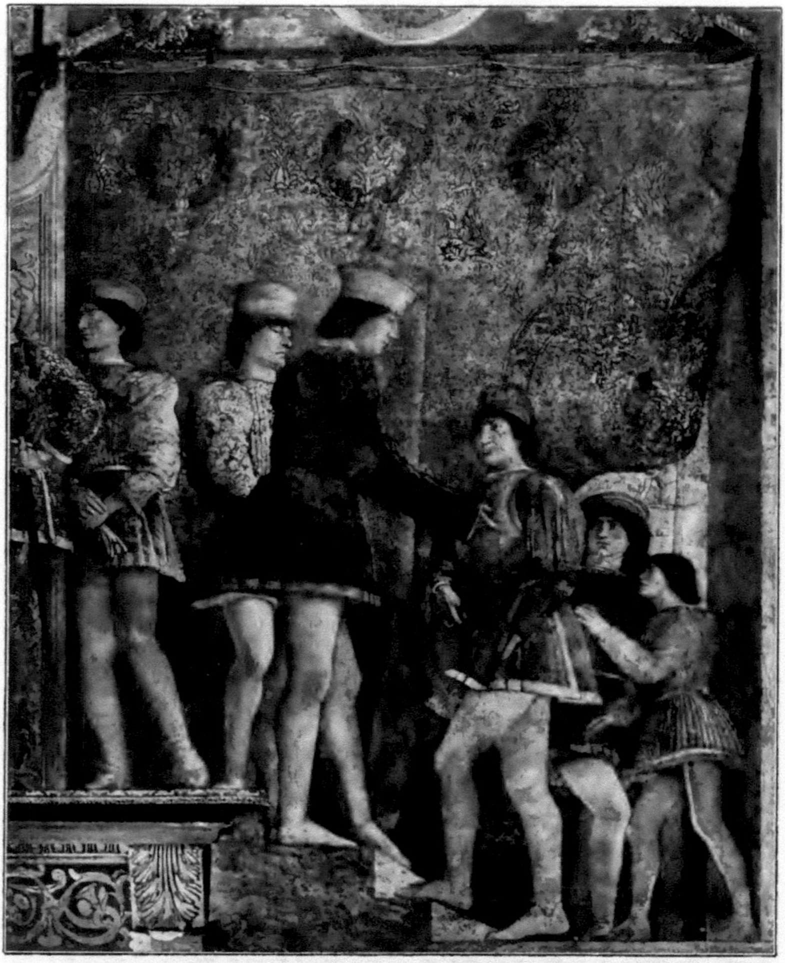

Mantua, Castello di Corte (Camera degli Sposi) Fresko

Detail aus „Markgraf Lodovico Gonzaga mit seiner Familie"

Detail of the family-picture of the margrave Ludovic Gonzaga

Détail du tableau de la famille du margrave Ludovic Gonzaga

Nach einer Aufnahme von D. Anderson, Rom

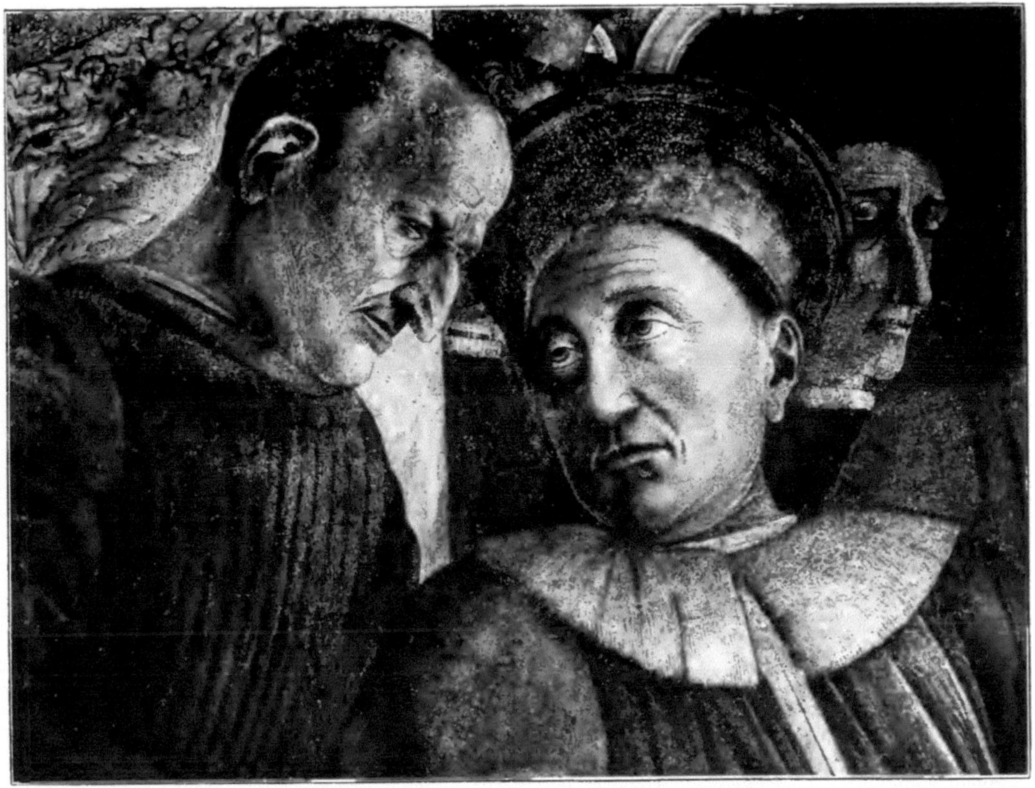

Mantua, Castello di Corte (Camera degli Sposi) — Fresko

Der Markgraf und sein Sekretär (Detail aus dem Familienbilde)

The margrave Ludovic and his secretary
(Detail of the family-picture)

Le margrave Ludovic et son secrétaire
(Détail du tableau de famille)

Nach einer Aufnahme von D. Anderson, Rom

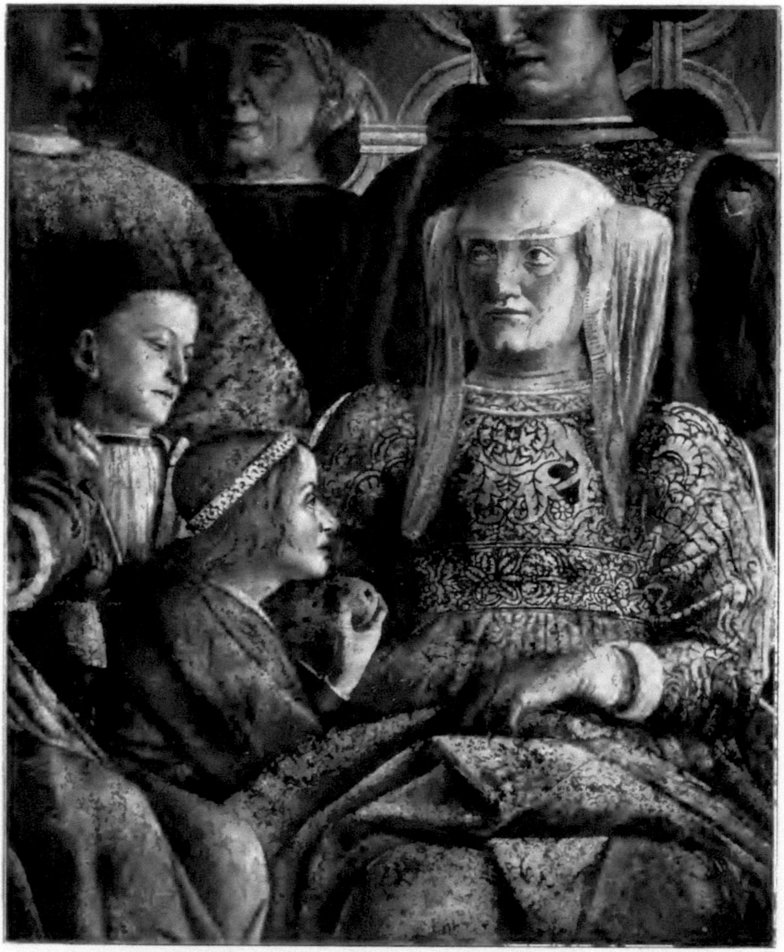

Mantua, Castello di Corte (Camera degli Sposi) Fresko

Markgräfin Barbara mit Lodovico und Paolo (Detail aus dem Familienbilde)

Group of the family-picture:
the margravine Barbara

Groupe du tableau de famille:
la marquise Barbara

Nach einer Aufnahme von D. Anderson, Rom

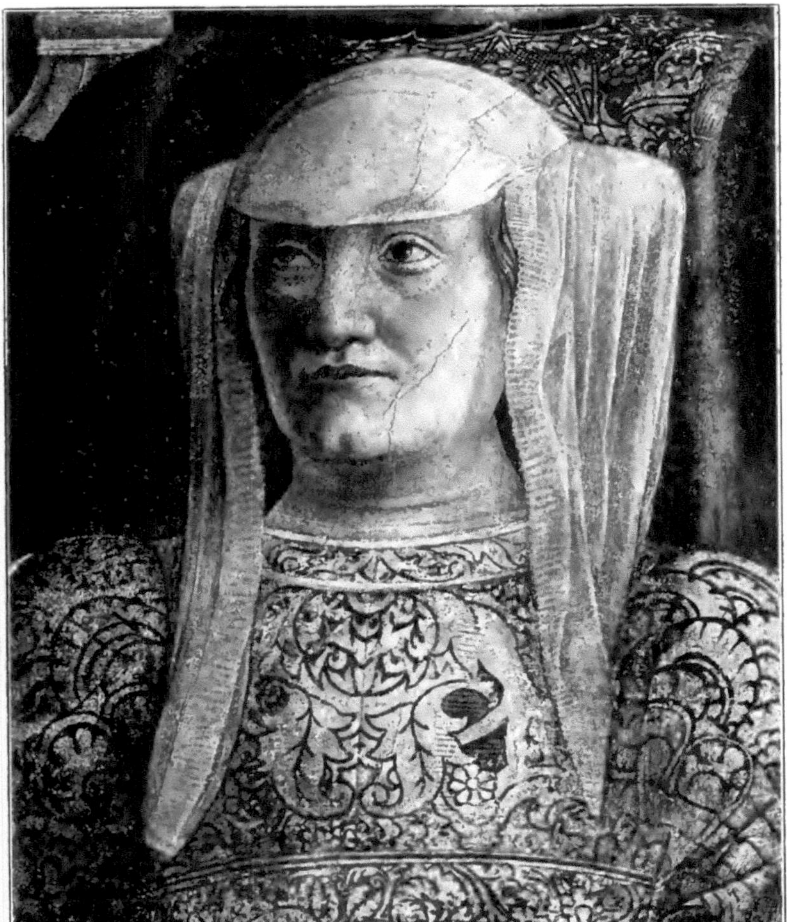

Mantua, Castello di Corte (Camera degli Sposi) Fresko

Die Markgräfin Barbara von Brandenburg (Detail aus dem Familienbilde)

The margravine Barbara of Brandenburg (Detail of the family-picture)

La marquise Barbara de Brandebourg (Détail du tableau de famille)

Nach einer Aufnahme von D. Anderson, Rom

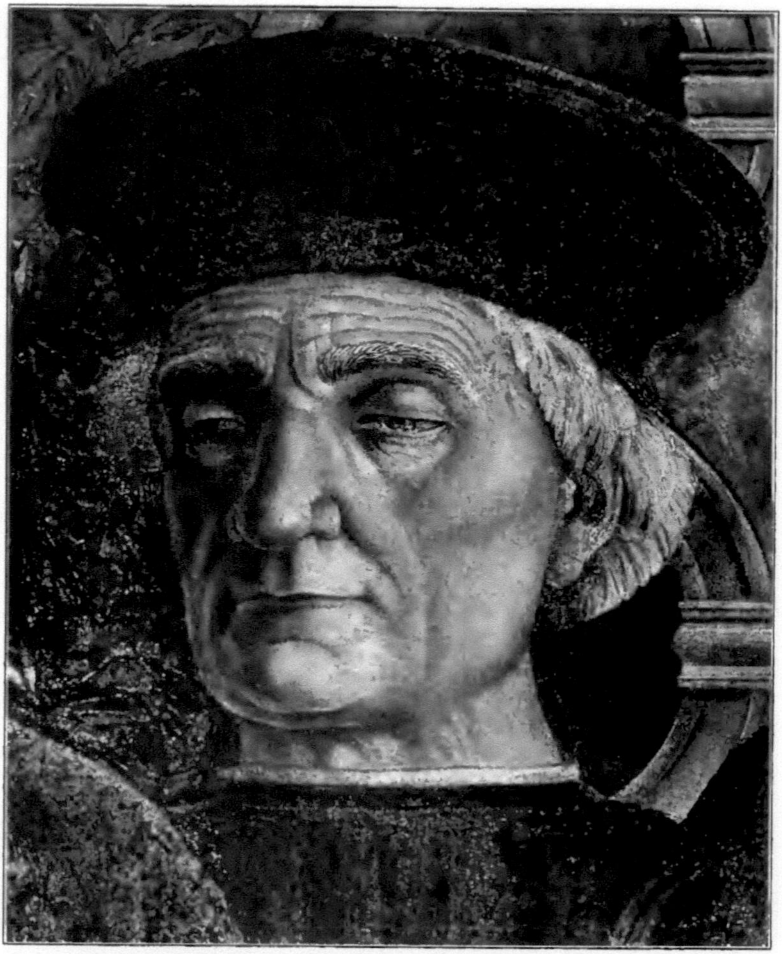

Mantua, Castello di Corte (Camera degli Sposi) Fresko

Bartolommeo Manfredi? (Detail aus dem Familienbilde)

Portrait of Bartolommeo Manfredi?
(Detail of the family-picture)

Portrait de Bartolommeo Manfredi?
(Détail du tableau de famille)

Nach einer Aufnahme von D. Anderson, Rom

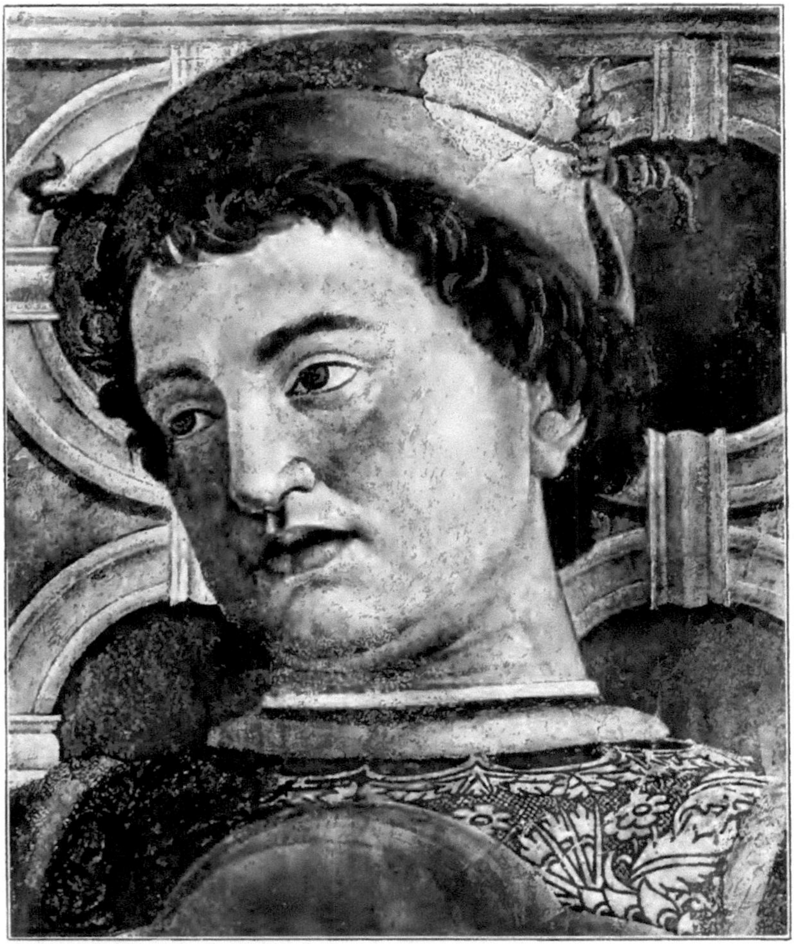

Mantua, Castello di Corte (Camera degli Sposi) Fresko

Gian Francesco Gonzaga (Detail aus dem Familienbilde)

Portrait of Gian Francesco Gonzaga (Detail of the family-picture)

Portrait de Gian Francesco Gonzaga (Détail du tableau de famille)

Nach einer Aufnahme von D. Anderson, Rom

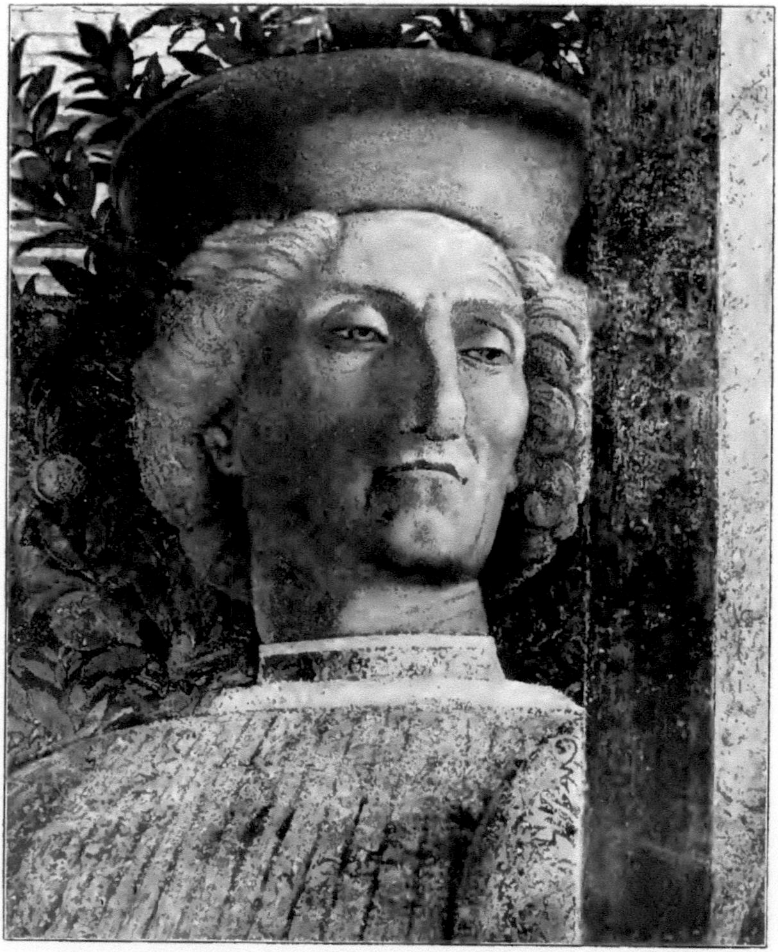

Mantua, Castello di Corte (Camera degli Sposi) — Fresko

Porträtkopf (Detail aus dem Familienbilde)

A portrait
(Detail of the family-picture)

Un portrait
(Détail du tableau de famille)

Nach einer Aufnahme von D. Anderson, Rom

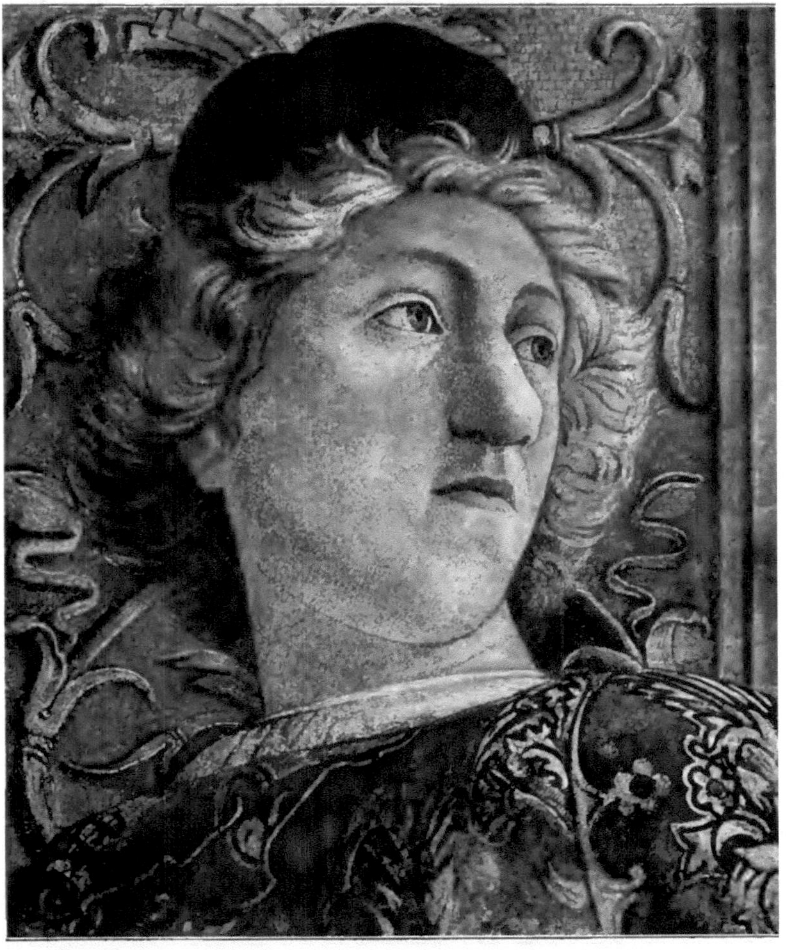

Mantua, Castello di Corte (Camera degli Sposi) Fresko

Rodolfo Gonzaga (Detail aus dem Familienbilde)

Portrait of Rodolfo Gonzaga (Detail of the family-picture)

Portrait de Rodolfo Gonzaga (Détail du tableau de famille)

Nach einer Aufnahme von D. Anderson, Rom

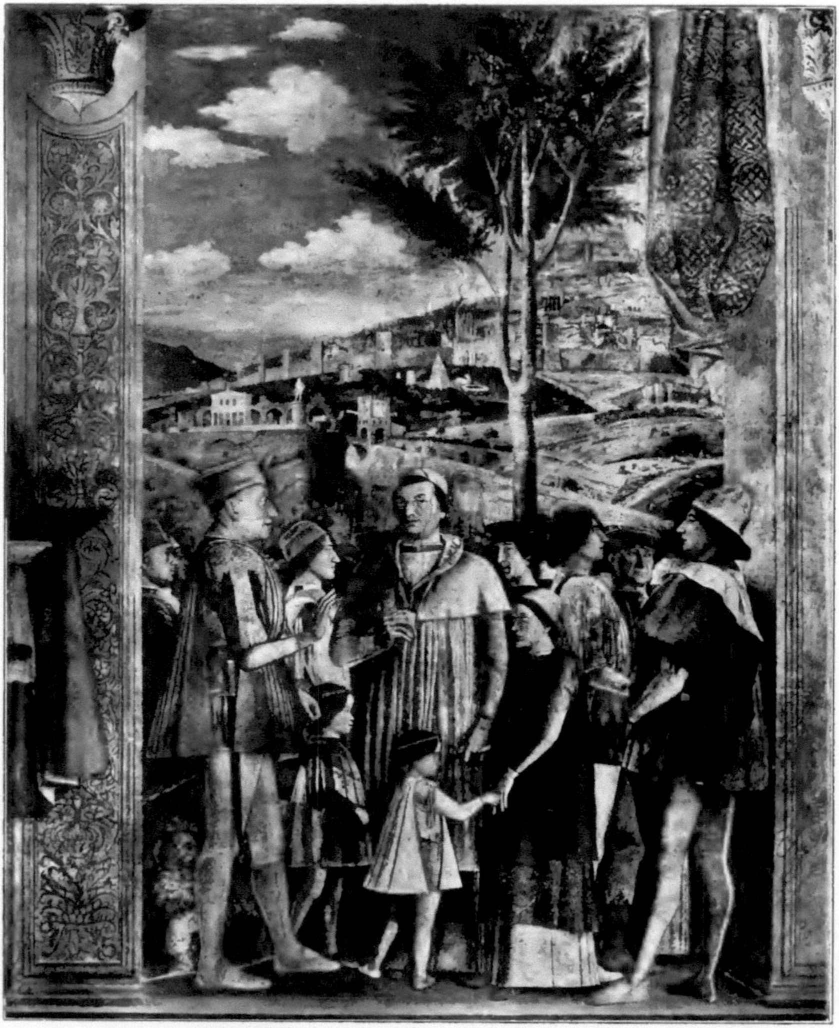

Mantua, Castello di Corte (Camera degli Sposi) Fresko

Die Begegnung des Markgrafen Lodovico mit dem Kardinal Francesco Gonzaga

The meeting of the margrave Ludovic and the cardinal Francesco Gonzaga 1472—1474 La rencontre du margrave Ludovic avec le cardinal Francesco Gonzaga

Nach einer Aufnahme von D. Anderson, Rom

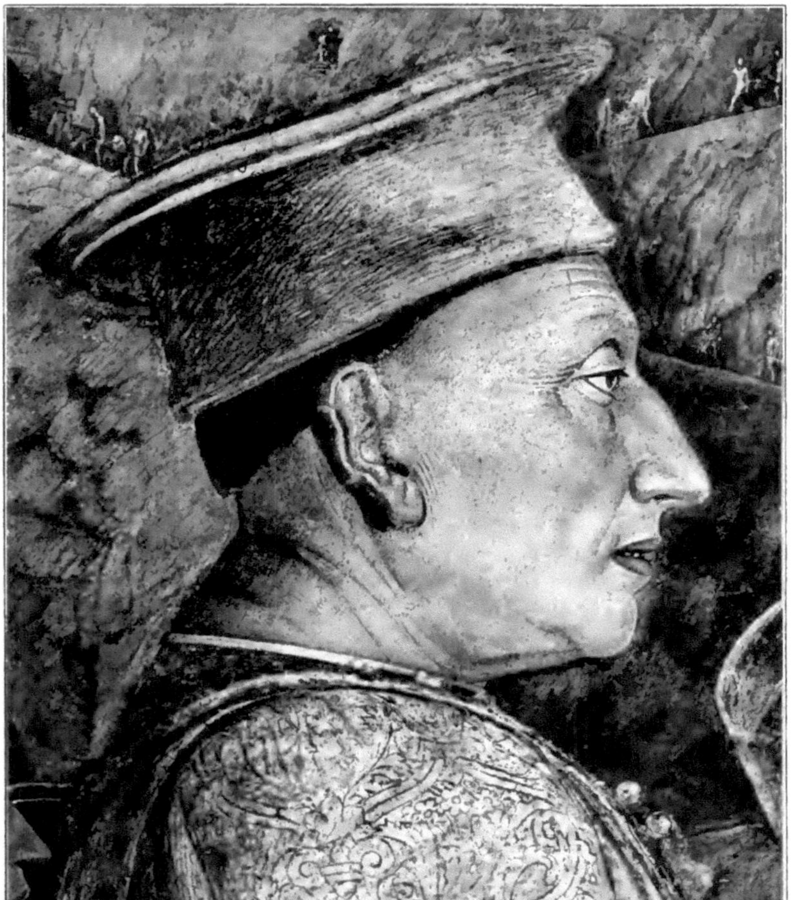

Mantua, Castello di Corte (Camera degli Sposi) Fresko

Markgraf Lodovico (Detail aus der Begegnung mit Kardinal Francesco)

Margrave Ludovic
(Detail of the meeting-picture)

Margrave Ludovic
(Détail du tableau précédent)

Nach einer Aufnahme von D. Anderson, Rom

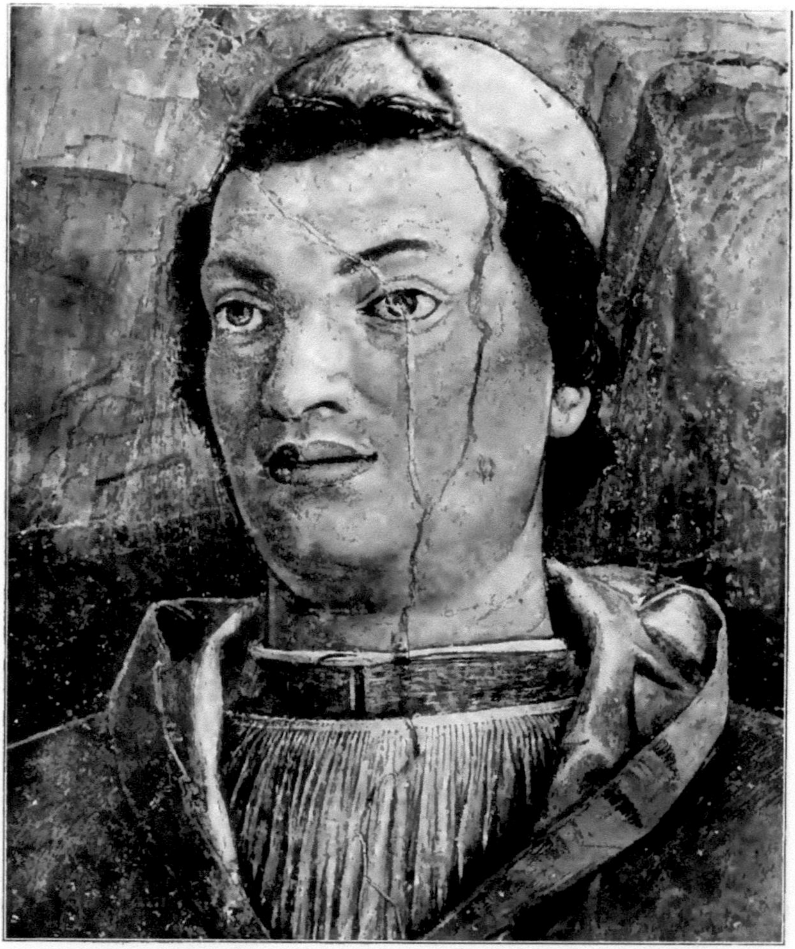

Mantua, Castello di Corte (Camera degli Sposi) Fresko

Kardinal Francesco Gonzaga (Detail aus der Begegnung mit Markgraf Lodovico)

Cardinal Francesco Gonzaga
(Detail of the meeting-picture)

Cardinal Francesco Gonzaga
(Détail du tableau p. 36)

Nach einer Aufnahme von D. Anderson, Rom

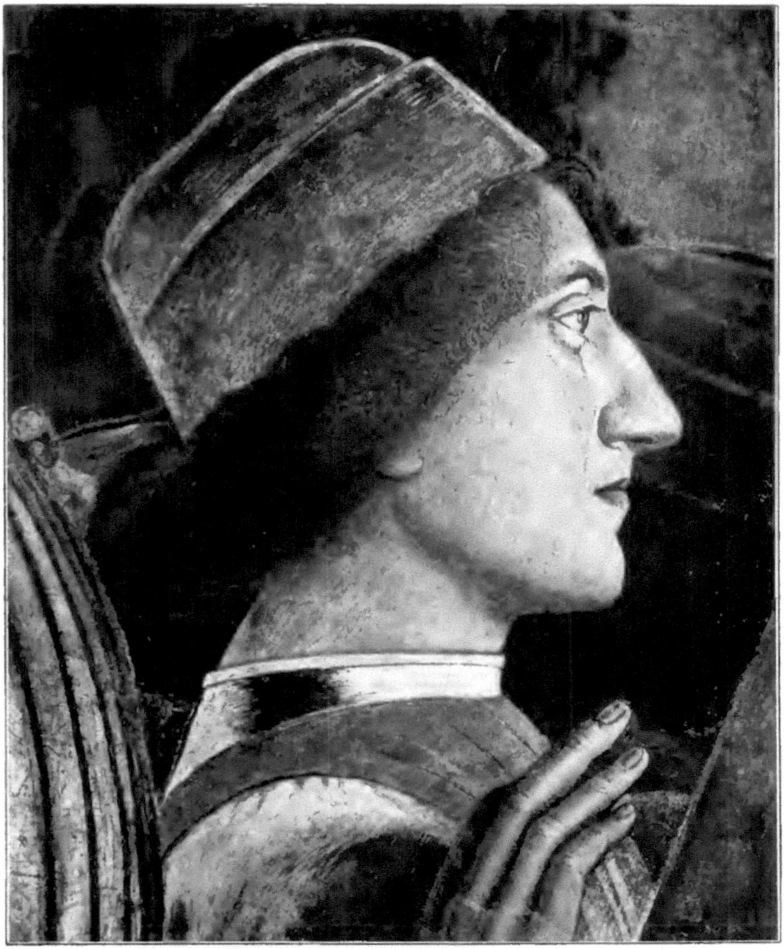

Mantua, Castello di Corte (Camera degli Sposi) — Fresko

Gian Francesco Gonzaga (Detail aus der Begegnung Lodovicos und Francescos)

Portrait of Gian Francesco Gonzaga (Detail of the meeting-picture)

Portrait de Gian Francesco Gonzaga (Détail du tableau p. 36)

Nach einer Aufnahme von D. Anderson, Rom

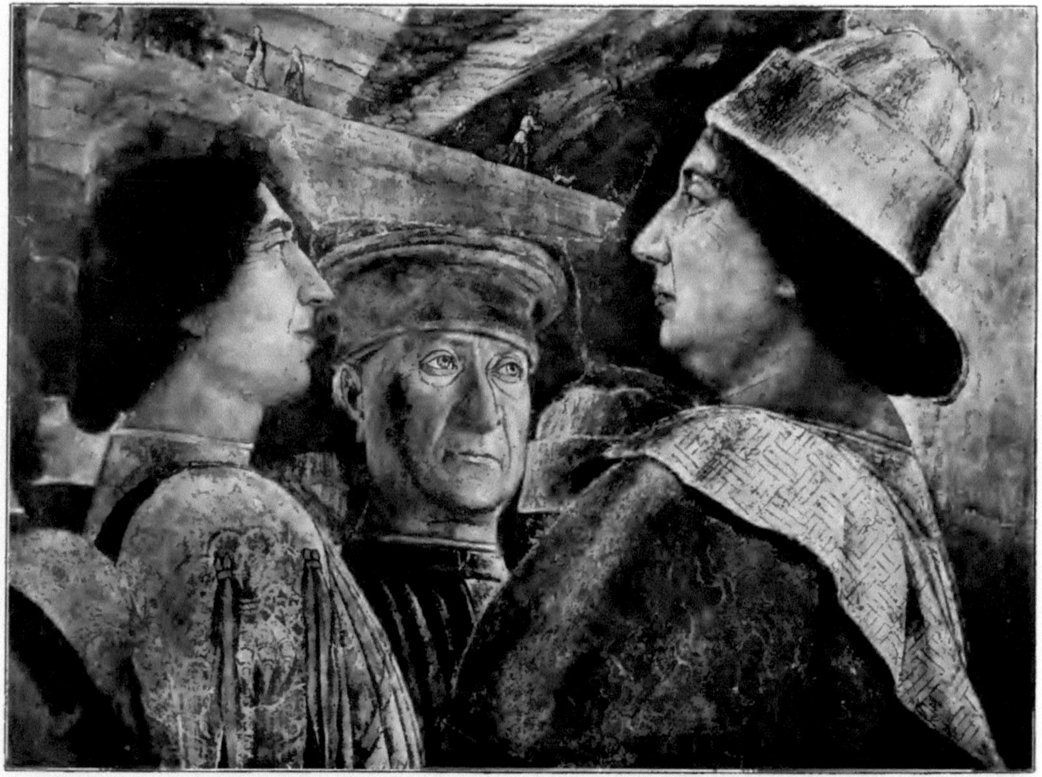

Mantua, Castello di Corte (Camera degli Sposi) — Fresko

Gruppe mit Federico Gonzaga (rechts) und Mantegna (in der Mitte)

(Detail aus der Begegnung des Markgrafen Lodovico mit Kardinal Francesco Gonzaga)

Group with the portraits of Federico Gonzaga and Mantegna
(Detail of the meeting-picture)

Groupe avec Federico Gonzaga et Mantegna
(Détail du tableau p. 36)

Nach einer Aufnahme von D. Anderson, Rom

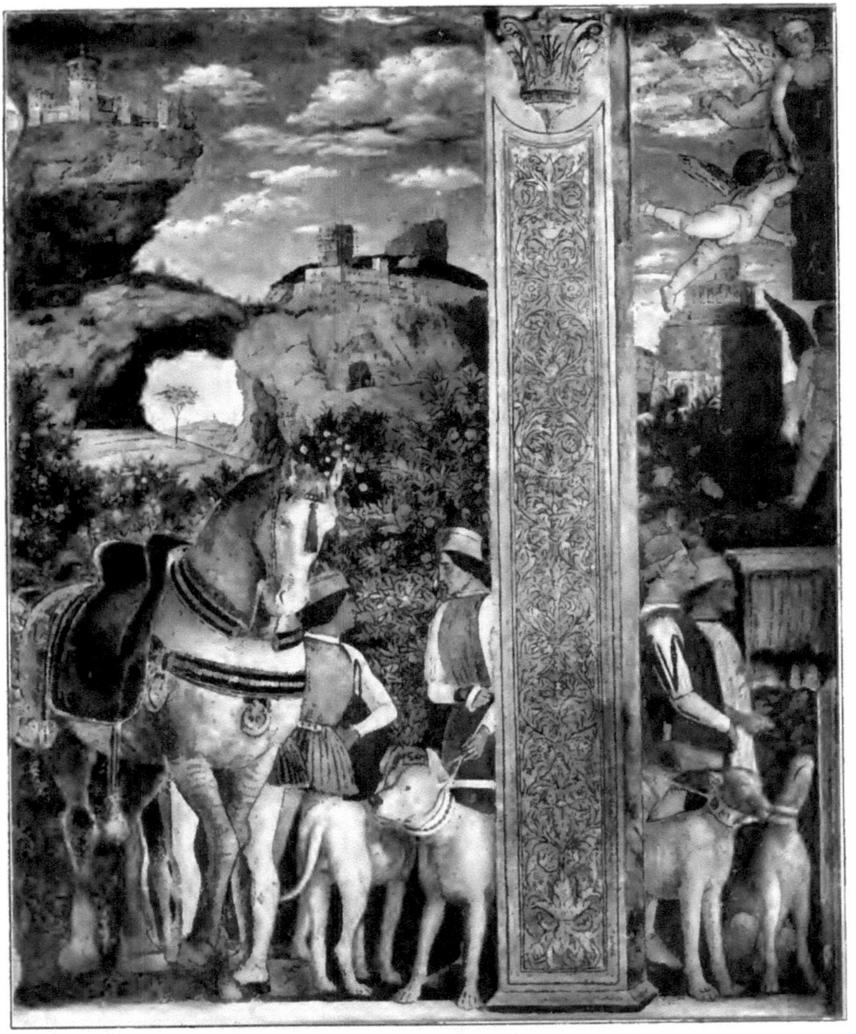

Mantua, Castello di Corte (Camera degli Sposi) Fresko

Der Jagdzug des Lodovico Gonzaga

The hunting-train of Ludovic Gonzaga 1473—1474 L'équipage de chasse de Ludovic Gonzaga

Nach einer Aufnahme von D. Anderson, Rom

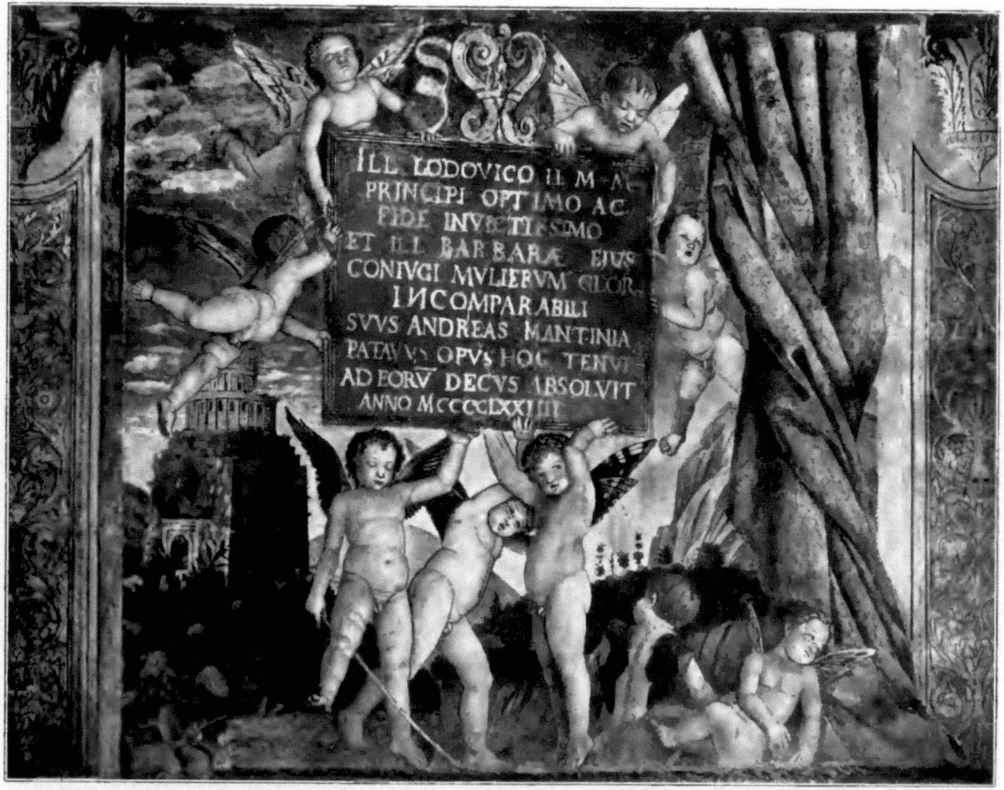

Mantua, Castello di Corte (Camera degli Sposi) | Fresko

Putten mit der Widmungstafel

Putti bearing the dedication-plate | 1474 | Des anges portant la table dédicatoire

Nach einer Aufnahme von D. Anderson, Rom

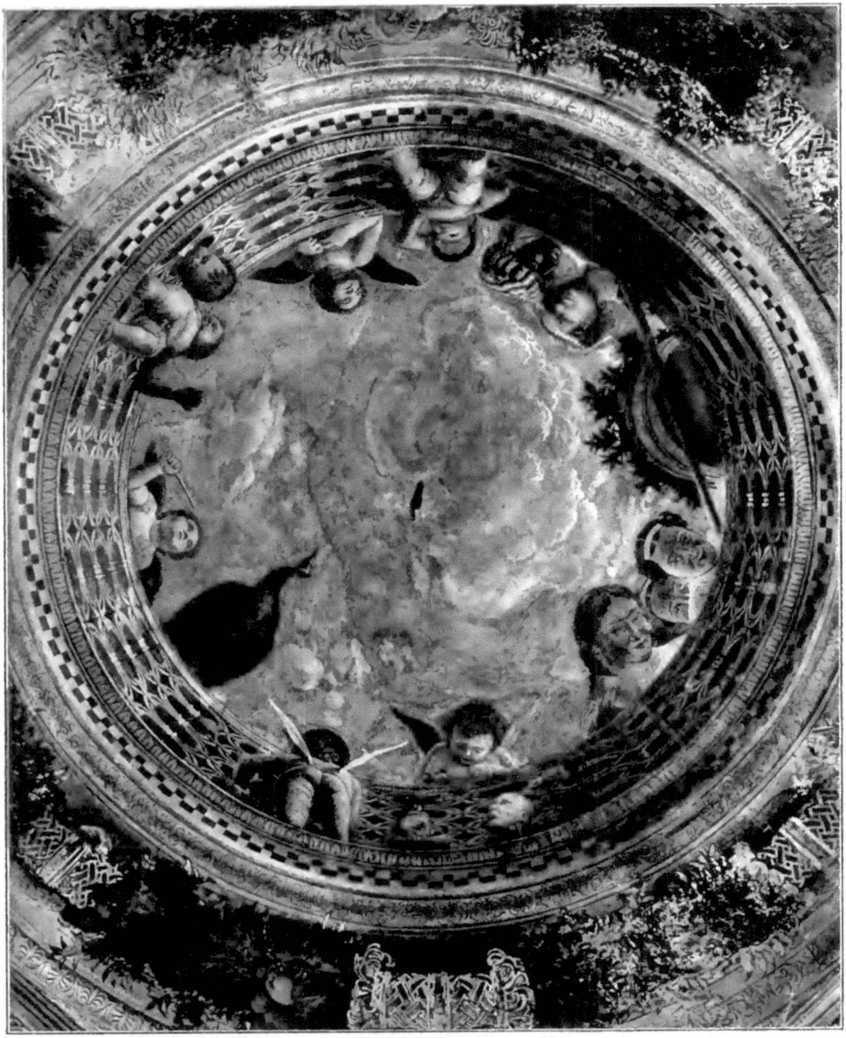

Mantua, Castello di Corte (Camera degli Sposi) Fresko

Deckengemälde

Painting on the ceiling 1469–1470 Tableau du plafond

Nach einer Aufnahme von D. Anderson, Rom

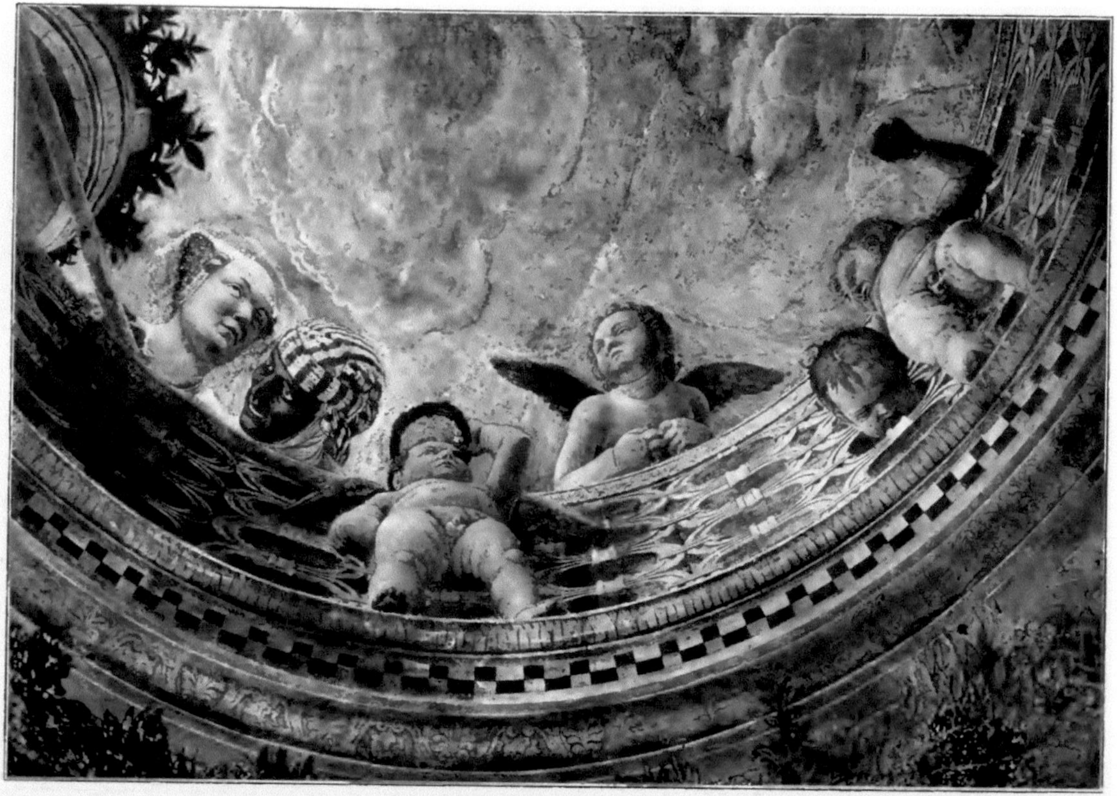

*Mantua, Castello di Corte (Camera degli Sposi) Fresko

Detail aus dem Deckengemälde

Painting on the ceiling
(Detail)

Tableau du plafond
(Détail)

Nach einer Aufnahme von D. Anderson, Rom

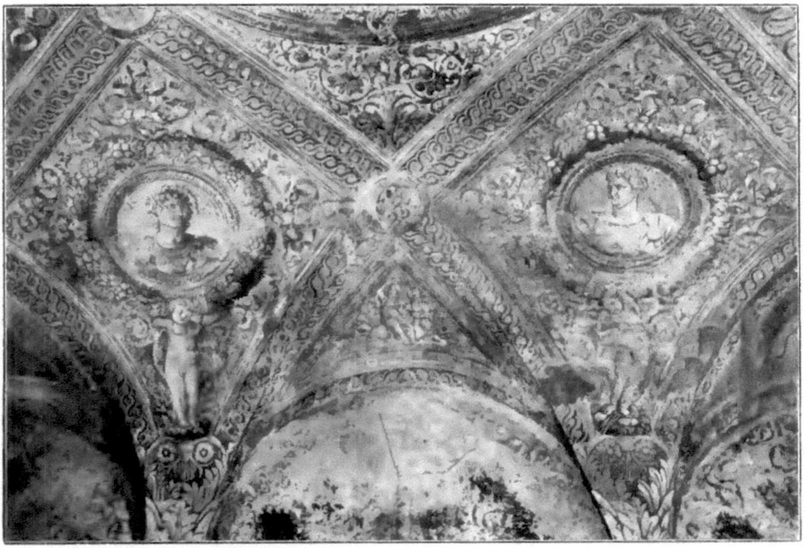

Mantua, Castello di Corte (Camera degli Sposi) Fresko

Detail vom Schmuck der Deckenwölbung

Detail of the decoration of the vaulted ceiling

Détail de la décoration de la voussure du plafond

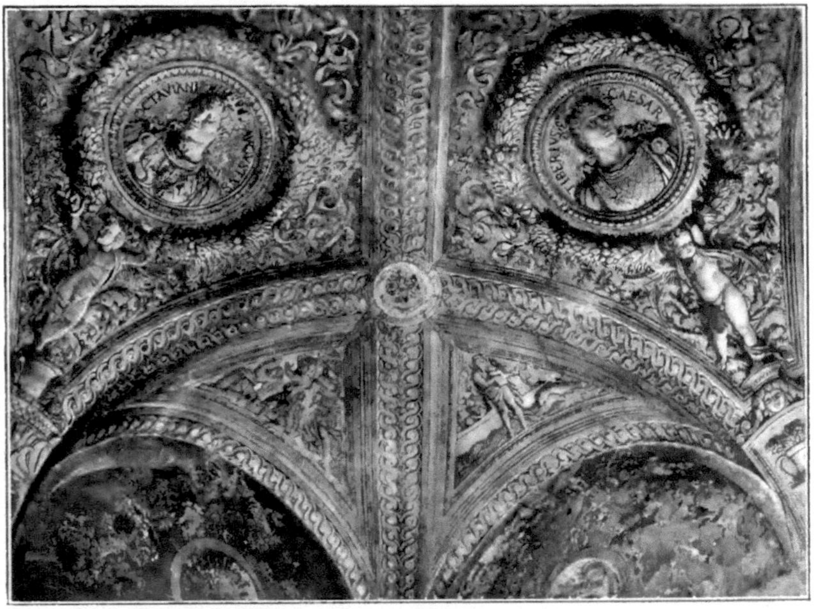

Mantua, Castello di Corte (Camera degli Sposi) Fresko

Detail vom Schmuck der Deckenwölbung

Detail of the decoration of the vaulted ceiling

Détail de la décoration de la voussure du plafond

Nach einer Aufnahme von D. Anderson, Rom

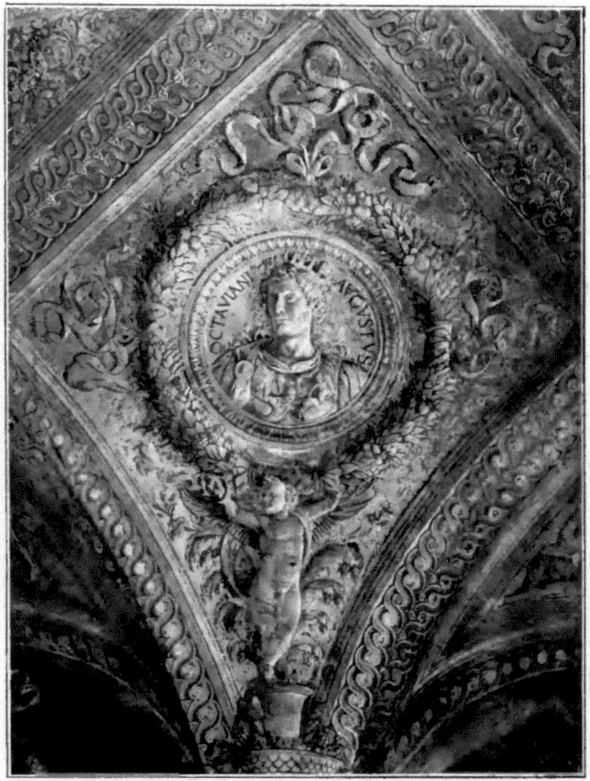

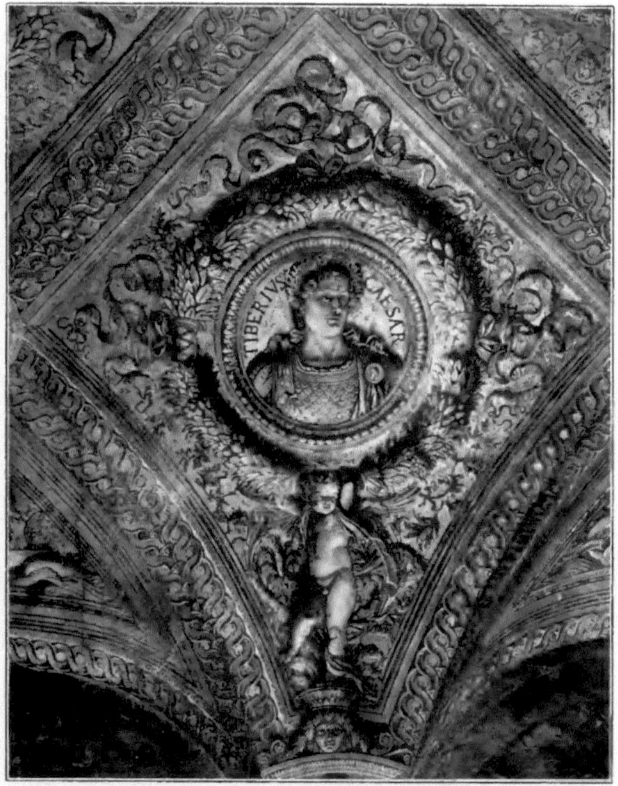

Mantua, Castello di Corte (Camera degli Sposi) — Fresko

Octavian Augustus
Octaviani Augustus — Octavien Auguste

Tiberius Cäsar
Tiberius Caesar — Tibérius César

Nach einer Aufnahme von D. Anderson, Rom

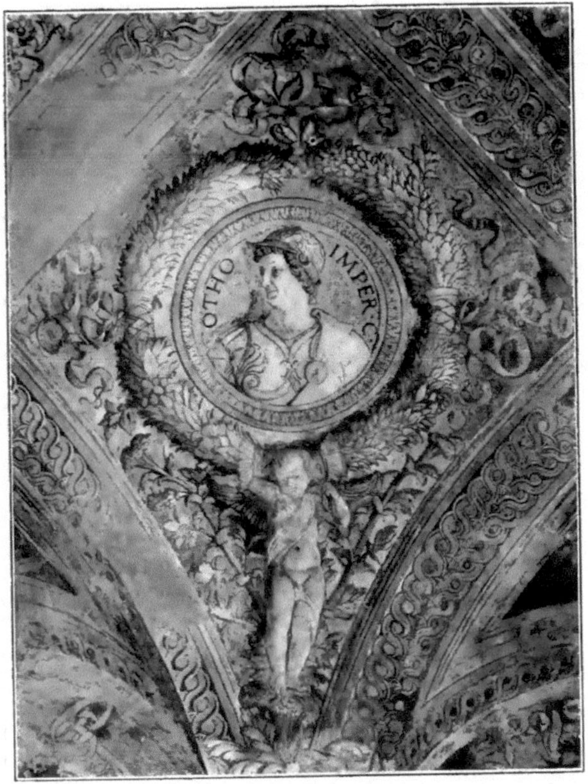

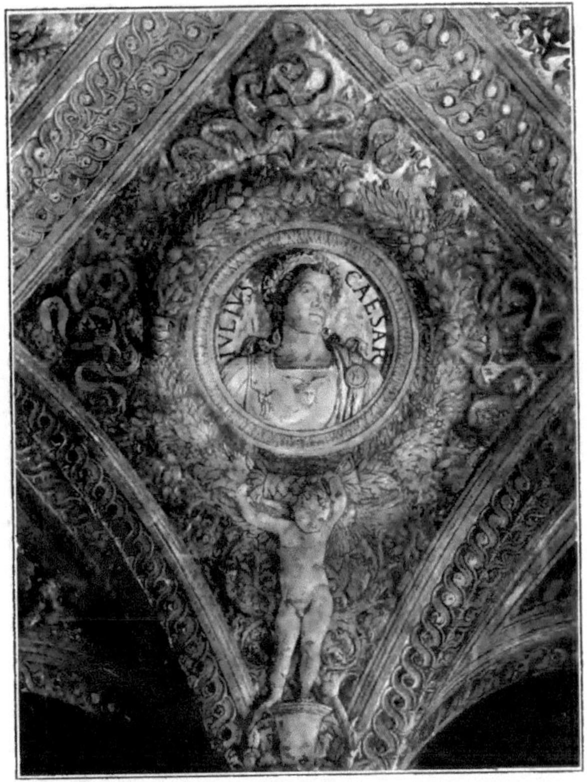

Mantua, Castello di Corte (Camera degli Sposi)

Fresko

Kaiser Otho

The emperor Otho

L'empereur Othon

Julius Cäsar

Julius Caesar

Jules César

Nach einer Aufnahme von D. Anderson, Rom

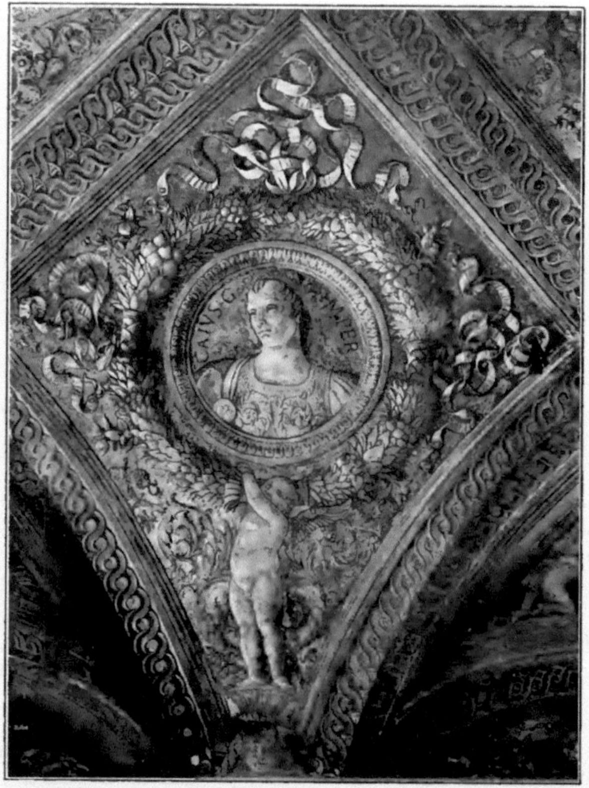

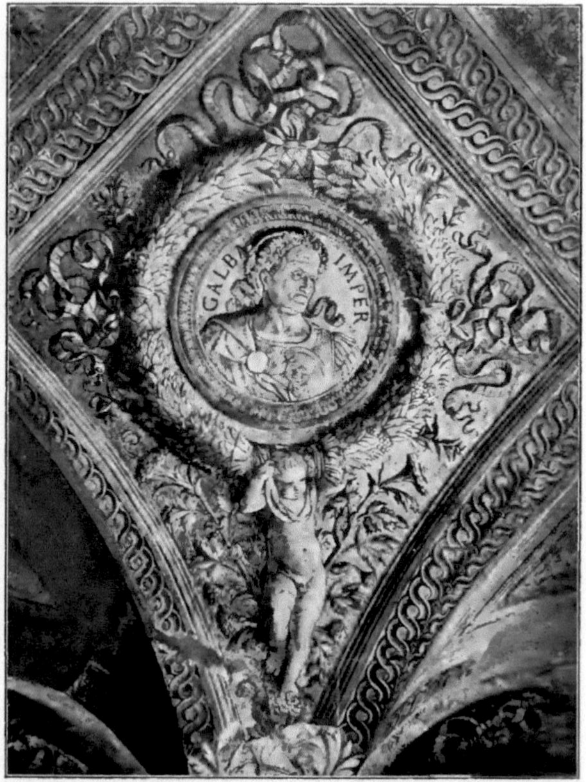

Mantua, Castello di Corte (Camera degli Sposi)

Fresko

Kaiser Gaius

The emperor Gaius

L'empereur Gaius

Kaiser Galba

The emperor Galba

L'empereur Galba

Nach einer Aufnahme von D. Anderson, Rom

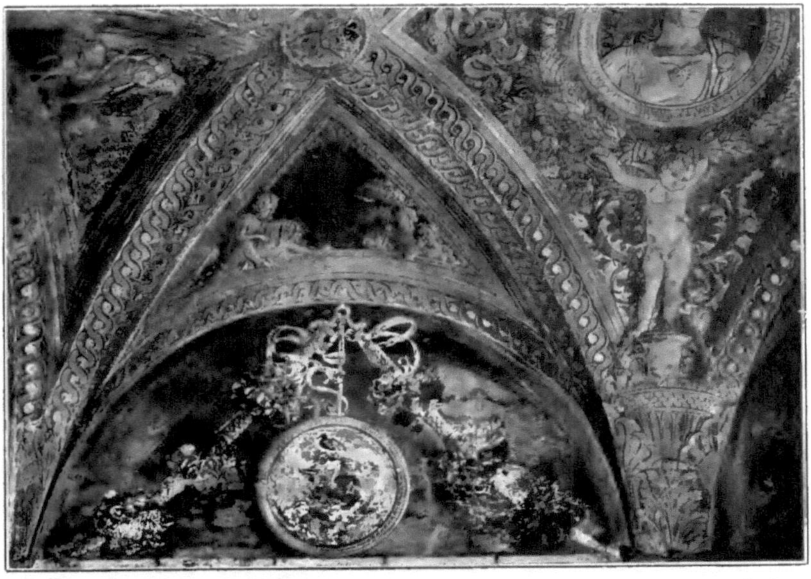

Mantua, Castello di Corte (Camera degli Sposi) Fresko

Lunette und Stichkappe (Orpheus in der Unterwelt)

Decoration of a lunette (Orpheus in the orcus)

Décoration d'une lunette (Orphée aux enfers)

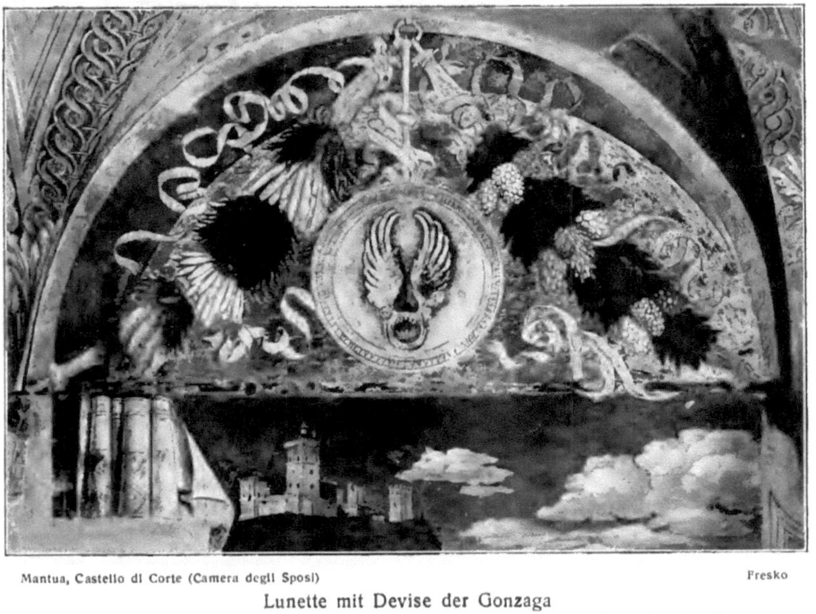

Mantua, Castello di Corte (Camera degli Sposi) Fresko

Lunette mit Devise der Gonzaga

Lunette with the device of Gonzaga

Lunette avec la devise des Gonzaga

Nach einer Aufnahme von D. Anderson, Rom

TRIUMPH CÄSARS

IM SCHLOSS HAMPTON COURT BEI LONDON

1484—1492

TRIUMPH OF CAESAR
AT HAMPTON COURT NEAR LONDON

TRIOMPHE DE CÉSAR
AU CHÂTEAU DE HAMPTON COURT PRÈS DE LONDRES

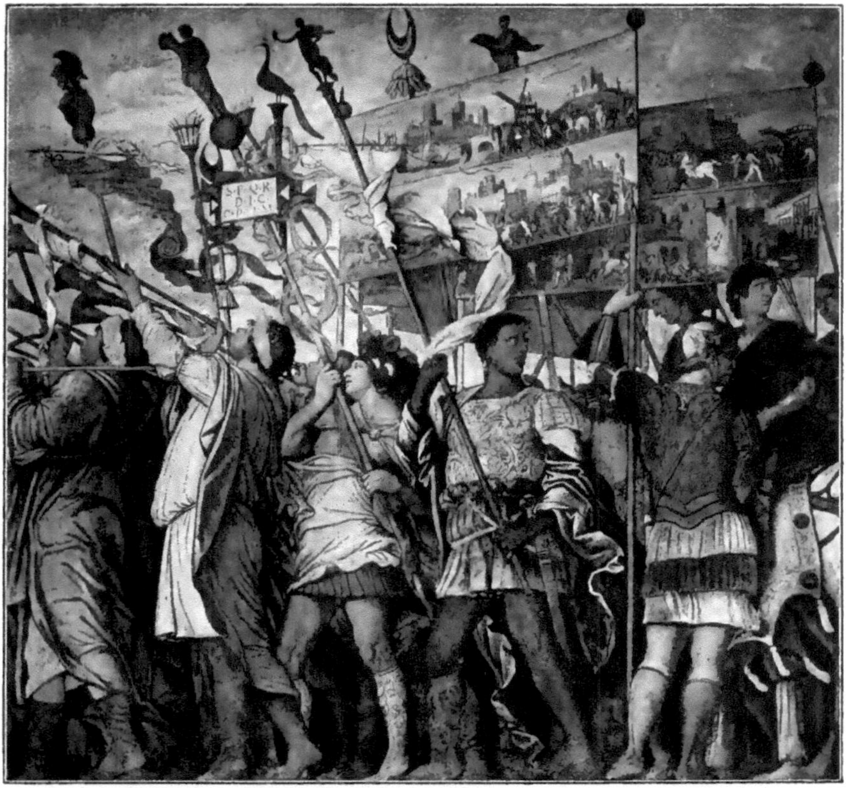

* Hampton Court — Papier auf Leinwand, H. 2,74, B. 2,74

Der Triumph Cäsars. I

The triumph of Caesar. I — 1484—1488 — Le triomphe de César. I

Nach einer Aufnahme von Braun, Clément & Cie., Dornach (Elsass)

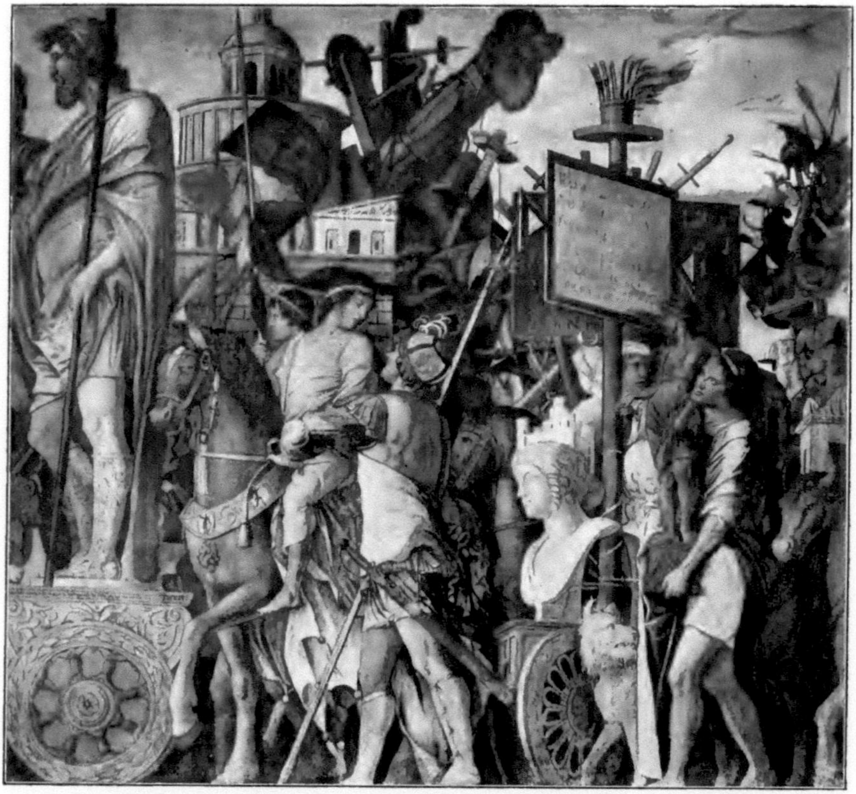

Hampton Court

Papier auf Leinwand, H. 2,74, B. 2,74

Der Triumph Cäsars. II

The triumph of Caesar. II — 1484–1488 — Le triomphe de César. II

Nach einer Aufnahme von Braun, Clément & Cie., Dornach (Elsass)

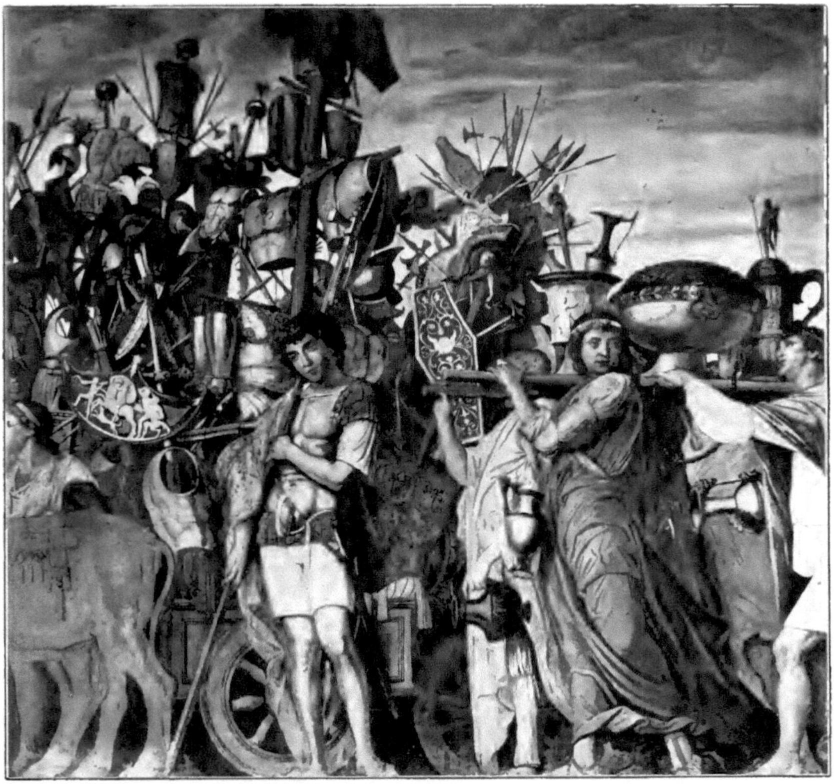

Hampton Court

Papier auf Leinwand, H. 2,74, B. 2,74

Der Triumph Cäsars. III

The triumph of Caesar. III 1484—1488 Le triomphe de César. III

Nach einer Aufnahme von Braun, Clément & Cie., Dornach (Elsass)

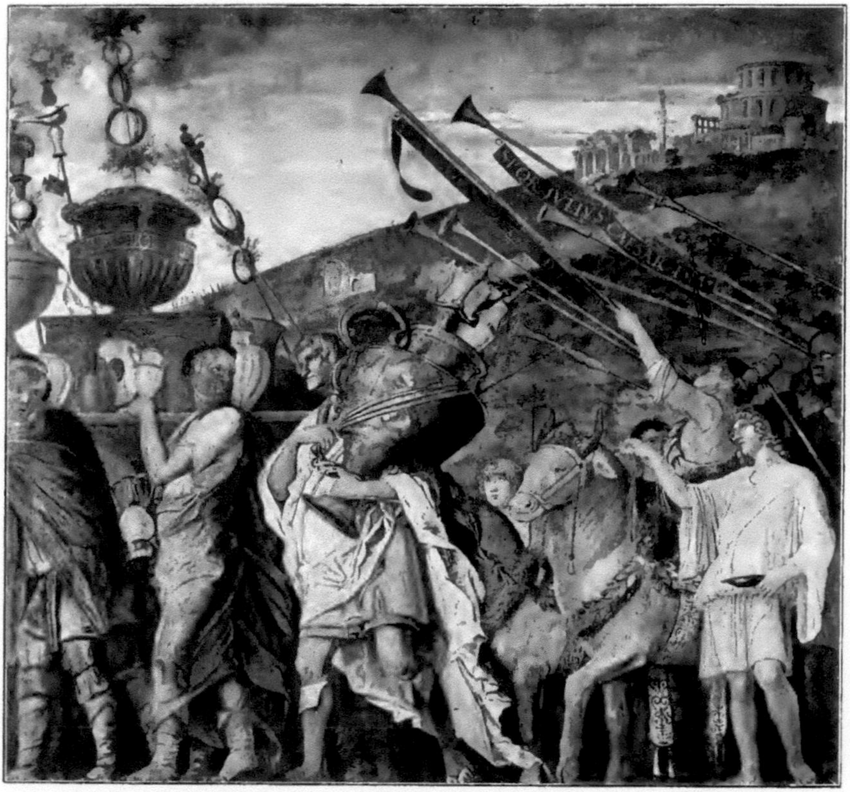

Hampton Court

Papier auf Leinwand, H. 2,74, B. 2,74

Der Triumph Cäsars. IV

The triumph of Caesar. IV 1488—1490 Le triomphe de César. IV

Nach einer Aufnahme von Braun, Clément & Cie., Dornach (Elsass)

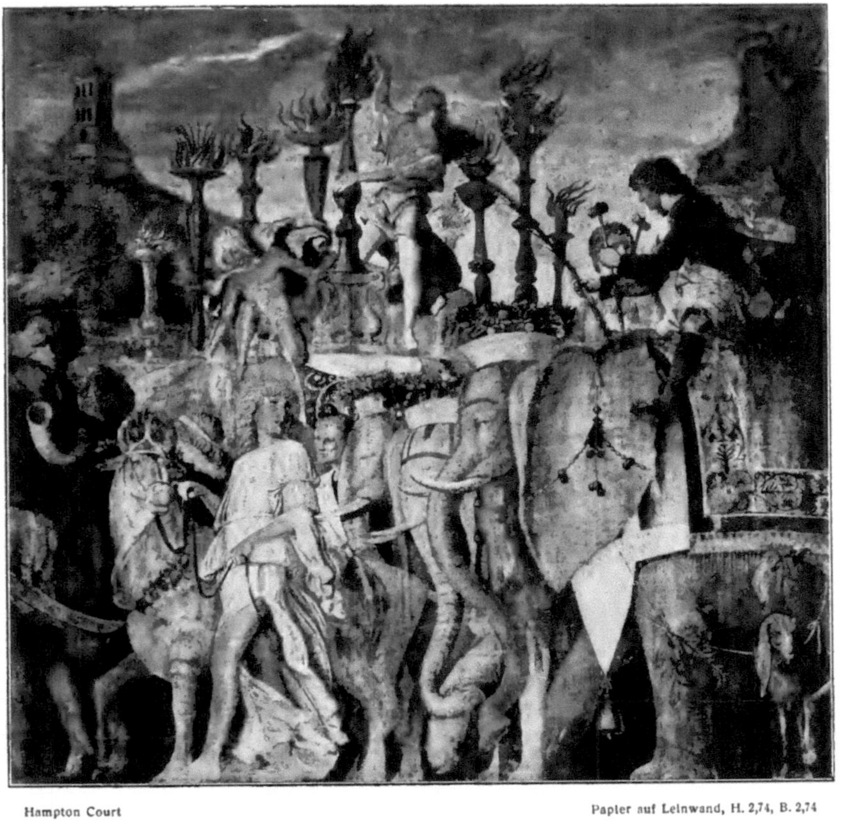

Hampton Court

Papier auf Leinwand, H. 2,74, B. 2,74

Der Triumph Cäsars. V

The triumph of Caesar. V 1490—1492 Le triomphe de César. V

Nach einer Aufnahme von Braun, Clément & Cie., Dornach (Eisass)

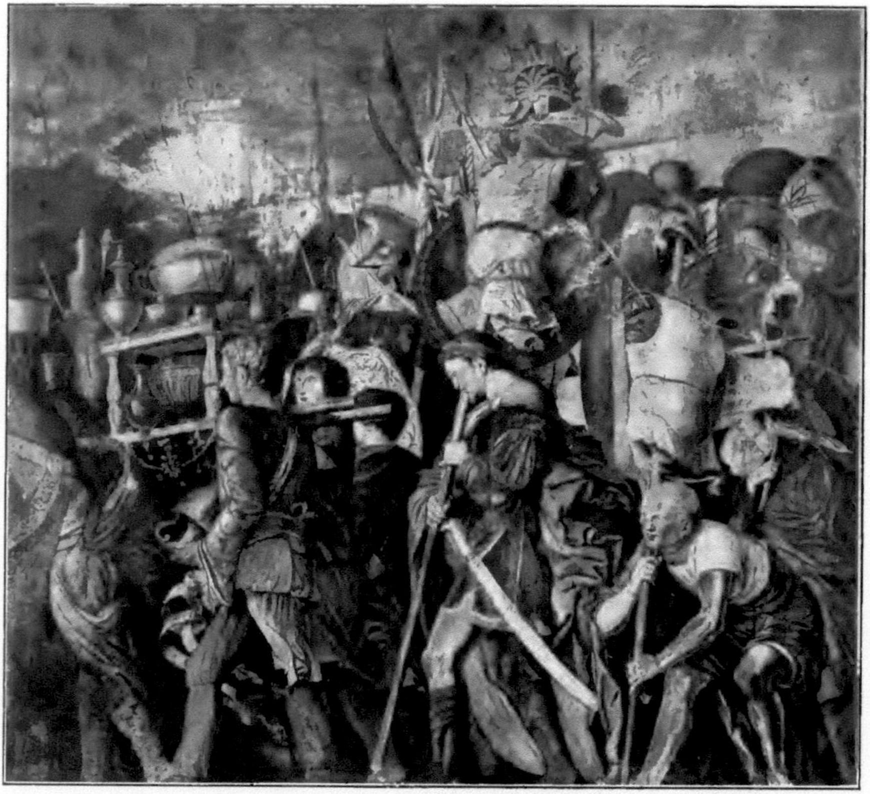

Hampton Court

Papier auf Leinwand, H. 2,74, B. 2,74

Der Triumph Cäsars. VI

The triumph of Caesar. VI 1490—1492 Le triomphe de César. VI

Nach einer Aufnahme von Braun, Clément & Cie., Dornach (Elsass)

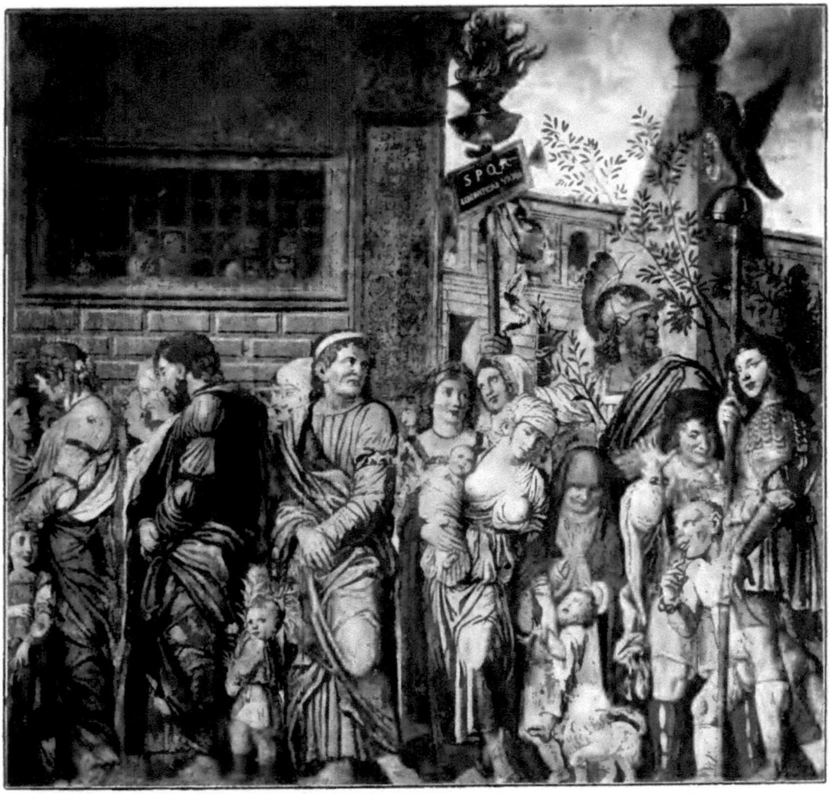

Hampton Court — Papier auf Leinwand, H. 2,74, B. 2,74

Der Triumph Cäsars. VII

The triumph of Caesar. VII — 1490—1492 — Le triomphe de César. VII

Nach einer Aufnahme von Braun, Clément & Cie., Dornach (Elsass)

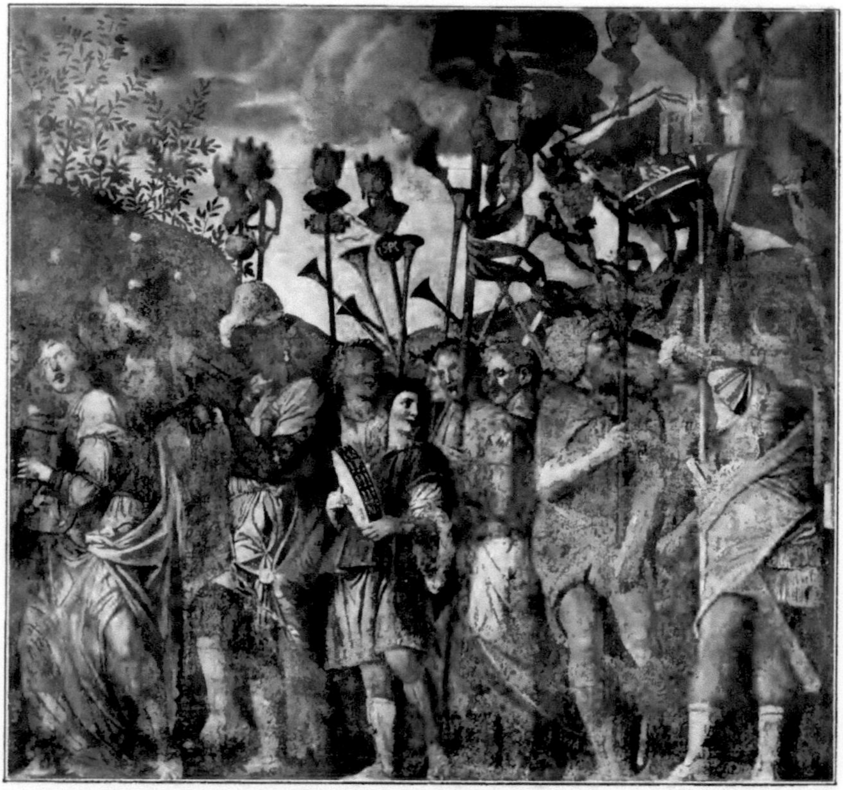

Hampton Court

Papier auf Leinwand, H. 2,74, B. 2,74

Der Triumph Cäsars. VIII

The triumph of Caesar. VIII 1490—1492 Le triomphe de César. VIII

Nach einer Aufnahme von Braun, Clément & Cie., Dornach (Elsass)

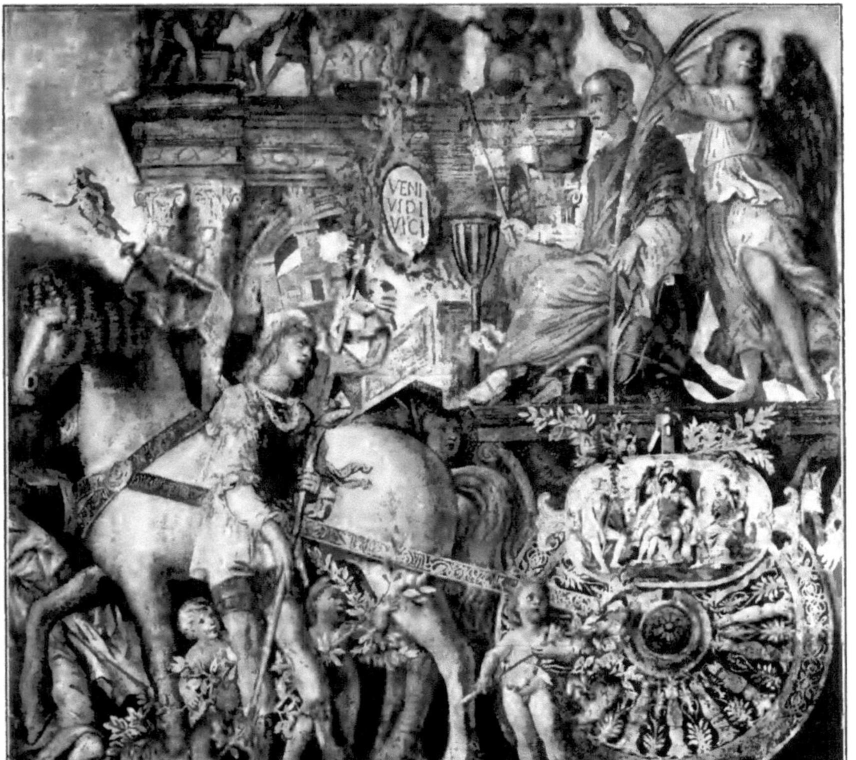

Hampton Court

Papier auf Leinwand, H. 2,74, B. 2,74

Der Triumph Cäsars. IX

The triumph of Caesar. IX 1490—1492 Le triomphe de César. IX

Nach einer Aufnahme von Braun, Clément & Cie., Dornach (Elsass)

GEMÄLDE ZUM STUDIO DER ISABELLA D'ESTE-GONZAGA

MANTUA, PALAZZO DI COSTE (JETZT PARIS, LOUVRE)

PICTURES FOR THE ATELIER OF ISABELLA D'ESTE-GONZAGA

TABLEAUX POUR L'ATELIER D'ISABELLE D'ESTE-GONZAGA

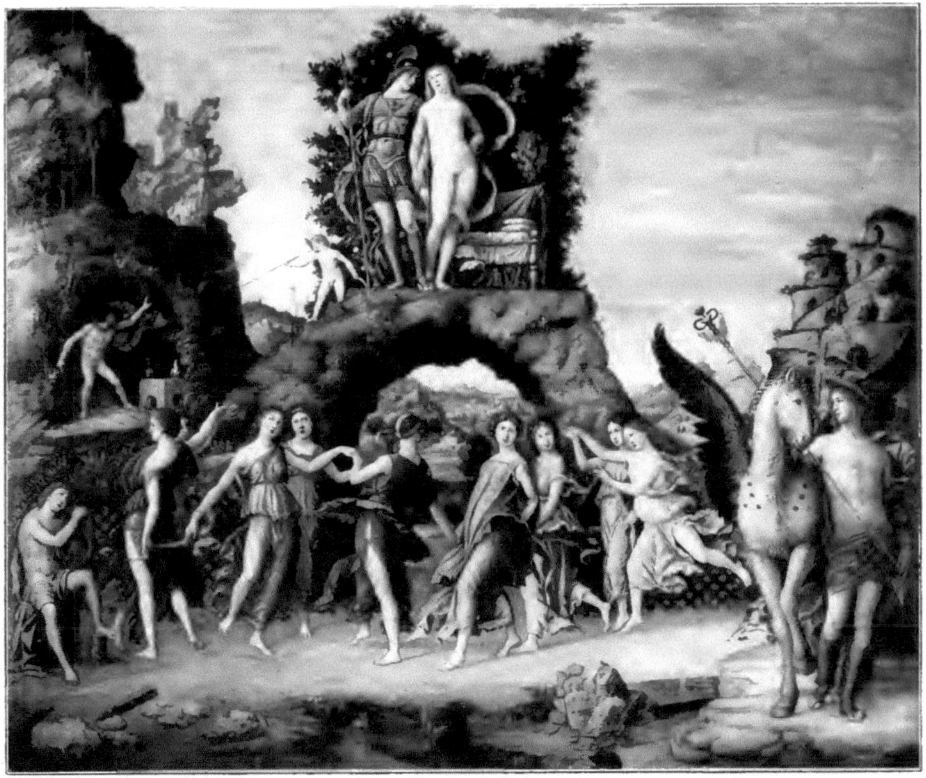

* Paris, Louvre

Auf Leinwand, H. 1,60, B. 1,92

Der Parnass

3. Juli 1497 vollendet

The Parnassus

Accomplished July 3rd 1497

Le Parnasse

Achevé le 3 juillet 1497

Nach einer Aufnahme von Braun, Clément & Cie., Dornach (Elsass)

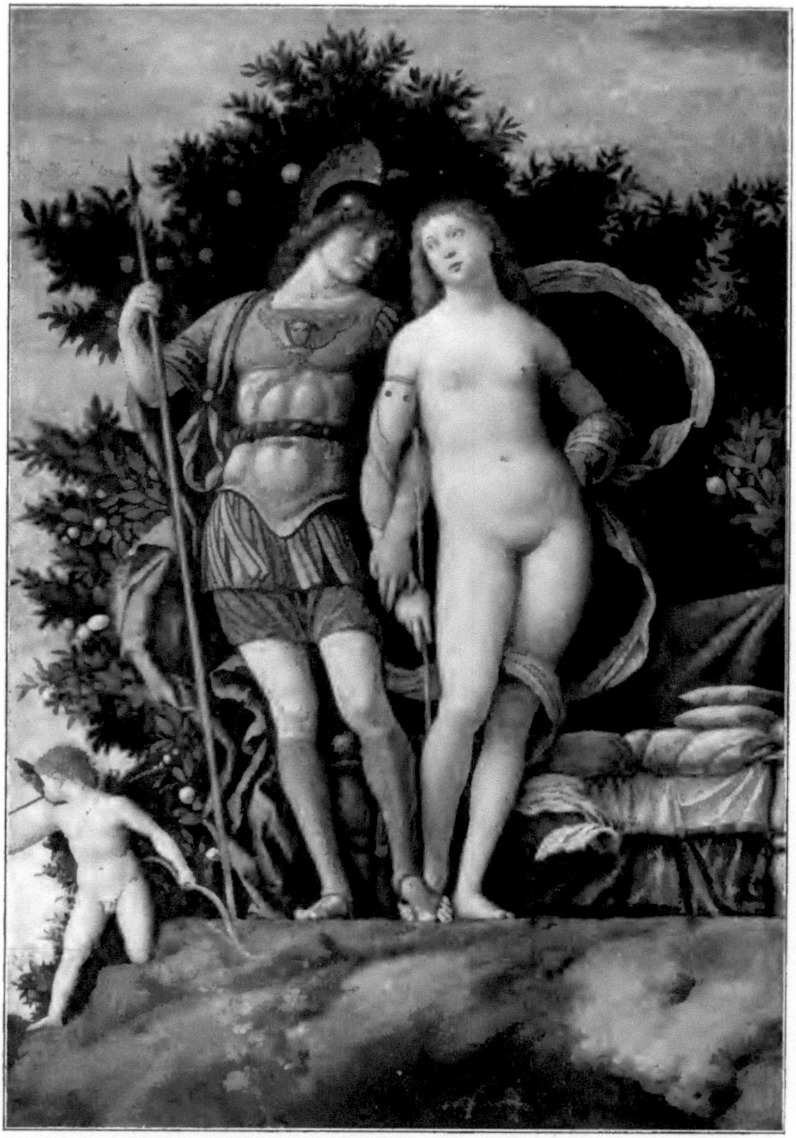

Paris, Louvre

The Parnassus
(Detail)

Der Parnass
(Ausschnitt)

Le Parnasse
(Détail)

Nach einer Aufnahme von Braun, Clément & Cie., Dornach (Elsass)

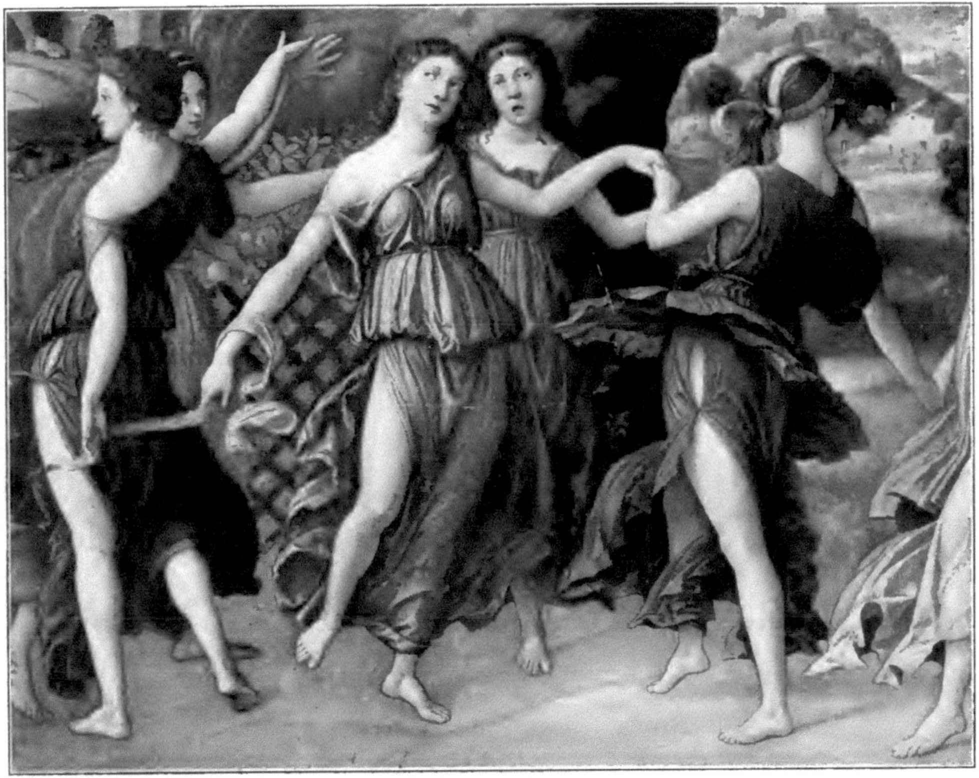

Paris, Louvre

Der Parnass
(Ausschnitt)

The Parnassus
(Detail)

Le Parnasse
(Détail)

Nach einer Aufnahme von Braun, Clément & Cie., Dornach (Elsass)

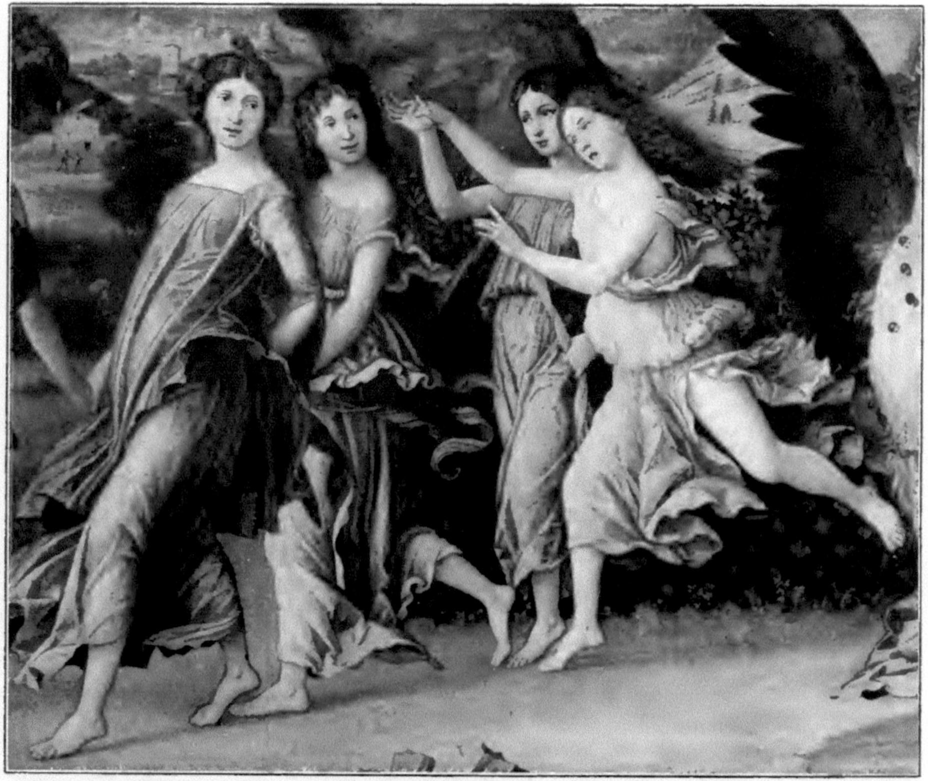

Paris, Louvre

Der Parnass
(Ausschnitt)

The Parnassus
Detail)

Le Parnasse
(Détail

Nach einer Aufnahme von Braun, Clément & Cie., Dornach (Elsass)

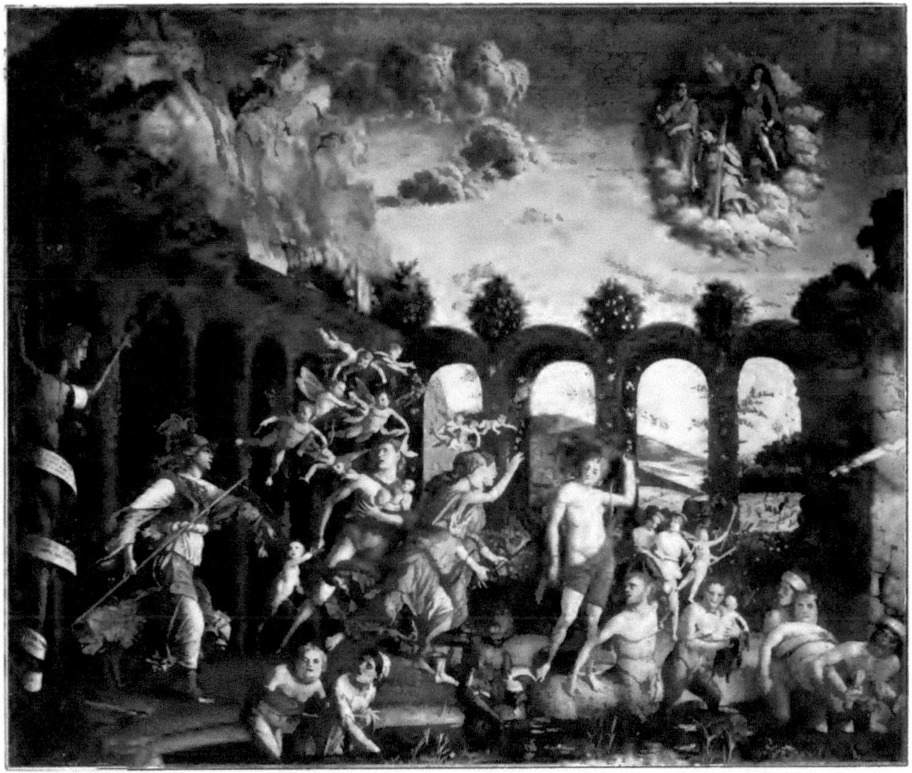

*Paris, Louvre — Auf Leinwand, H. 1,60, B. 1,92

Der Sieg der Tugend über die Laster

The triumph of virtue over vice — nach 1497 — Le triomphe de la vertu sur le vice

Nach einer Aufnahme von Braun, Clément & Cie., Dornach (Elsass)

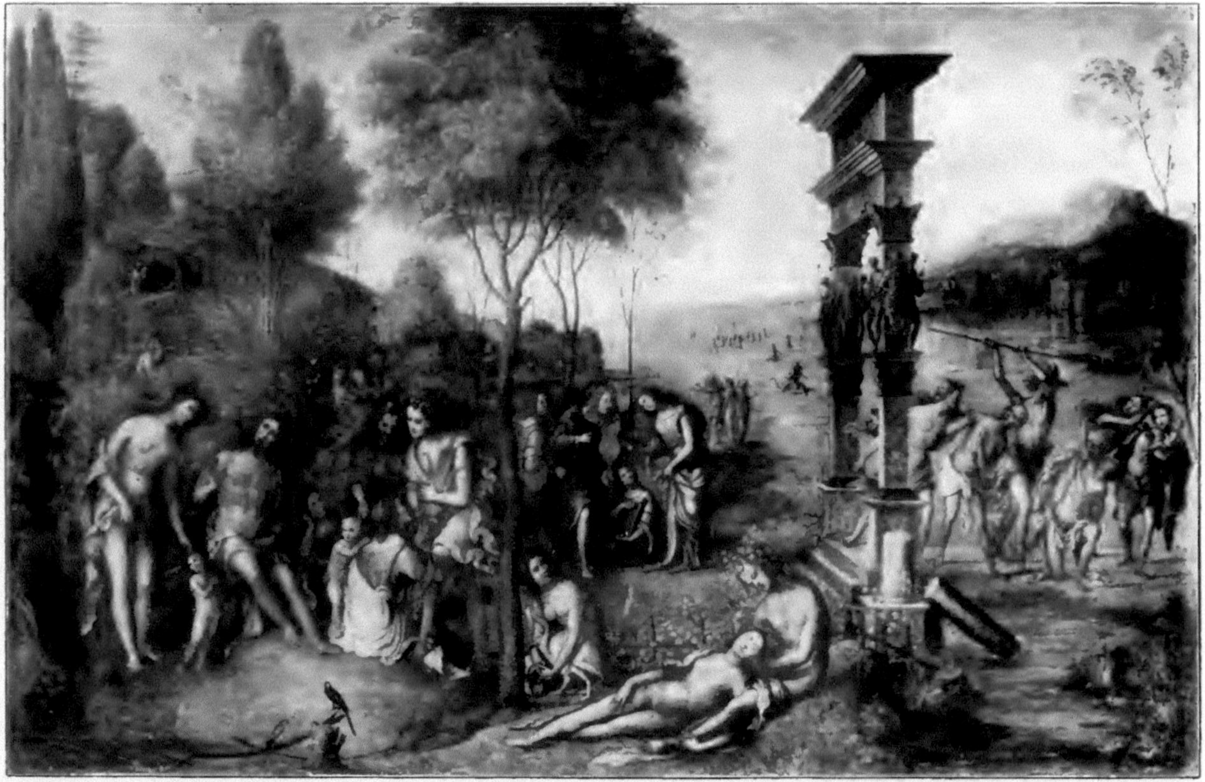

* Paris, Louvre

Auf Leinwand, H. 1,60, B. 2,38

Der Triumph des Comus und Merkur

(Von Andrea Mantegna begonnen, von Lorenzo Costa vollendet)

The triumph of Comus and Mercury — 1506 — Le triomphe de Come et de Mercure

Picture commenced by Andrea Mantegna, finished by Lorenzo Costa

Tableau commencé par Mantegna, fini par Lorenzo Costa

Nach einer Aufnahme von Braun, Clément & Cie., Dornach (Elsass)

FAMILIENKAPELLE MANTEGNAS

S. ANDREA, MANTUA

FAMILY CHAPEL OF MANTEGNA   CHAPELLE DE FAMILLE DE MANTEGNA

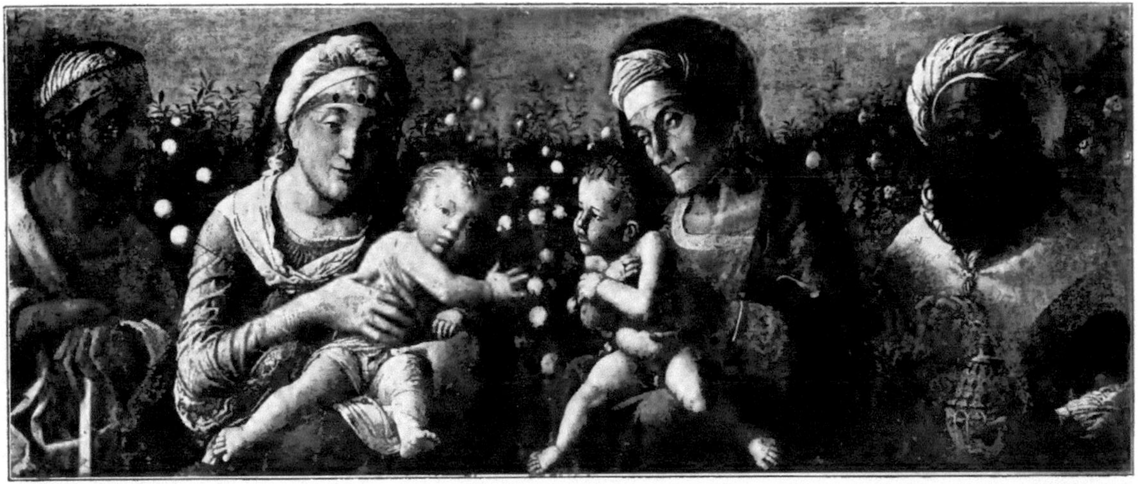

*Mantua, S. Andrea (Grabkapelle Mantegnas)

Auf Leinwand, H. 0,70, B. 1,69

Die heilige Familie

The Holy Family — 1505—1506 — La sainte famille

Nach einer Aufnahme von D. Anderson, Rom

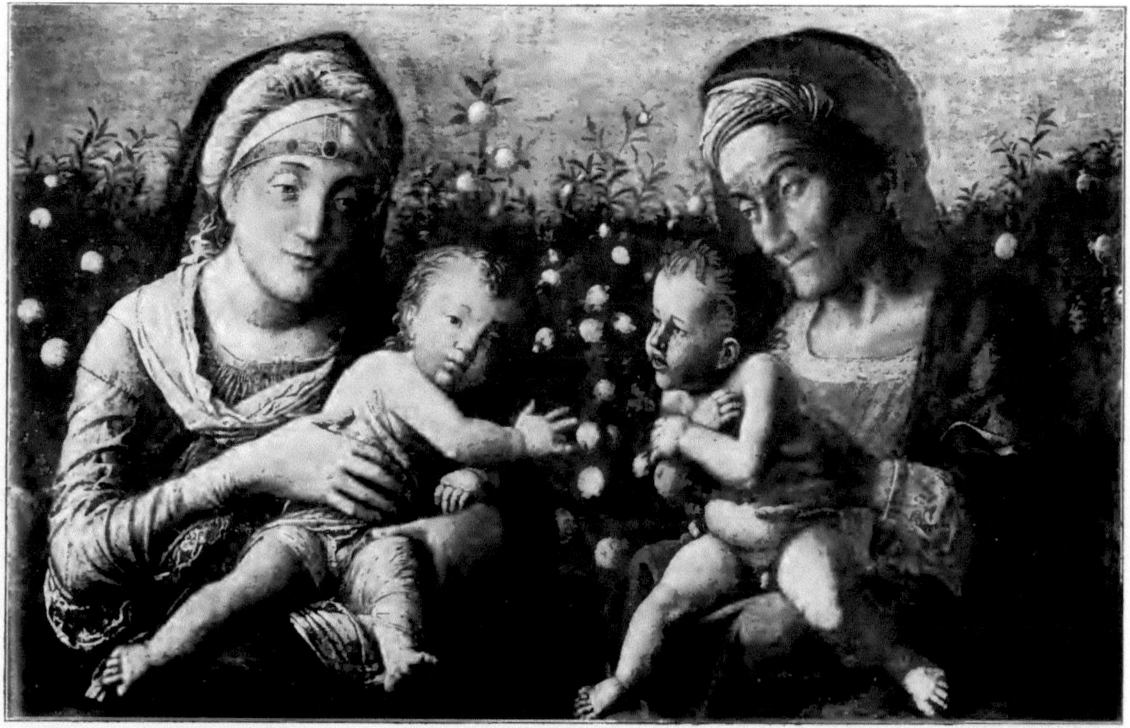

*Mantua, S. Andrea (Grabkapelle Mantegnas)

The Holy Family
(Detail)

Die heilige Familie
(Ausschnitt)

La sainte famille
(Détail)

Nach einer Aufnahme von D. Anderson, Rom

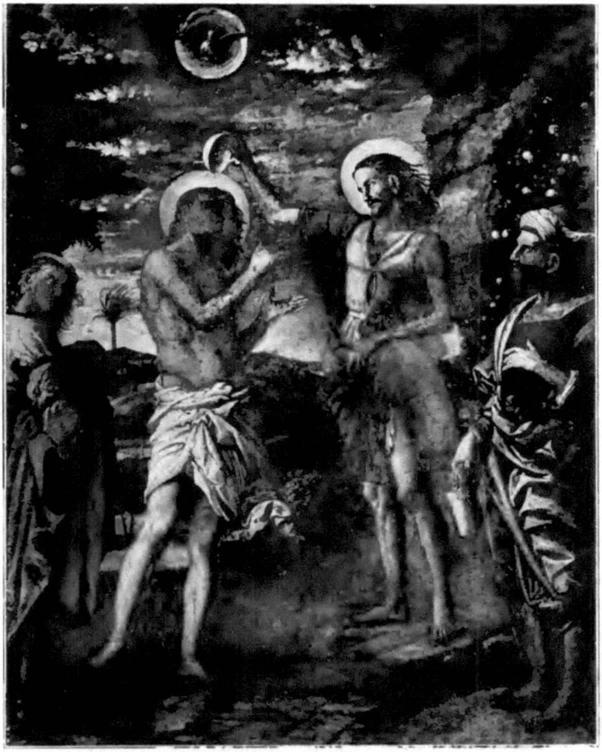

* Mantua, S. Andrea (Grabkapelle Mantegnas

Die Taufe Christi

Nach Mantegnas Zeichnung von Schülerhand

The baptism of Christ 1506 Le baptême du Christ

Painted by a pupil after a sketch from Mantegna

D'après dessin de Mantegna de la main d'un de ses élèves

Nach einer Aufnahme von D. Anderson, Rom

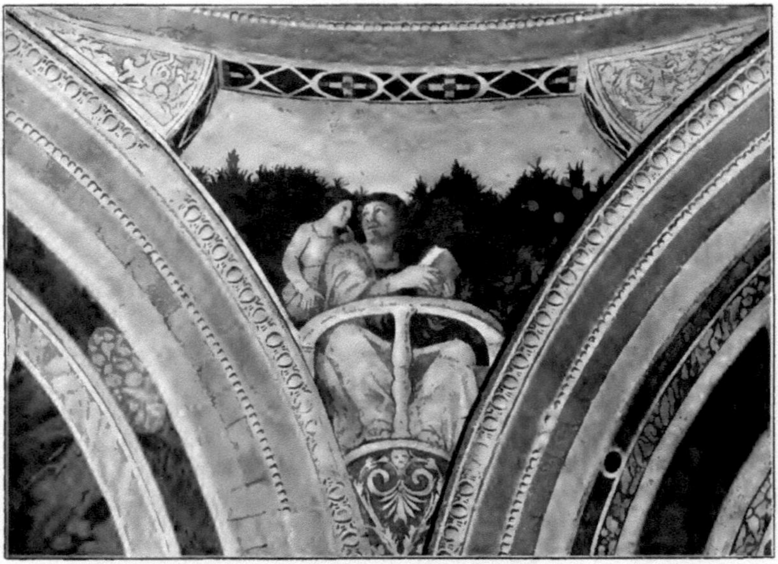

Mantua, S. Andrea — Fresko

Der heilige Matthäus

St. Matthew — Saint Mathieu

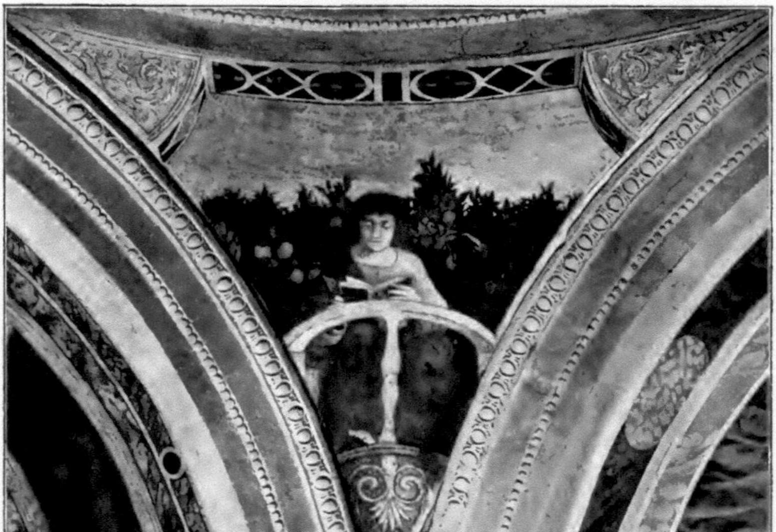

* Mantua, S. Andrea — Fresko

Johannes der Evangelist

Nach Mantegnas Entwürfen von Schülerhand

St. John the Evangelist — 1516 vollendet — Saint Jean l'Evangéliste

Painted by a pupil after sketches from Mantegna — D'après le croquis de Mantegna de la main d'un de ses élèves

Nach einer Aufnahme von D. Anderson, Rom

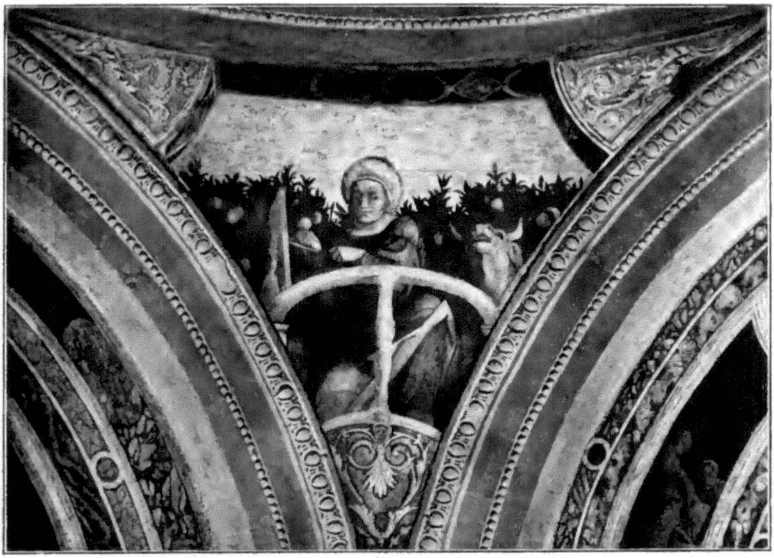

Mantua, S. Andrea

Fresko

Der heilige Lukas

St. Luke

Saint Luc

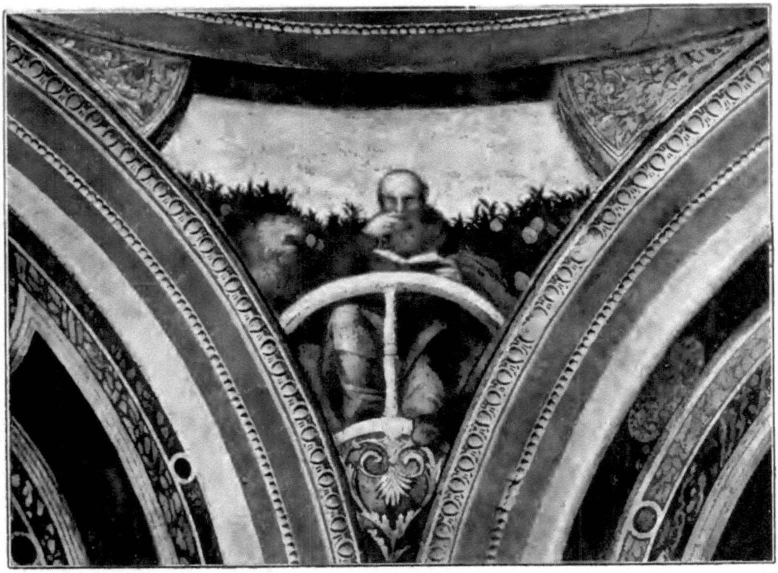

*Mantua, S. Andrea

Fresko

Der heilige Markus

Nach Mantegnas Entwürfen von Schülerhand

1506 vollendet

St. Mark

Saint Marc

Painted by a pupil after sketches from Mantegna

D'après le croquis de Mantegna de la main d'un de ses élèves

Nach einer Aufnahme von D. Anderson, Rom

EINZELFRESKEN, ALTARSTÜCKE, TAFELBILDER

SINGLE FRESCO-PAINTINGS,
ALTAR-PIECES AND TABLEAUX

FRESQUES ISOLÉES,
PIÈCES D'AUTEL, TABLEAUX

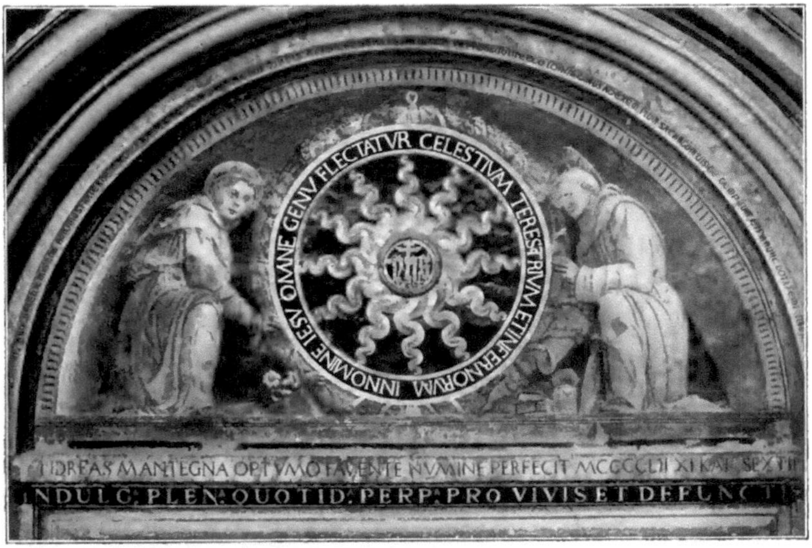

* Padua, S. Antonio — Fresko

Die Heiligen Antonius und Bernardinus, einen Kranz mit dem Christuszeichen haltend

St. Anthony and St. Bernard holding a wreath with the sign of Christ — 1452 — Saint Antoine et saint Bernardin tenant une couronne avec le signe du Christ

Nach einer Aufnahme von D. Anderson, Rom

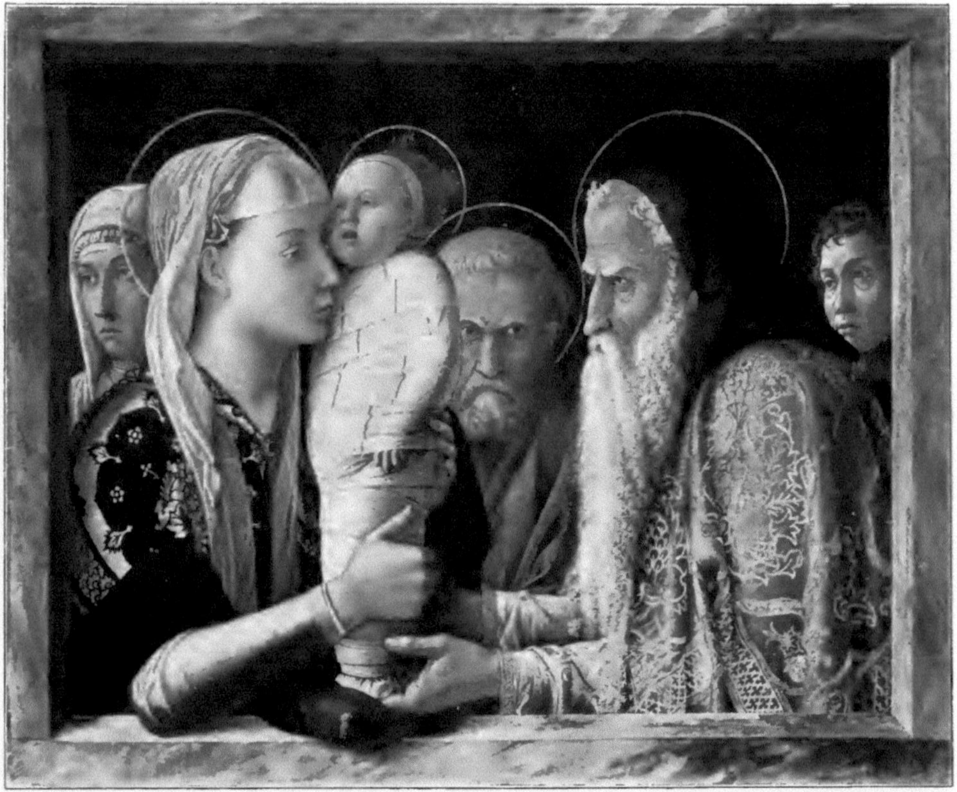

* Berlin, Kaiser-Friedrich-Museum — Auf Leinwand, H. 0,67, B. 0,86

Die Darbringung Christi im Tempel

The presentation in the temple — 1453–1454 — La présentation au temple

Nach einer Aufnahme von Franz Hanfstaengl, München

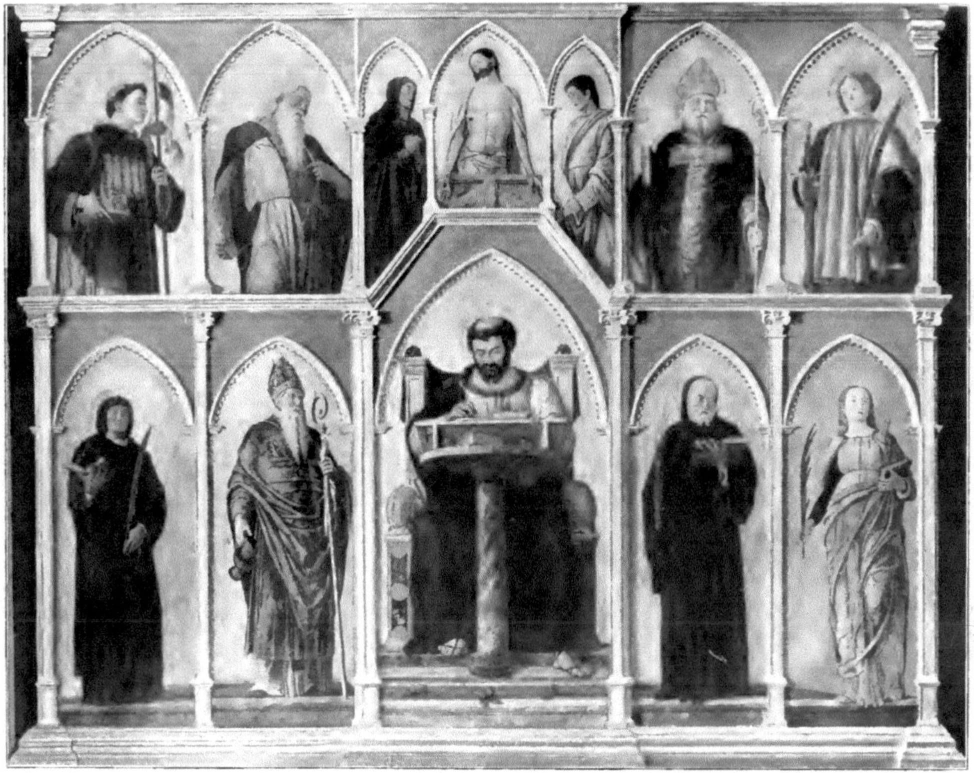

* Mailand, Brera

Auf Holz, H. 1,78 B. 2,27

Der Lukas-Altar

St. Lucas' altar

1453—1454

L'autel de saint Luc

Nach einer Aufnahme von D. Anderson, Rom

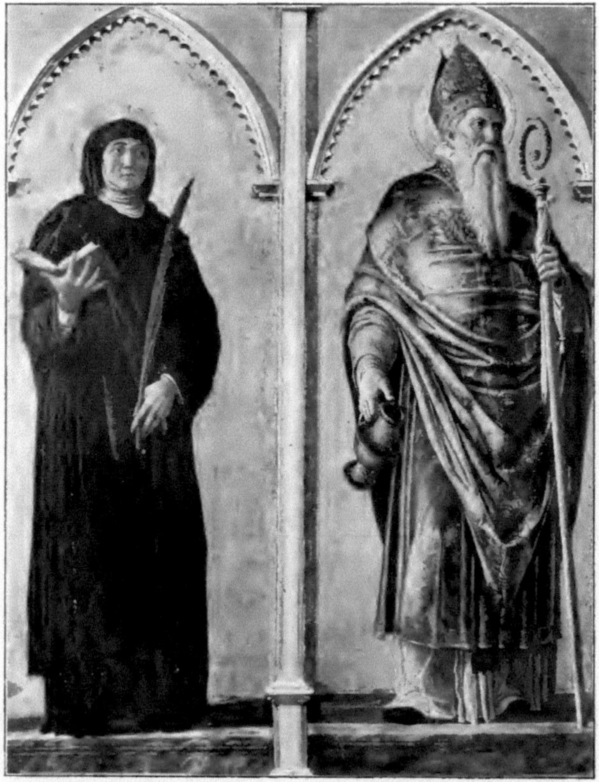

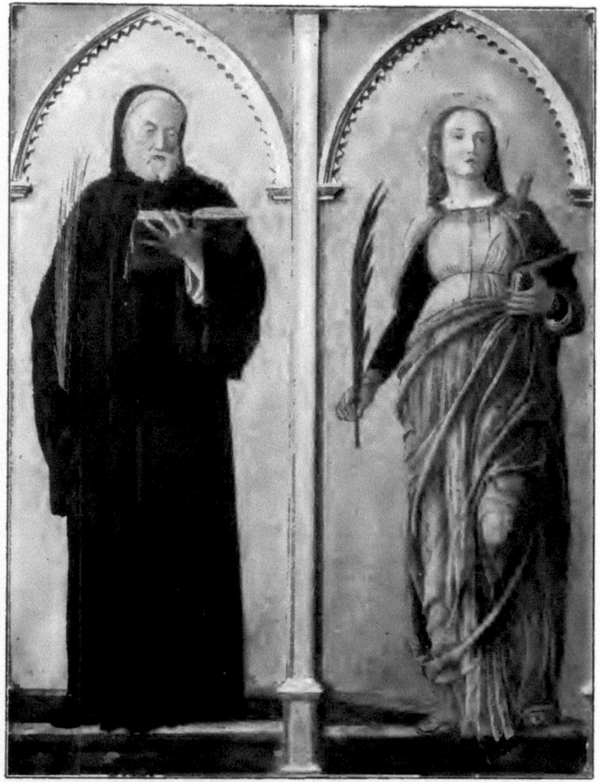

* Mailand, Brera

Die Heiligen Scholastika und Benedikt

St. Scholastica and St. Benedict   Sainte Scholastique et saint Benoît

Die Heiligen Prodocimus und Justina

St. Prodocimus and St. Justina   Saint Prodocimus et sainte Justine

Ausschnitte aus dem Lukas-Altare

Detail of the Lucas' altar   1453—1454   Détails du tableau précédent

Nach einer Aufnahme von Fratelli Alinari, Florenz

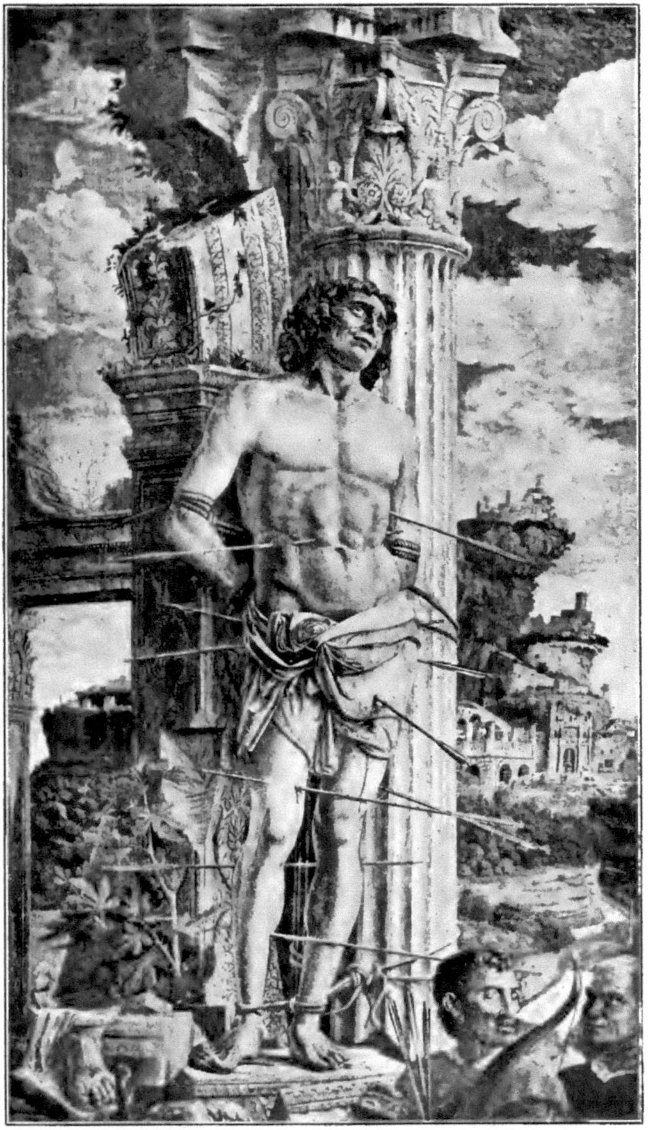

* Aigneperse, Notre Dame — Auf Leinwand, H. 2,57, B. 1,42

Der heilige Sebastian

St. Sebastian — 1455 — Saint Sébastien

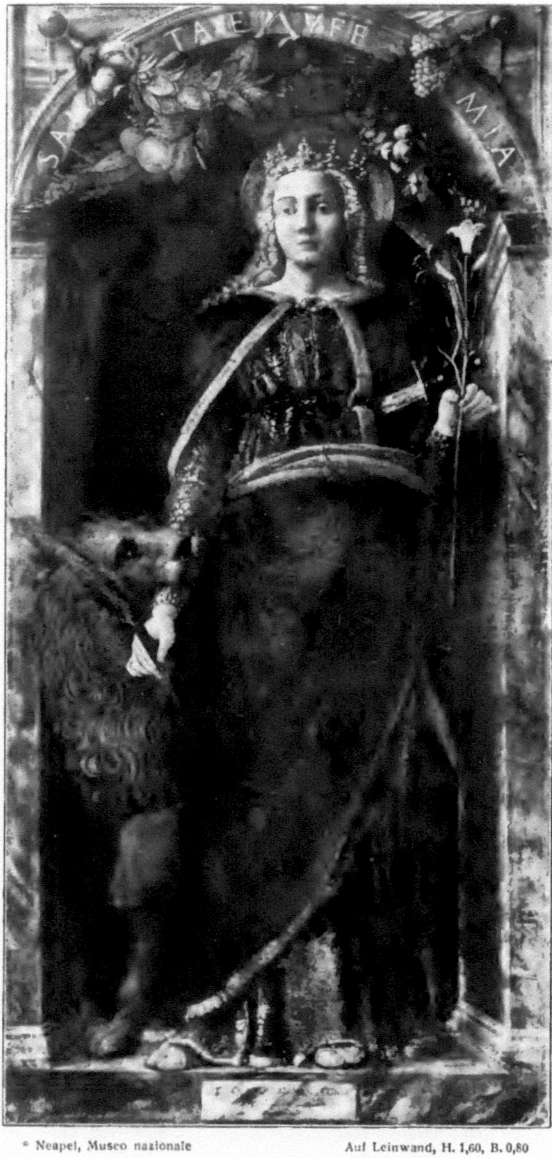

* Neapel, Museo nazionale — Auf Leinwand, H. 1,60, B. 0,80

Die heilige Eufemia

St. Euphemia — 1454 — Sainte Euphémie

Nach einer Aufnahme von D. Anderson, Rom

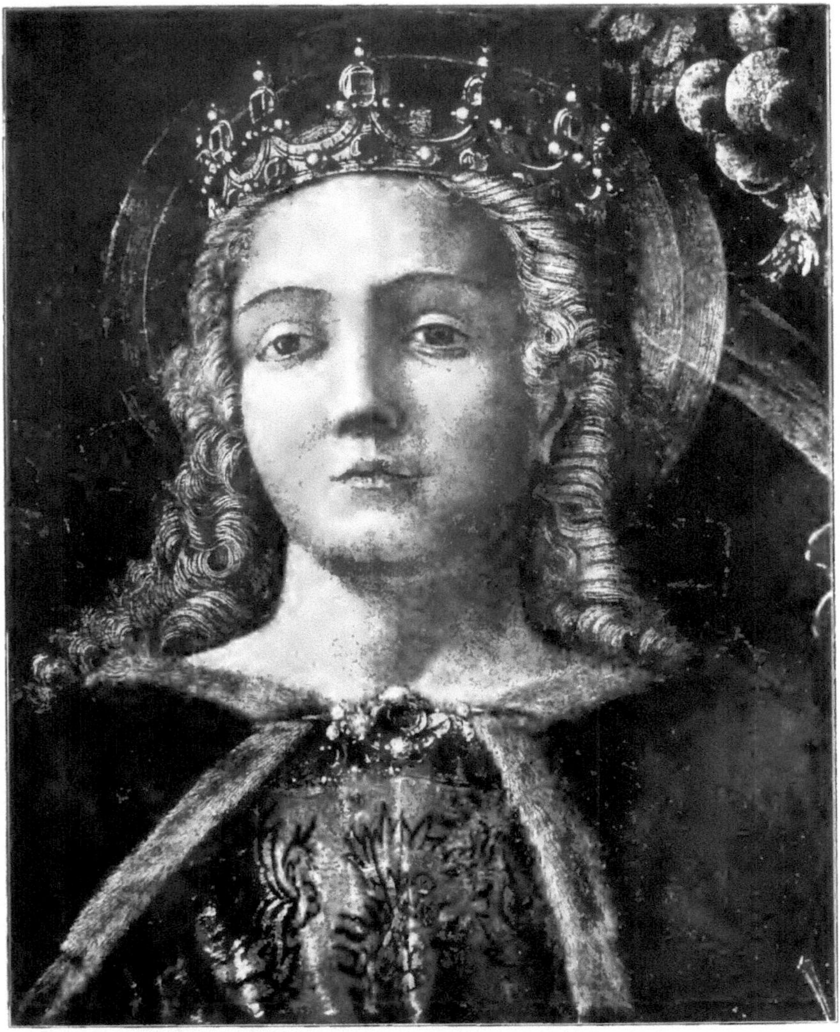

* Neapel, Museo nazionale

Die heilige Eufemia
(Ausschnitt)

St. Euphemia
(Detail)

Sainte Euphémie
(Détail)

Nach einer Aufnahme von D. Anderson, Rom

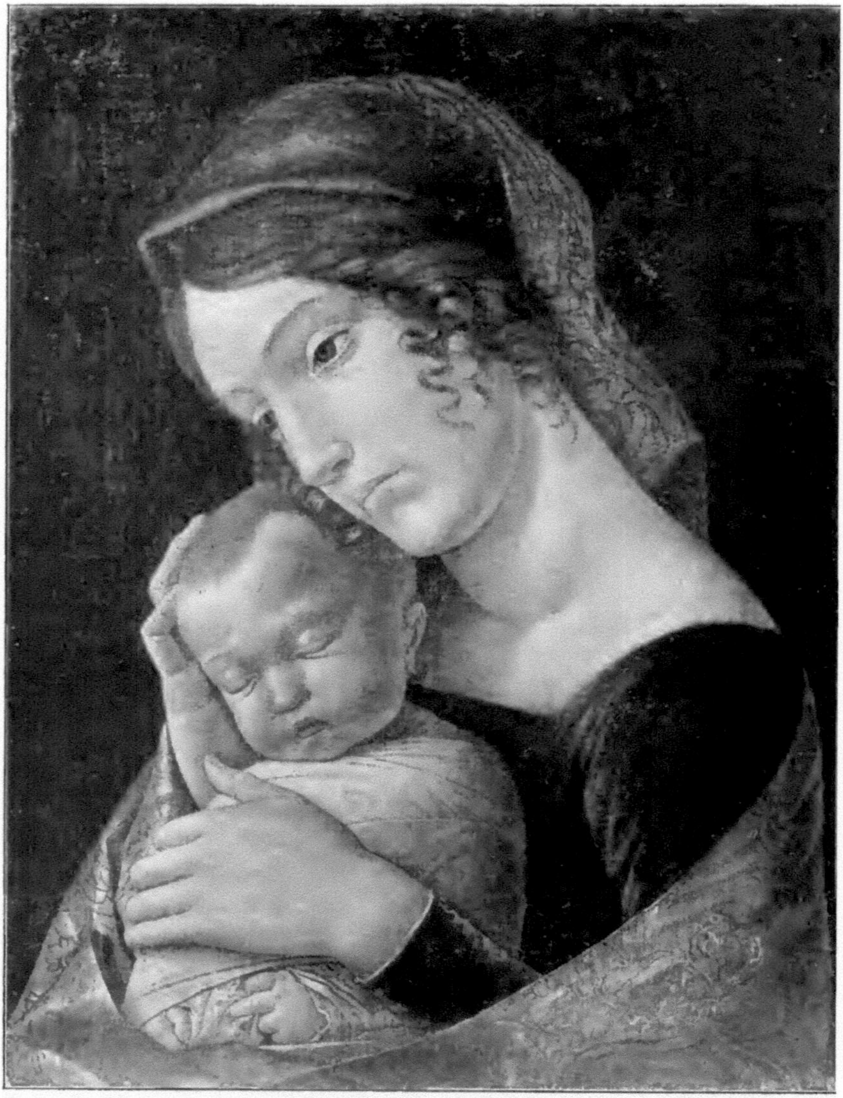

Berlin, James Simon

Auf Leinwand, H. 0,42, B. 0,32

Madonna mit dem Kinde

Madonna and child 1454 La Vierge avec l'Enfant

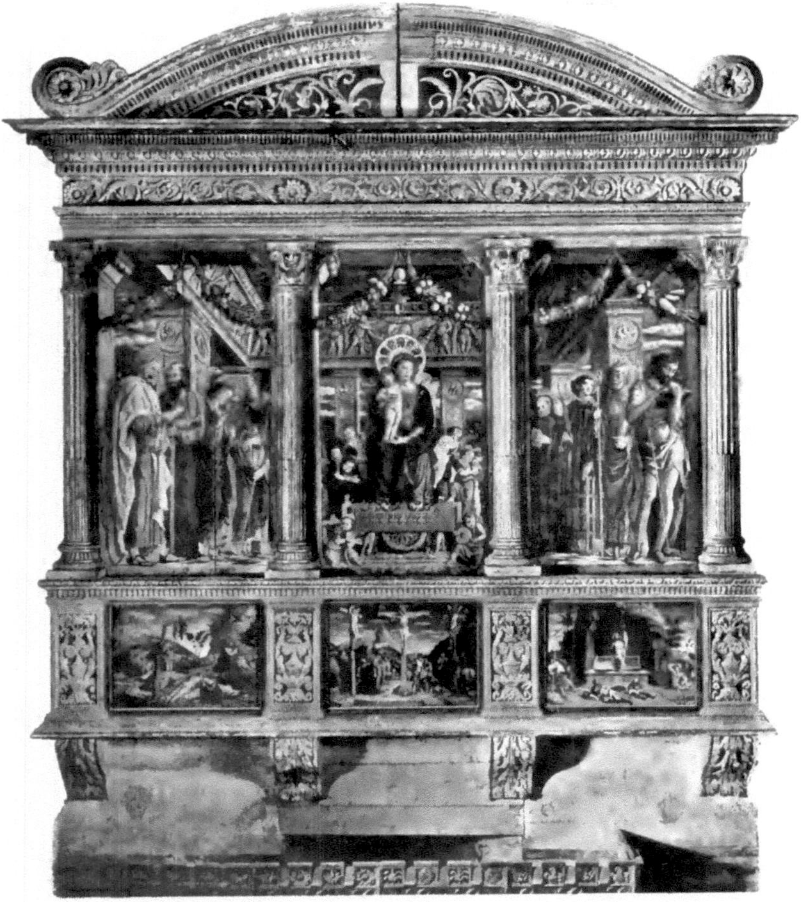

* Verona, S. Zeno

Auf Holz, H 4,80, B. 4,50

Altarwerk

(Die Einzelbilder auf den nächsten Seiten)

Altar

(Details on the following pages)

1456—1459

Autel

(Détails pages suivantes

Nach einer Aufnahme von D. Anderson, Rom

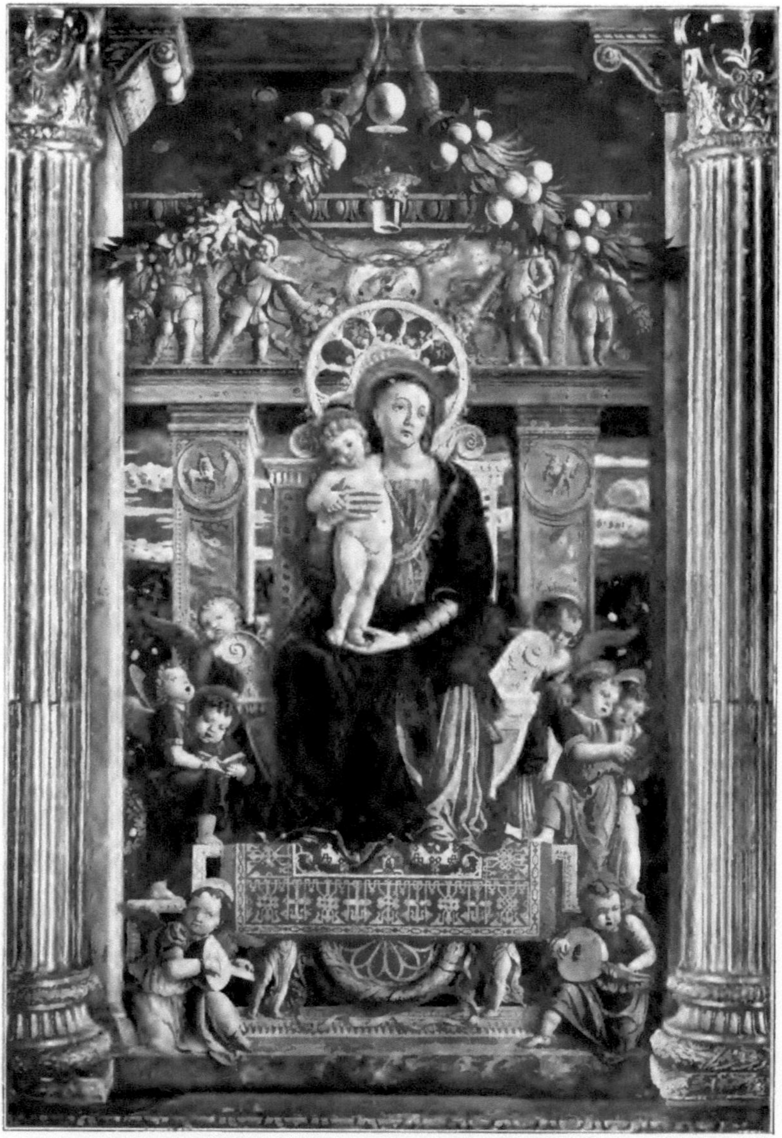

* Verona, S. Zeno — Holztafel, H. 2,20, B. 1,15

Madonna mit Kind und Engeln
(Mittelbild des Triptychons auf S. 78)

Madonna and child
(Central picture of the triptych on p. 78)

La Vierge avec l'Enfant et des anges
(Tableau central du triptyque p. 78)

Nach einer Aufnahme von D. Anderson, Rom

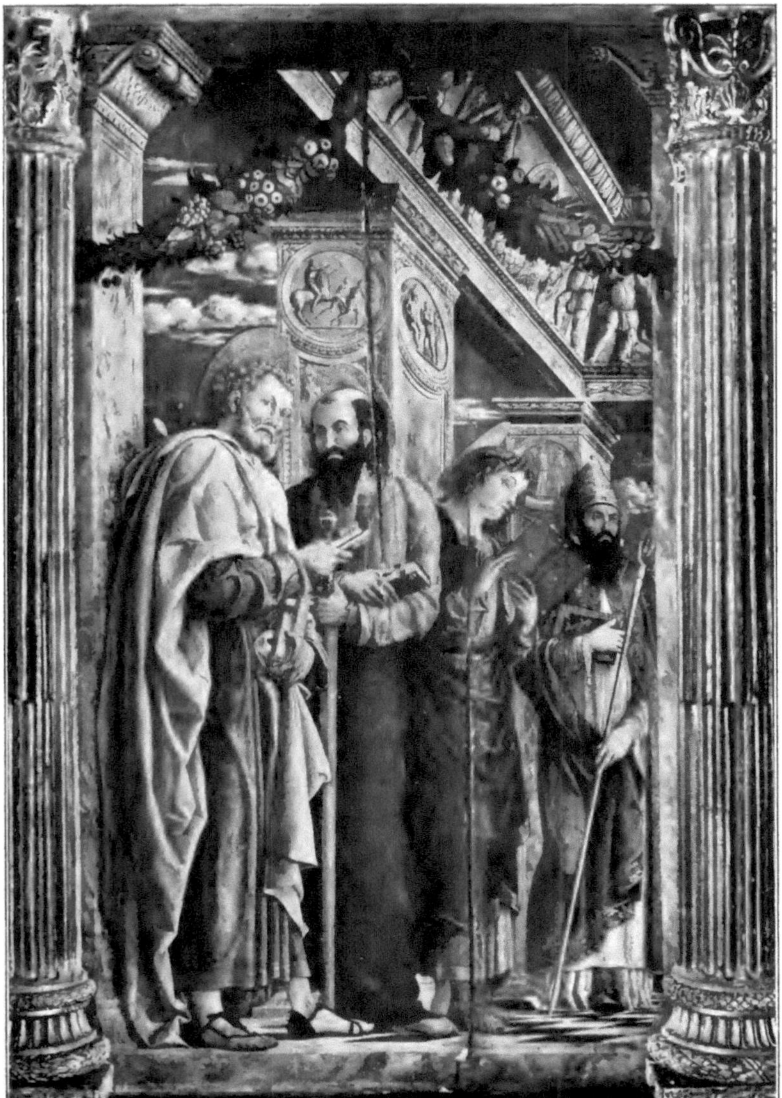

* Verona, S. Zeno H. 2,20, B. 1,15

St. Peter, St. Paul, Johannes Evangelista und Augustin
(Linkes Flügelbild des Triptychons auf S. 78)

St. Peter, St. Paul and two other saints
(Picture on the left of the triptych on p. 78)

Saint Pierre, saint Paul et deux autres saints
(Tableau à gauche du triptyque p. 78)

Nach einer Aufnahme von D. Anderson, Rom

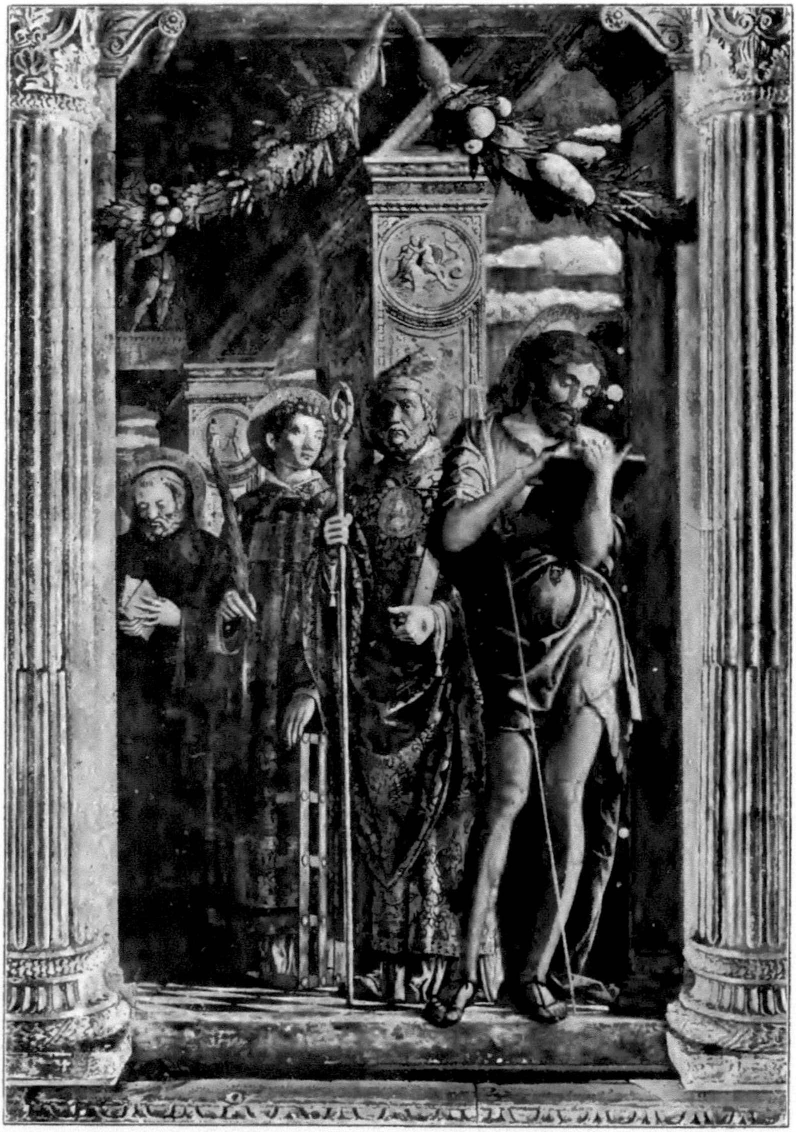

* Verona, S. Zeno — H. 2,20, B. 1,15

Die Heiligen Benedikt, Lorenz, Zeno und Johannes der Täufer
(Rechtes Flügelbild des Triptychons auf S. 78)

St. John, St. Lawrence and two other saints
Picture on the right of the triptych on p. 78)

Saint Jean, saint Laurent et deux autres saints
(Tableau à droite du triptyque p. 78)

Nach einer Aufnahme von D. Anderson, Rom

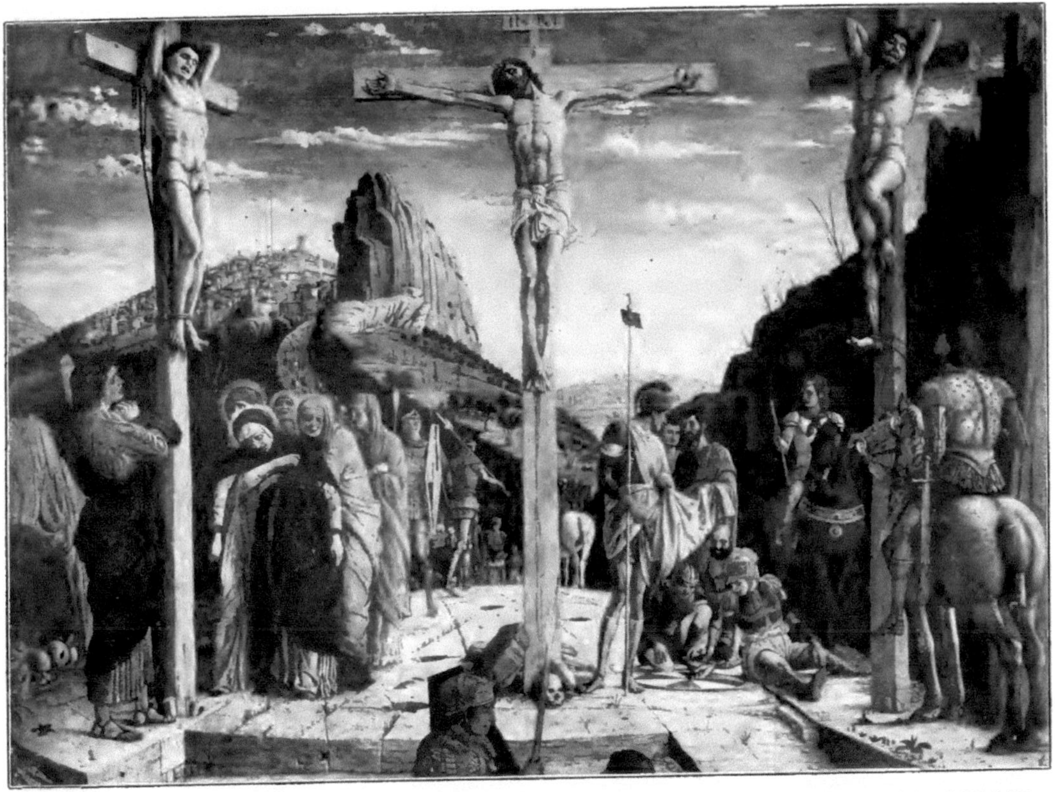

* Paris, Louvre

Auf Holz, H. 0,66, B. 0,90

Die Kreuzigung

The crucifixion — Predellenstück vom Zeno-Altar, Verona (S. 78) — Le crucifiement

Picture on the bottom-part of Zeno's altar, Verona — Pièce de la base du tableau de l'autel de Zénon à Vérone

Nach einer Aufnahme von Braun, Clément & Cie., Dornach (Elsass)

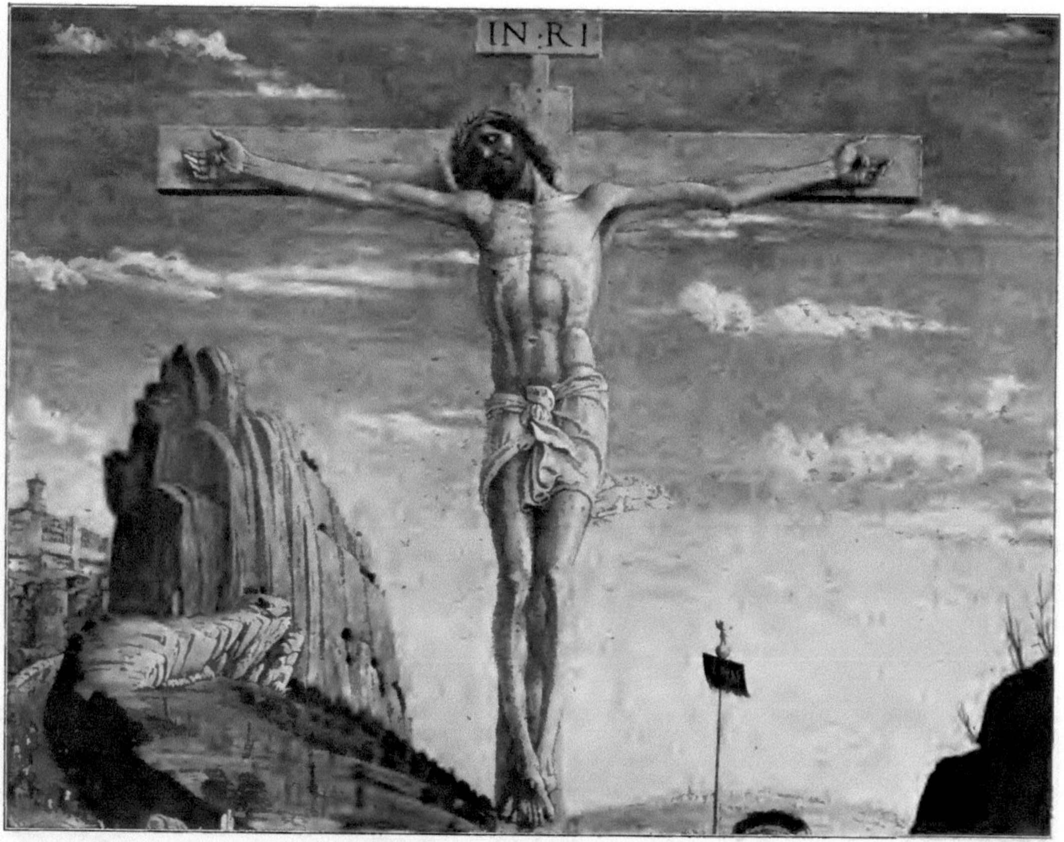

* Paris, Louvre — Auf Holz

Detail der Kreuzigung vom Zeno-Altar, Verona (S. 82)

The crucifixion of Zeno's altar, Verona (Detail)

Détail du tableau précédent

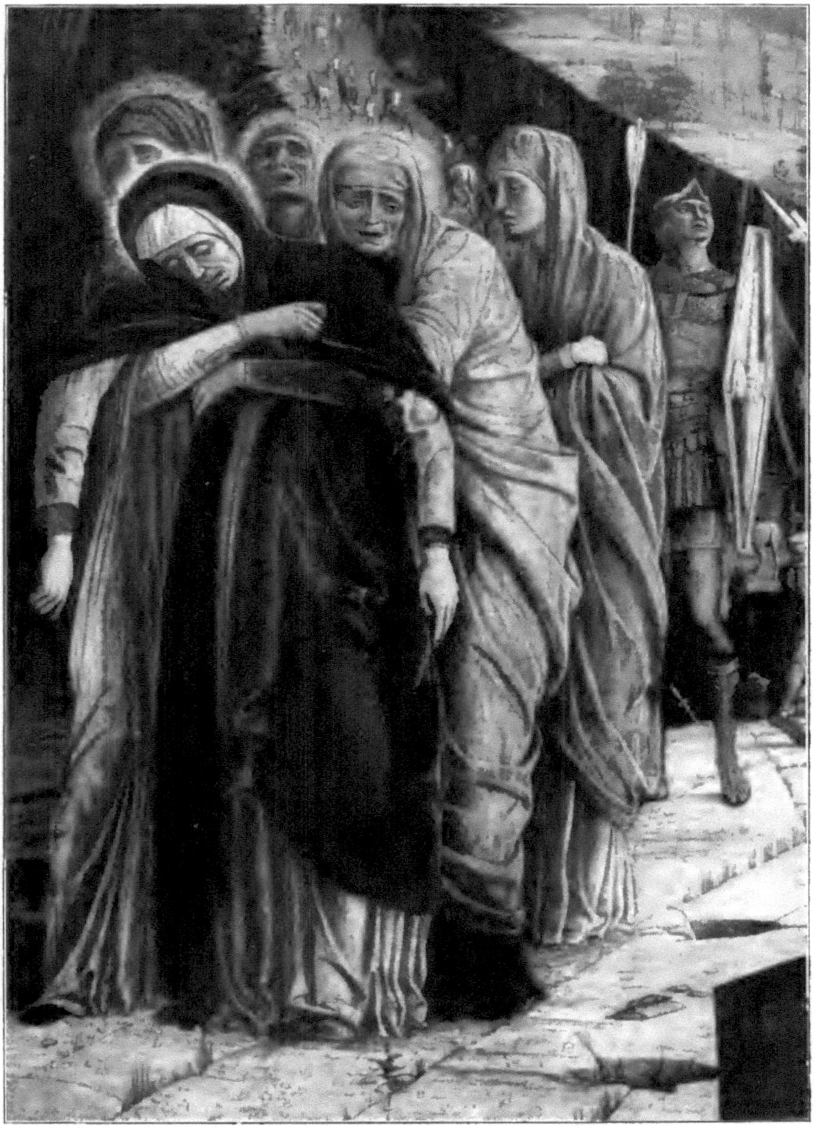

* Paris, Louvre

Ausschnitt aus der Kreuzigung vom Zeno-Altar, Verona (S. 82)

The crucifixion
(Detail of the picture p. 82)

Le crucifiement
(Détail du tableau p. 82)

Nach einer Aufnahme von Braun, Clément & Cie., Dornach (Elsass)

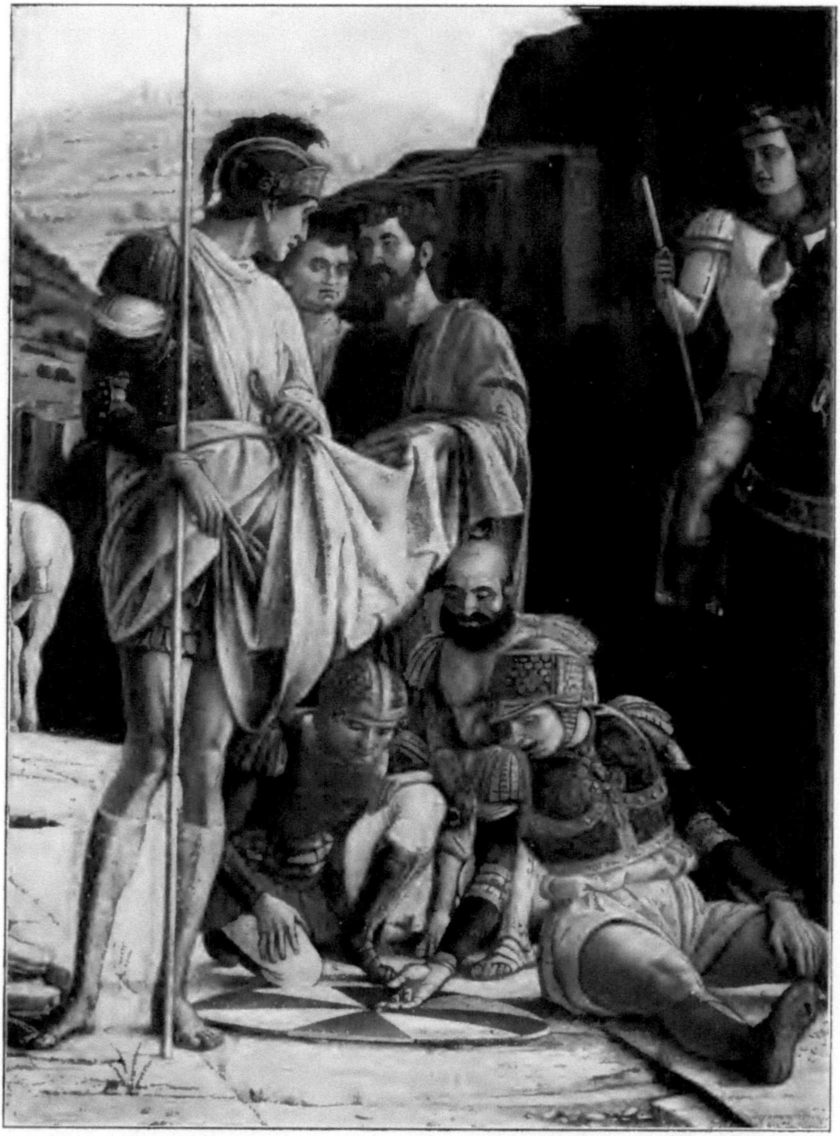

* Paris, Louvre

Ausschnitt aus der Kreuzigung vom Zeno-Altar, Verona (S. 82)

The crucifixion
(Detail of the picture p. 82)

Le crucifiement
(Détail du tableau p. 82)

Nach einer Aufnahme von Braun, Clément & Cie., Dornach (Elsass)

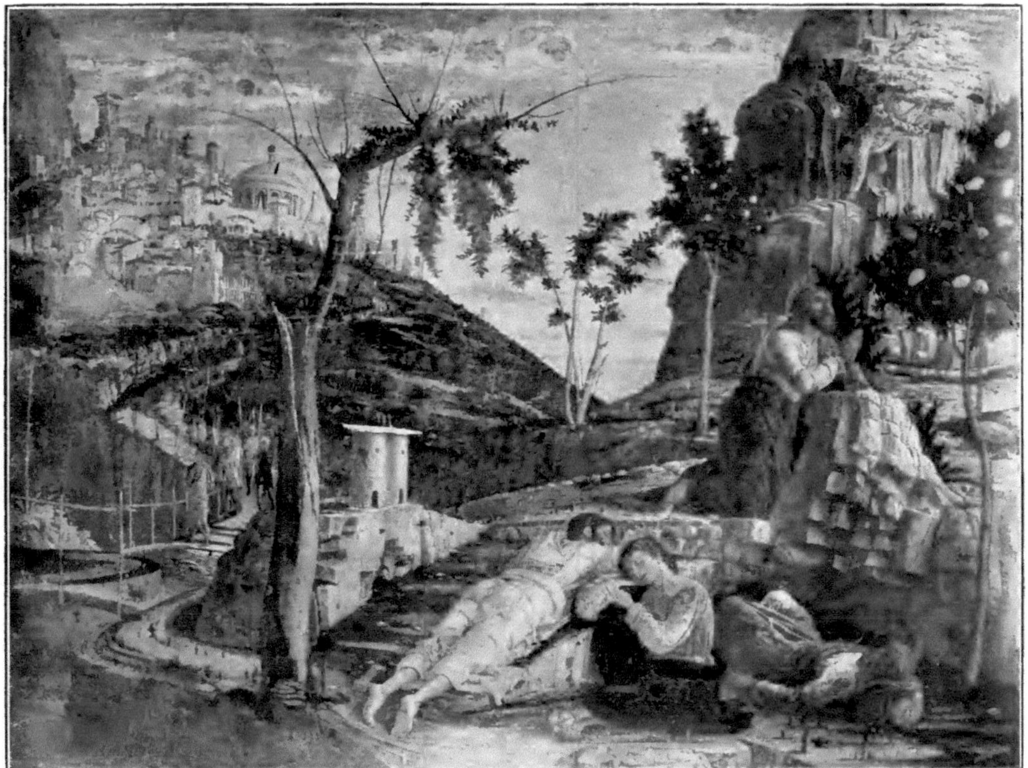

*Tours, Museum

Auf Holz, H. 0,66, B. 0,88

Der Oelberg

Predellenstück vom Zeno-Altar, Verona (S. 78)

The mount of olives

Picture on the bottom-part of Zeno's altar, Verona

Le mont des oliviers

Pièce de la base du tableau de l'autel de Zénon à Vérone

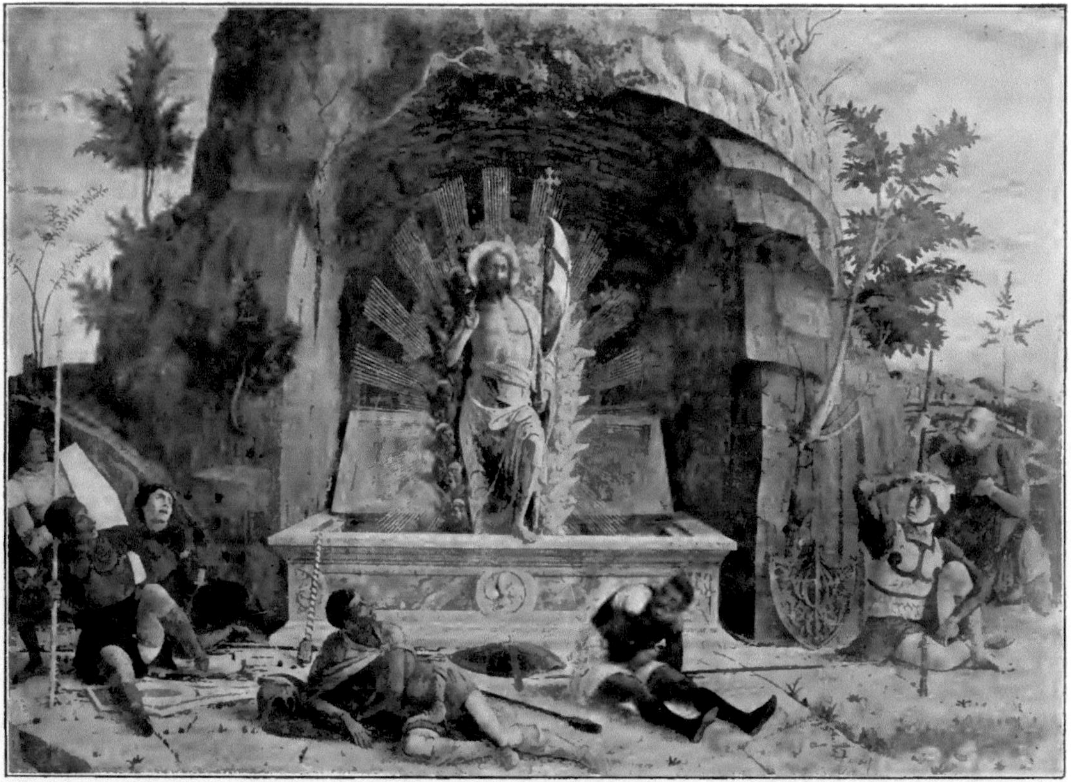

*Tours, Museum

Auf Holz, H. 0,66, B. 0,90

Die Auferstehung Christi

Predellenstück vom Zeno-Altar, Verona (S. 78)

The resurrection of Christ

Picture on the bottom-part of Zeno's altar, Verona

La résurrection du Christ

Pièce de la base du tableau de l'autel de Zénon à Vérone

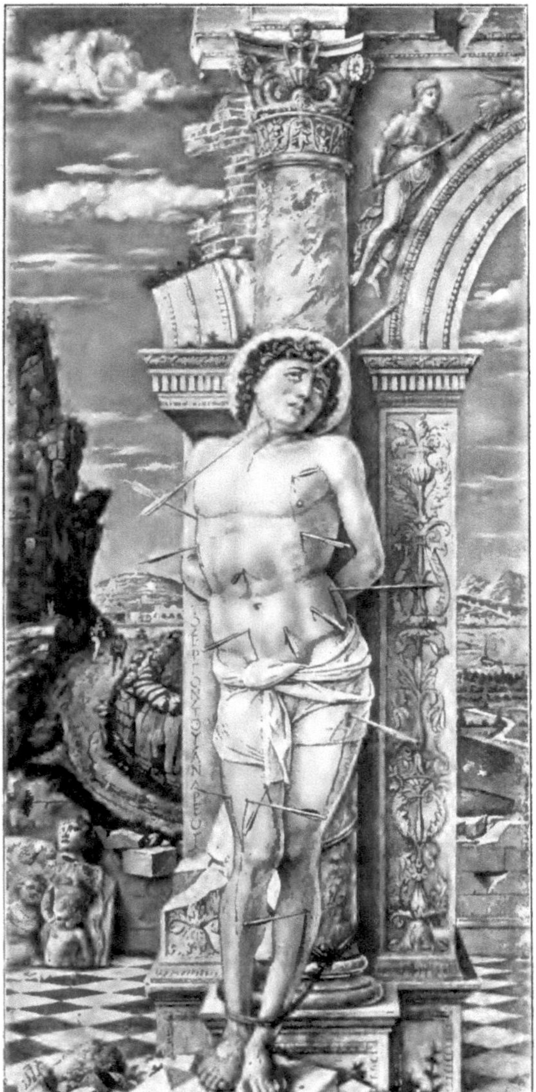

* Wien, Hofmuseum — Auf Holz, H. 0,68, B. 0,31

Der heilige Sebastian

St. Sebastian — Um 1458 — Saint Sébastien

Nach einer Aufnahme von Franz Hanfstaengl, München

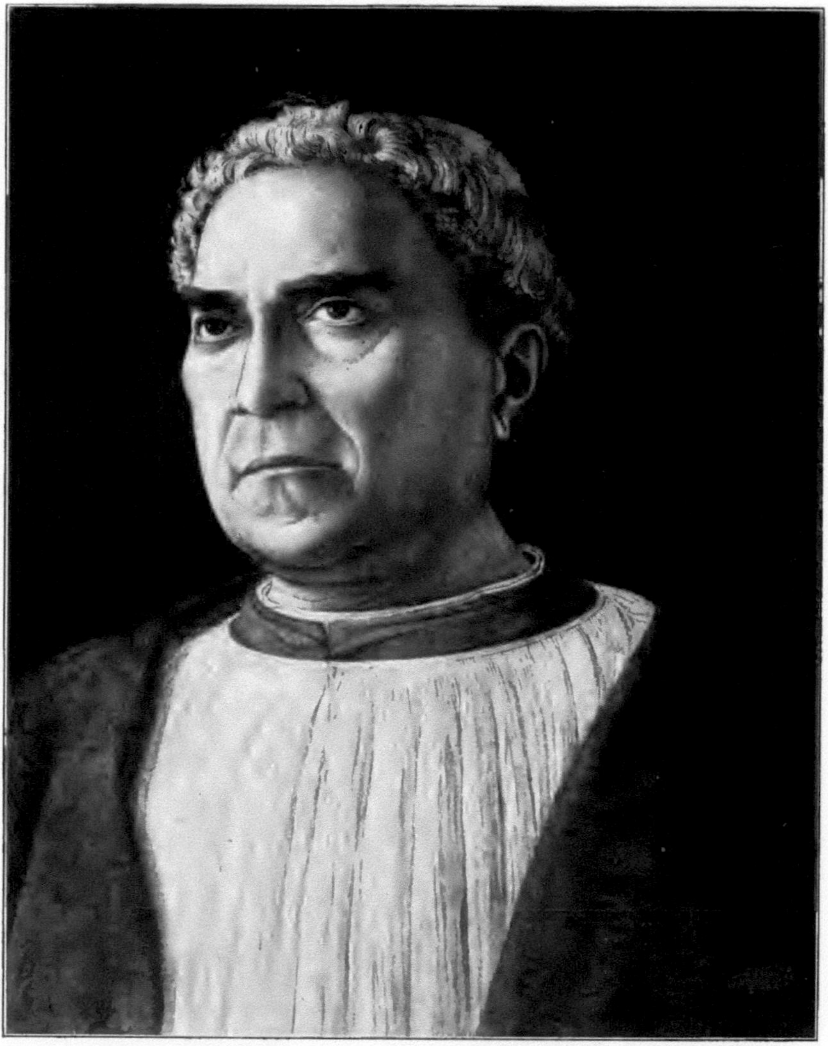

*Berlin, Kaiser-Friedrich-Museum

Auf Holz, H. 0,44, B. 0,33

Bildnis des Kardinals Lodovico Mezzarota

Portrait of the cardinal Ludovic Mezzarota 1459—1460 Portrait du cardinal Ludovic Mezzarota

Nach einer Aufnahme von Franz Hanfstaengl, München

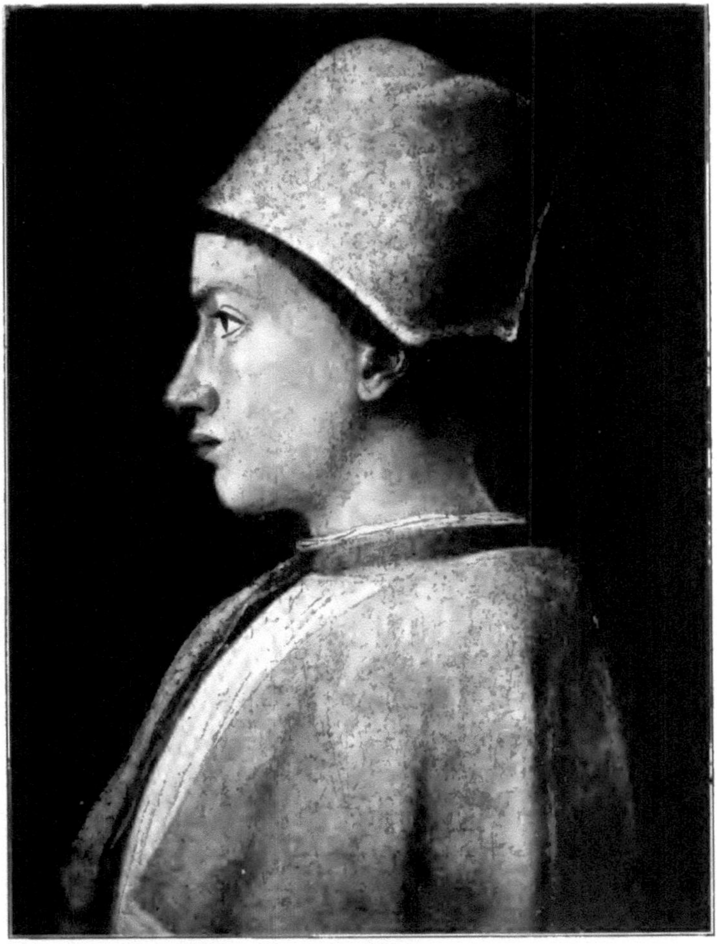

*Neapel, Museo nazionale — Auf Holz, H. 0,25, B. 0,175

Bildnis des jungen Kardinals Francesco Gonzaga

Portrait of the young cardinal Francesco Gonzaga — 1461 — Portrait du jeune cardinal Francesco Gonzaga

Nach einer Aufnahme von D. Anderson, Rom

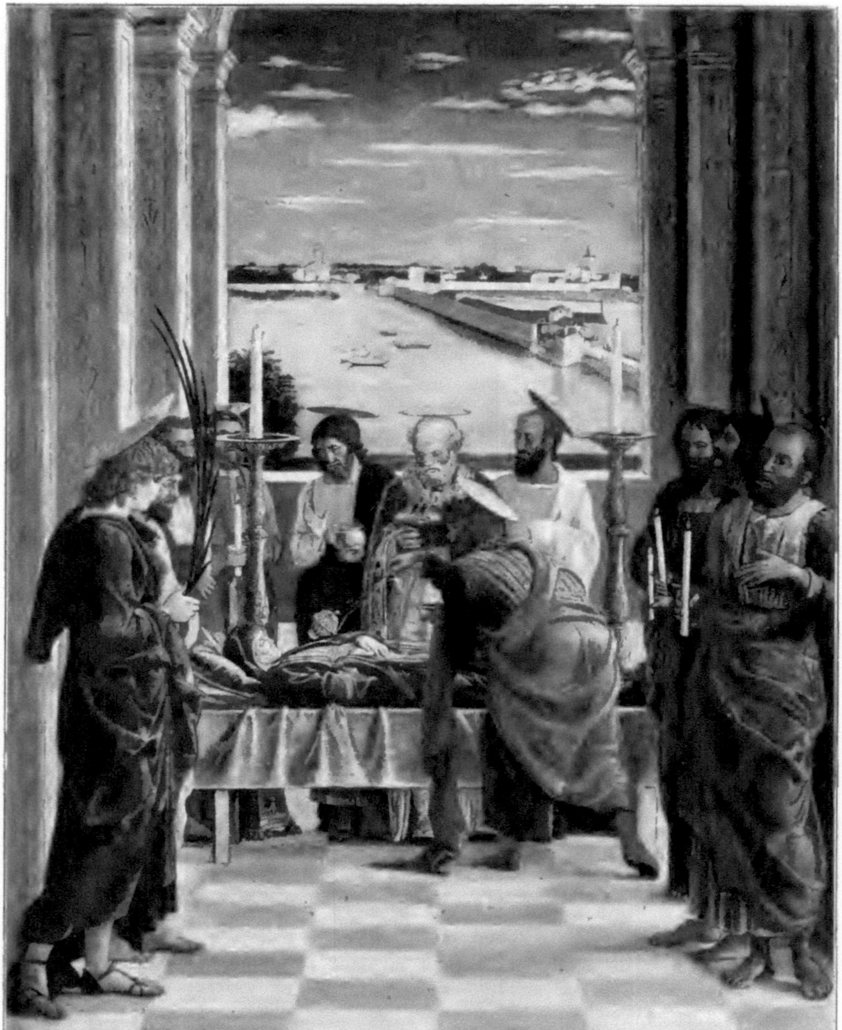

*Madrid, Prado-Museum

Auf Holz, H. 0,54, B. 0,42

Der Tod Mariä

The death of the Virgin — Um 1462 — La mort de la Vierge

Nach einer Aufnahme von D. Anderson, Rom

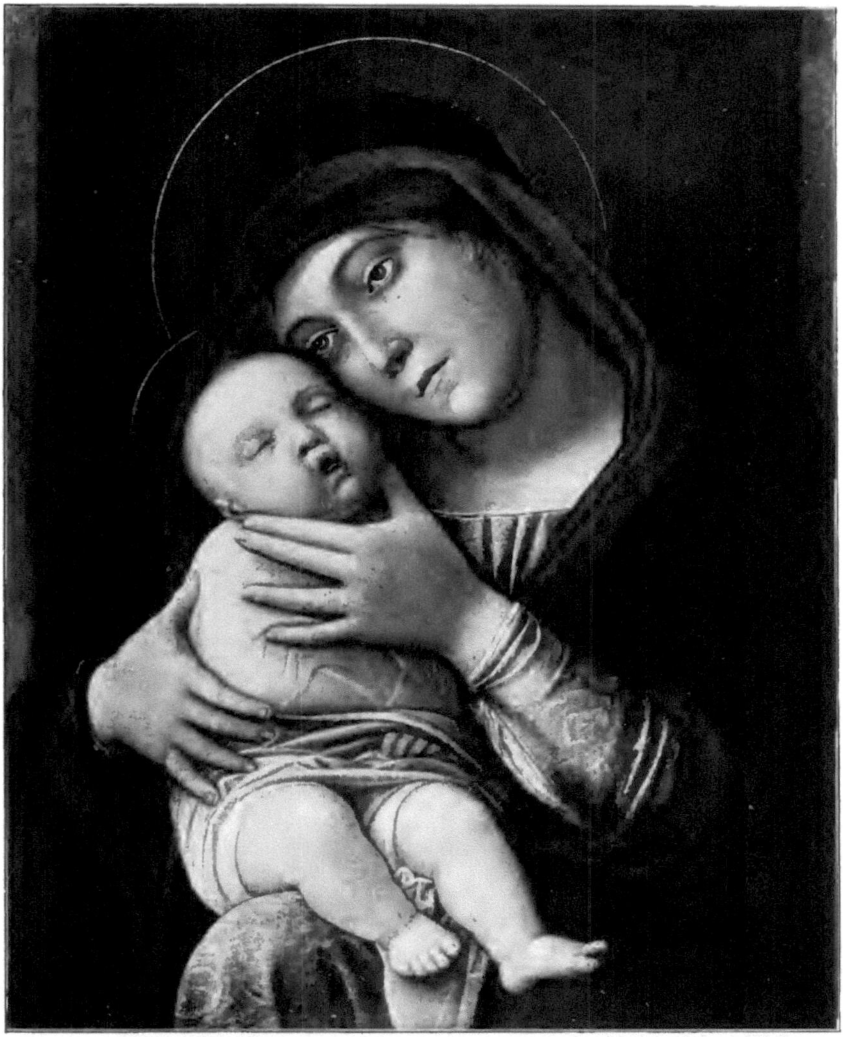

* Mailand, Museo Poldi-Pezzoli — Auf Leinwand, H. 0,45, B. 0,35

Madonna mit dem Kinde

Madonna and child — Um 1462 — La Vierge avec l'Enfant

Nach einer Aufnahme von D. Anderson, Rom

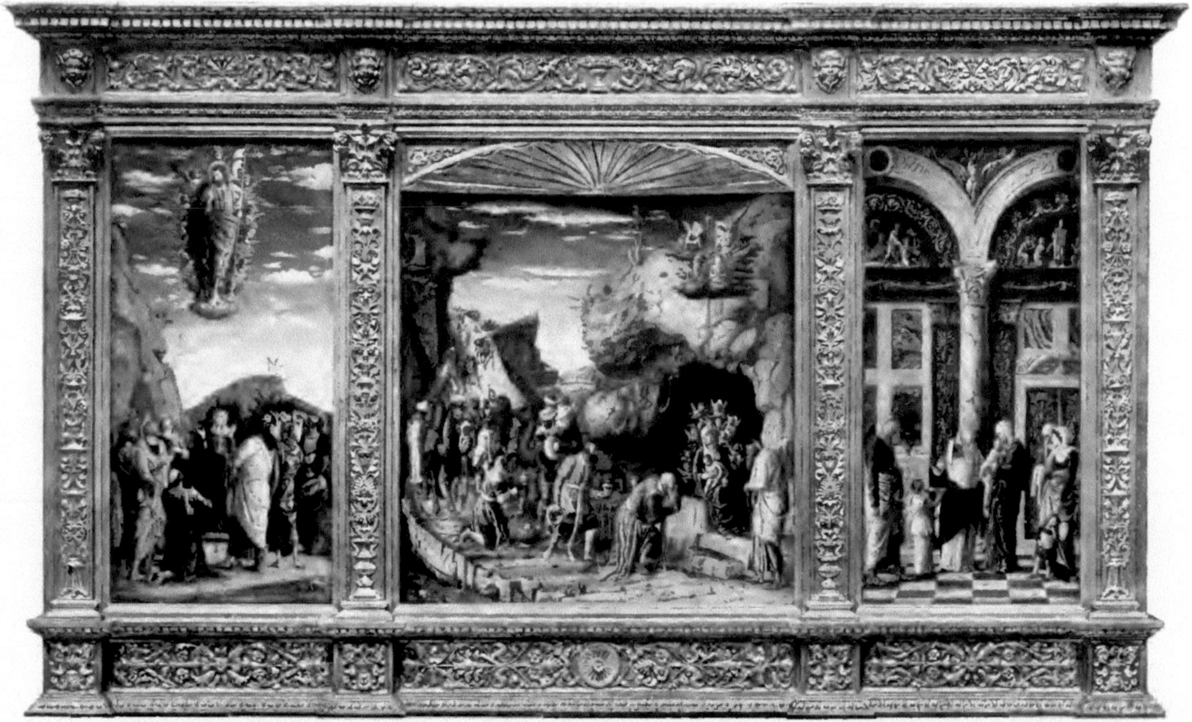

* Florenz, Uffizien

Himmelfahrt Christi
The ascension — L'ascension

Anbetung der Könige
The magi adoring Christ — 1463–1464 — L'adoration des rois

Beschneidung Christi
The circumcision — La circoncision

Nach einer Aufnahme von D. Anderson, Rom

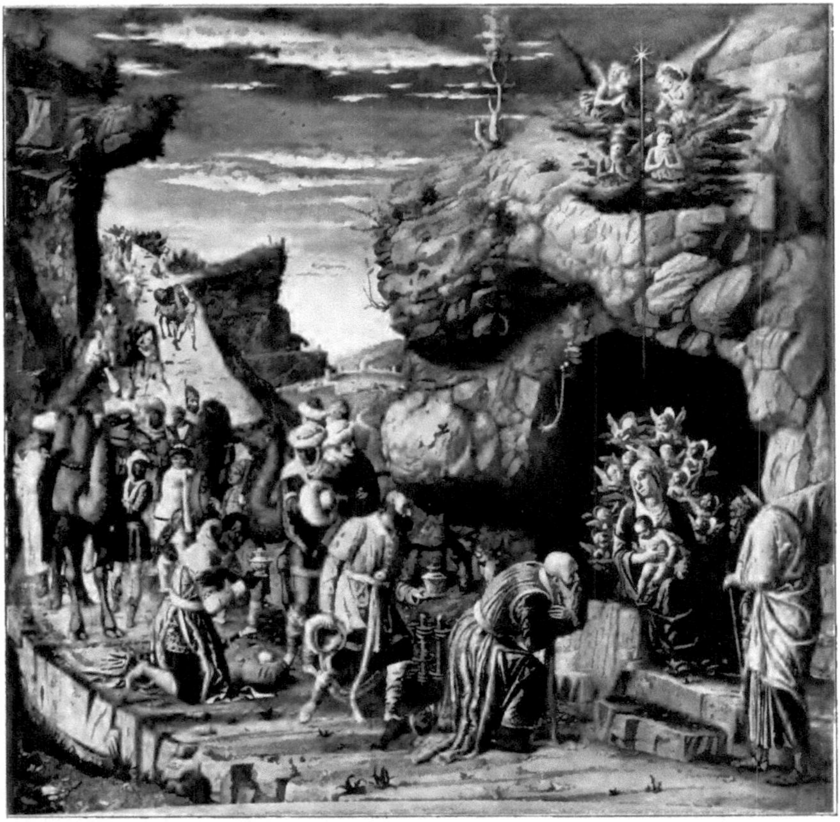

*Florenz, Uffizien

Auf Holz, H. 0,76, B. 0,765

Die Anbetung der Könige
(Mittelbild des Triptychons auf S. 93)

The magi adoring Christ
(Central picture of the triptych on p. 93)

L'adoration des rois
(Tableau central du triptyque p. 93)

Nach einer Aufnahme von D. Anderson, Rom

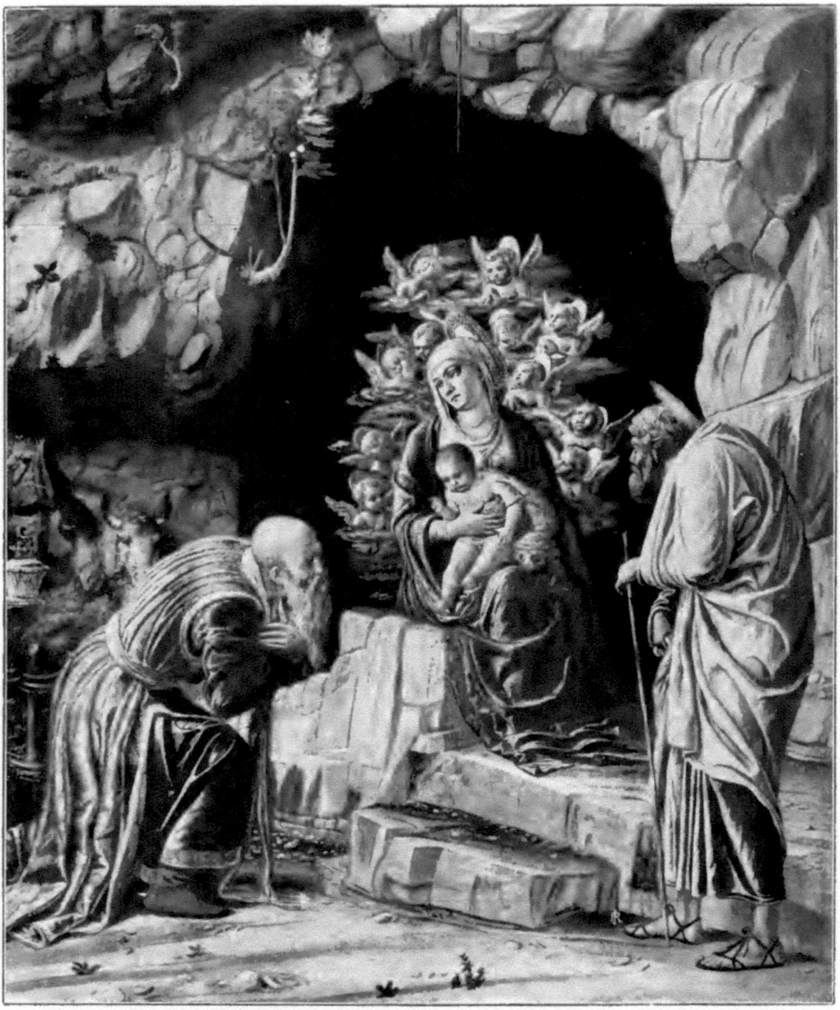

*Florenz, Uffizien

Die Anbetung der Könige
(Ausschnitt)

The magi adoring Christ
(Detail)

L'adoration des rois
(Détail)

Nach einer Aufnahme von D. Anderson, Rom

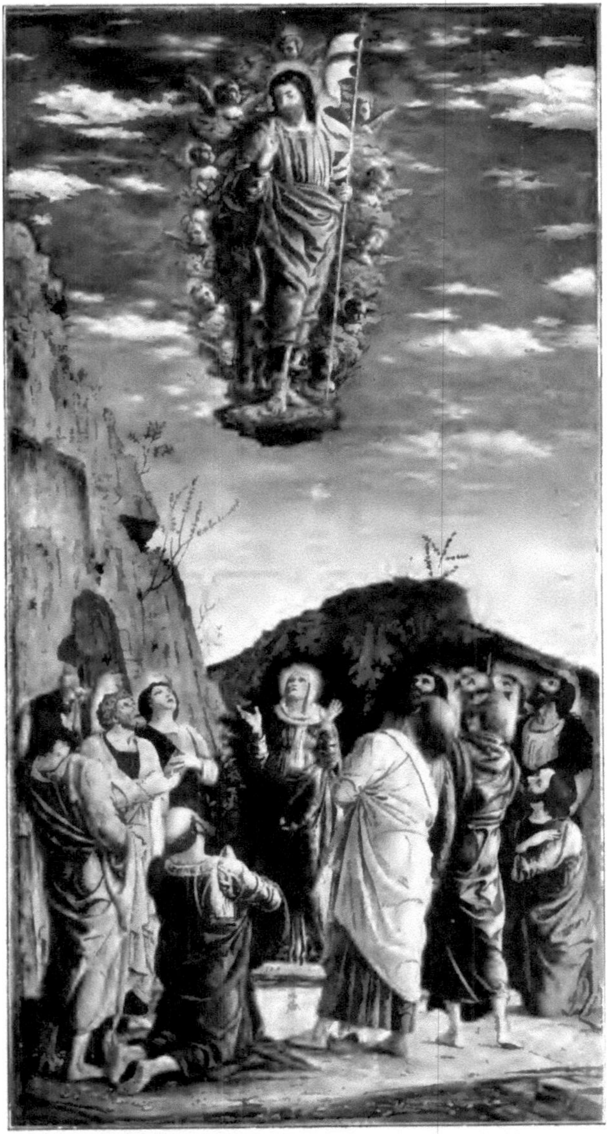

*Florenz, Uffizien

Auf Holz, H. 0,86, B. 0,425

Die Himmelfahrt Christi

(Seitenbild des Triptychons auf S. 93)

The ascension
(Part on the left of the triptych
on p. 93)

L'ascension
(Partie gauche du triptyque
p. 93)

Nach einer Aufnahme von D. Anderson, Rom

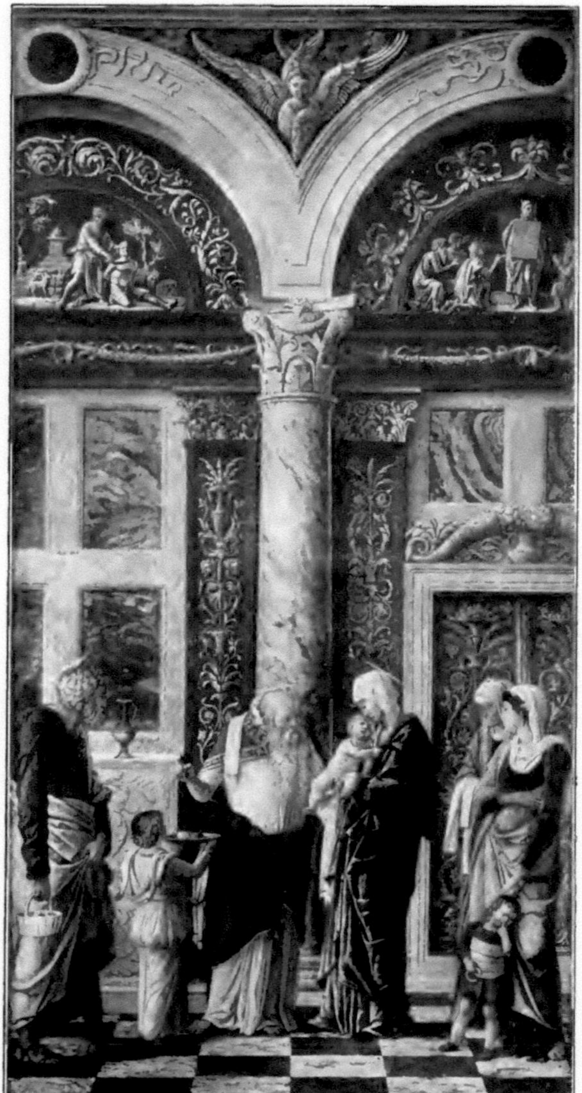

* Florenz, Uffizien — Auf Holz, H. 0,86, B. 0,425

Die Beschneidung Christi
(Seitenbild des Triptychons auf S. 93)

The circumcision
(Part on the right of the triptych on p. 93)

La circoncision
(Partie droite du triptyque p. 93)

Nach einer Aufnahme von D. Anderson, Rom

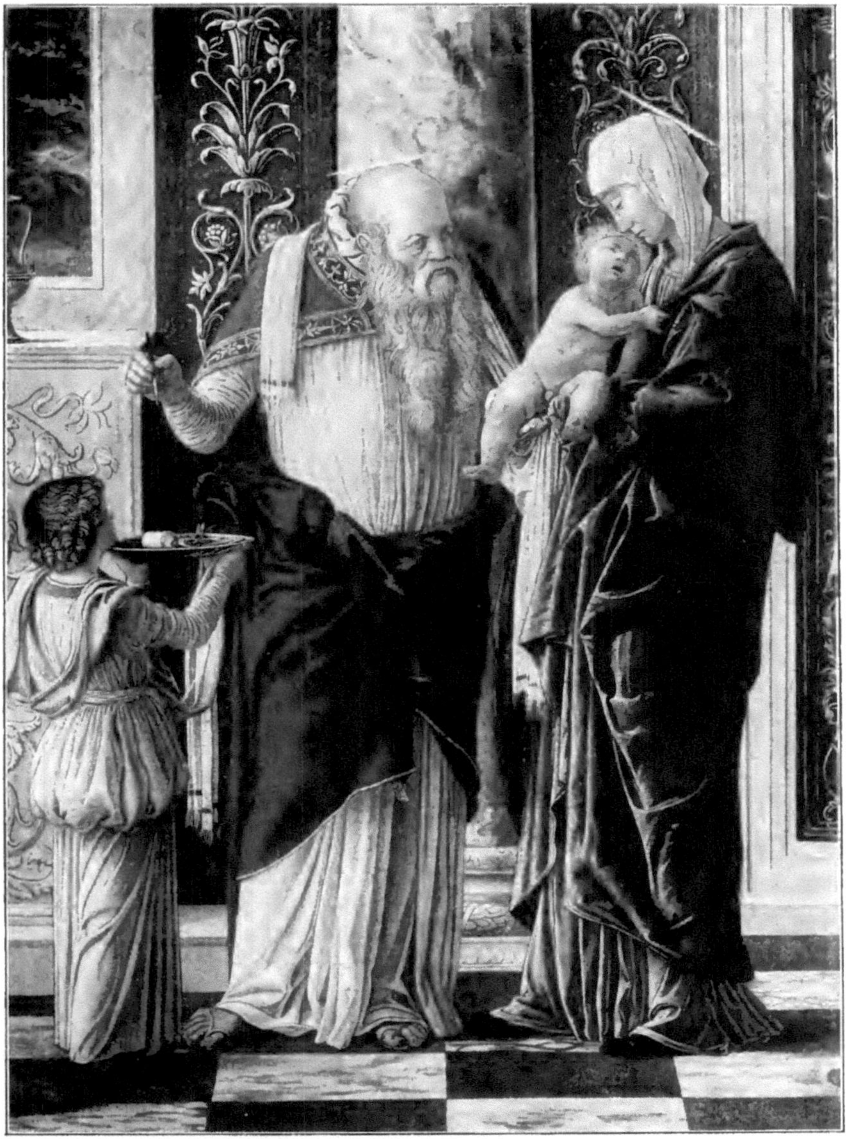

* Florenz, Uffizien

Die Beschneidung Christi
(Ausschnitt)

The circumcision
(Detail)

La circoncision
(Détail)

Nach einer Aufnahme von D. Anderson, Rom

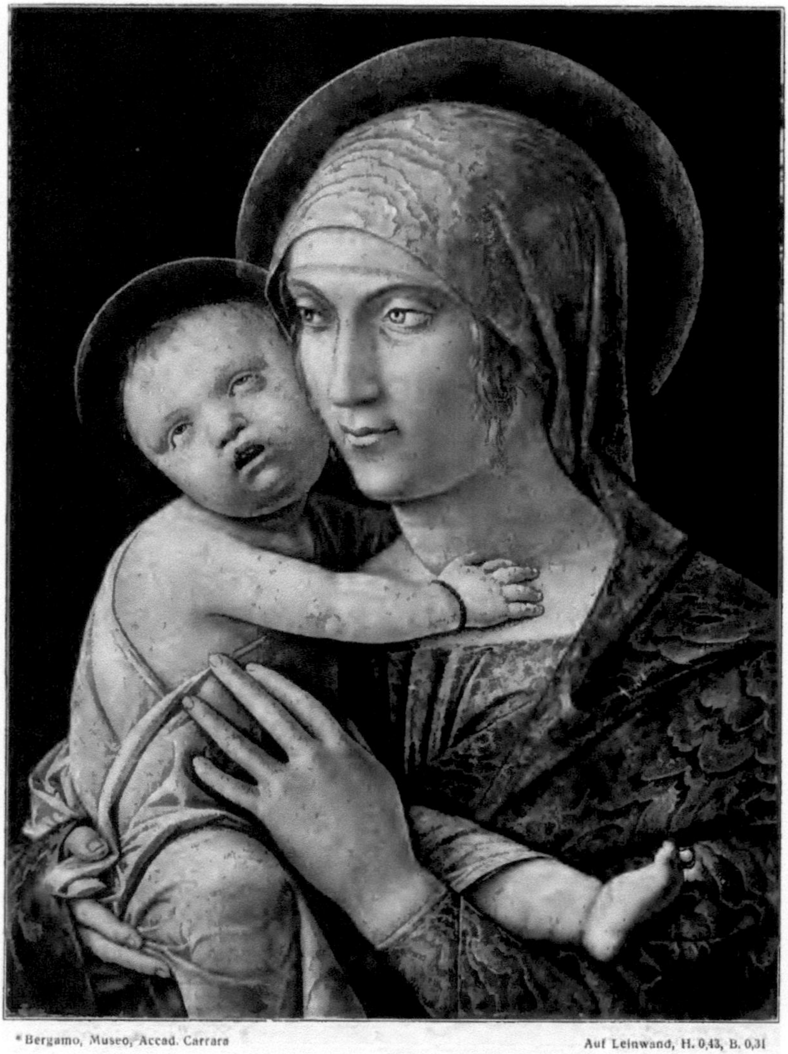

*Bergamo, Museo, Accad. Carrara — Auf Leinwand, H. 0,43, B. 0,31

Madonna mit dem Kinde

Madonna and child — Um 1464 — La Vierge avec l'Enfant

Nach einer Aufnahme von D. Anderson, Rom

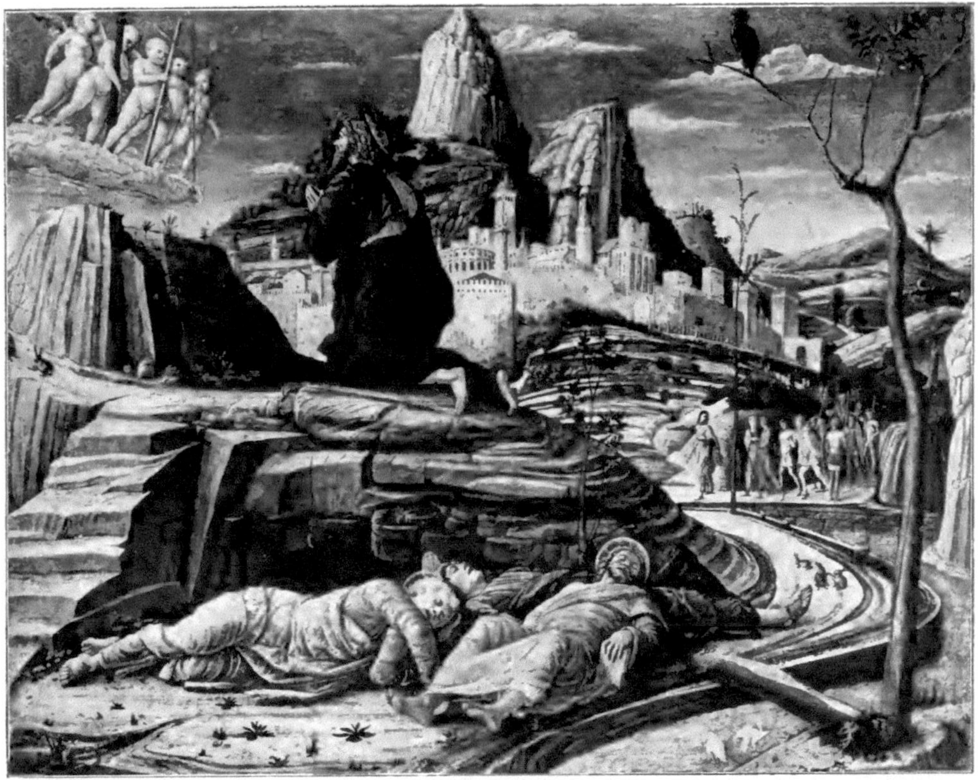

* London, Nationalgalerie

Auf Holz, H. 0,625, B. 0,80

Der Oelberg

The mount of olives — Nach 1464 — Le mont des oliviers

Nach einer Aufnahme von Franz Hanfstaengl, München

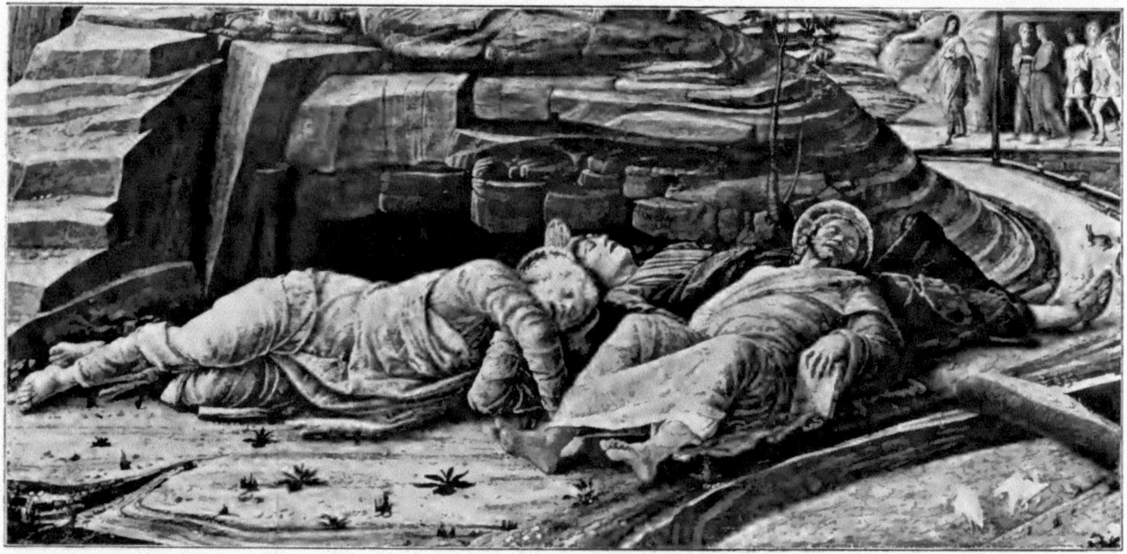

*London, Nationalgalerie

Ausschnitt aus dem Oelberg (S. 100)

The mount of olives
(Detail)

Le mont des oliviers
(Détail)

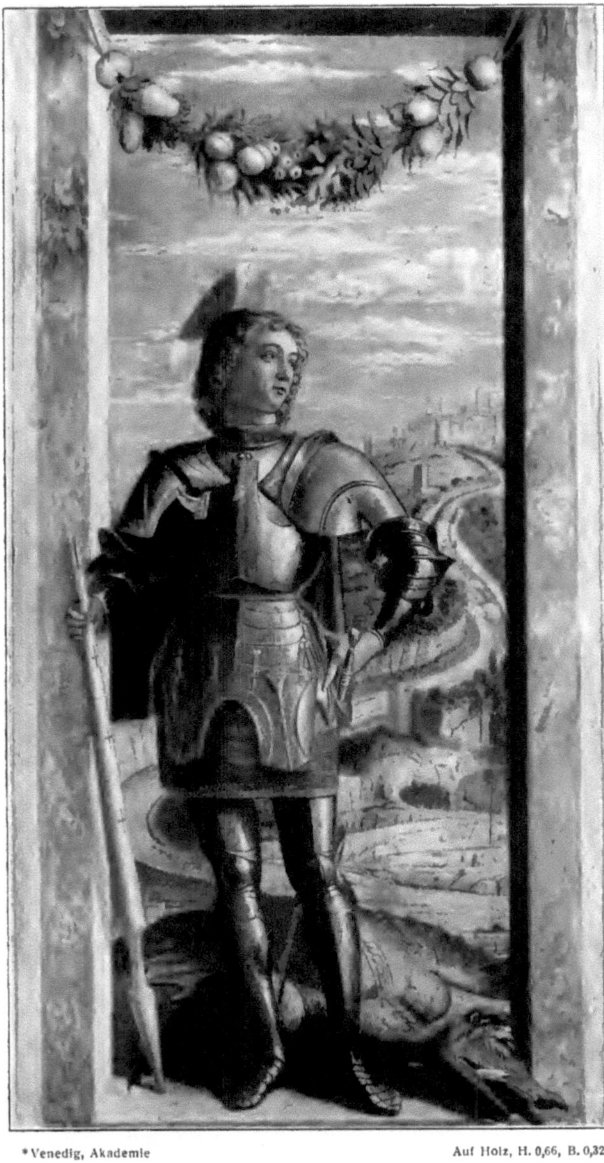

*Venedig, Akademie | Auf Holz, H. 0,66, B. 0,32

Der heilige Georg

St. George | Um 1462 | Saint George

Nach einer Aufnahme von D. Anderson, Rom

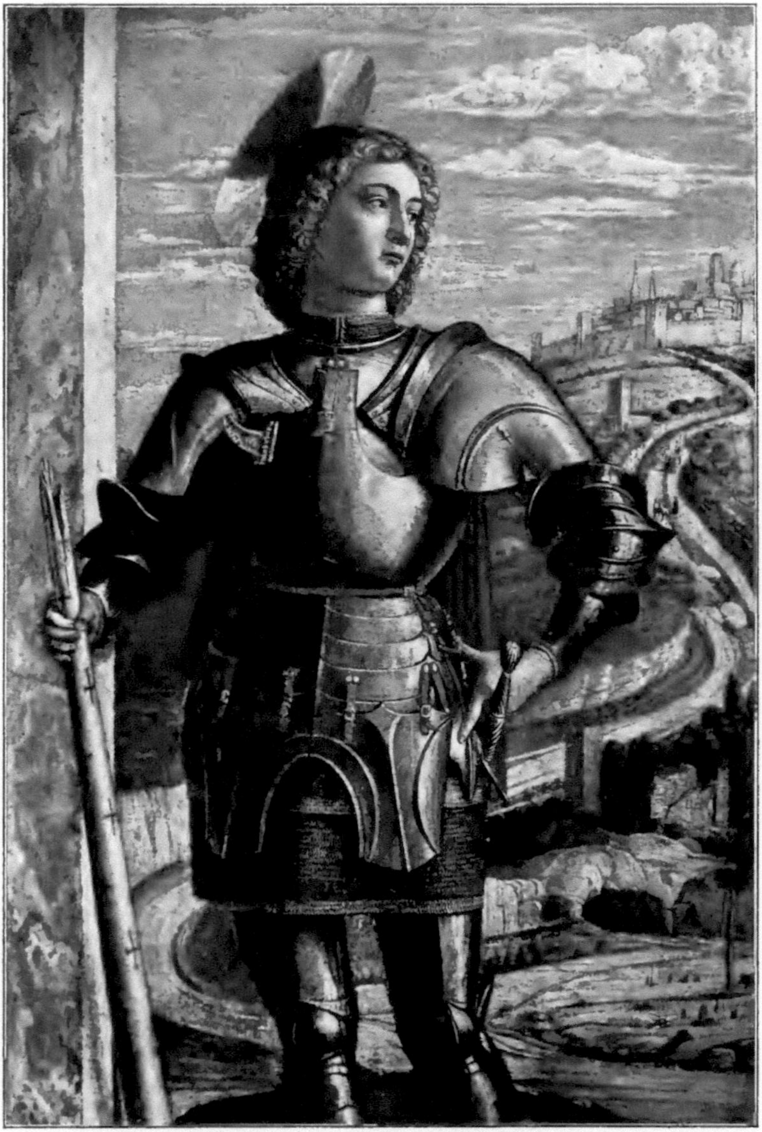

*Venedig, Akademie

Der heilige Georg
(Ausschnitt)

St. George
(Detail)

Saint George
(Détail)

Nach einer Aufnahme von D. Anderson, Rom

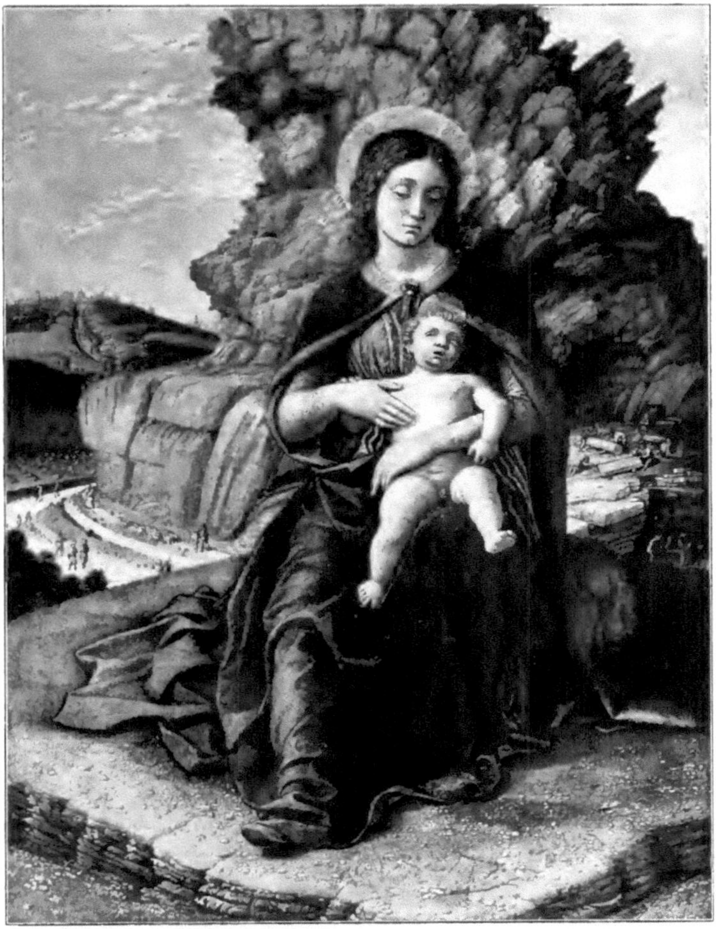

*Florenz, Uffizien — Auf Holz, H. 0,29, B. 0,215

Madonna mit dem Kinde

Madonna and child — Um 1466 — La Vierge avec l'Enfant

Nach einer Aufnahme von D. Anderson, Rom

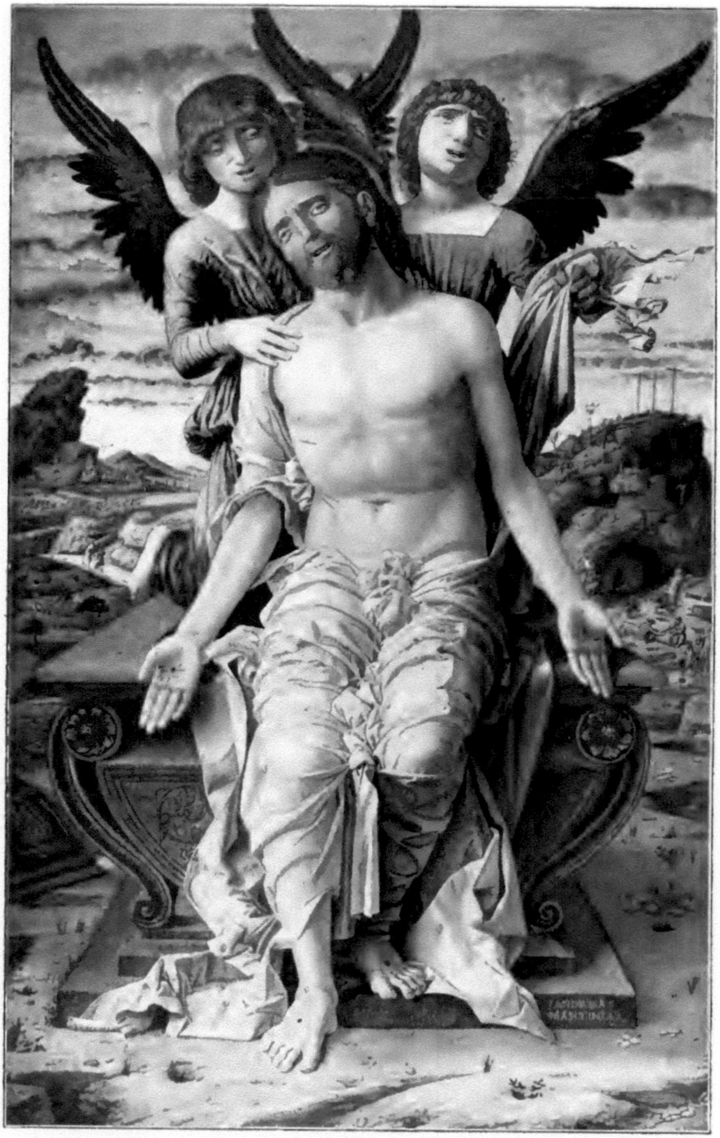

* Kopenhagen, Museum

Auf Holz, H. 0,83, B. 0,51

Der tote Christus von zwei Engeln betrauert

The dead Christ mourned by two angels Um 1500 Le Christ mort pleuré par deux anges

Nach einer Aufnahme von Braun, Clément & Cie., Dornach (Elsass)

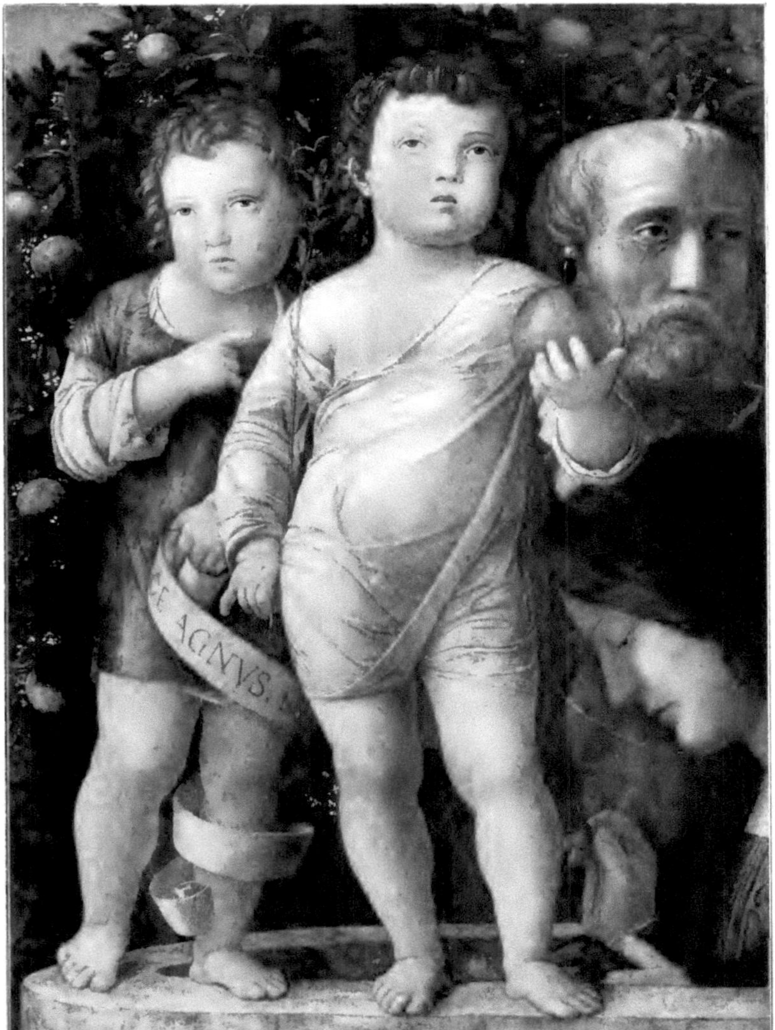

* London, Nationalgalerie — Auf Leinwand, H. 0,70, B. 0,495

Das Christkind als Weltherrscher mit dem Johannesknaben, Joseph und Maria

The Infant-Christ as master of the world with the little St. John, Joseph and Mary — Um 1490 — L'Enfant Jésus maître du monde avec l'enfant Jean, Joseph et Marie

Nach einer Aufnahme von Braun, Clément & Cie., Dornach (Elsass)

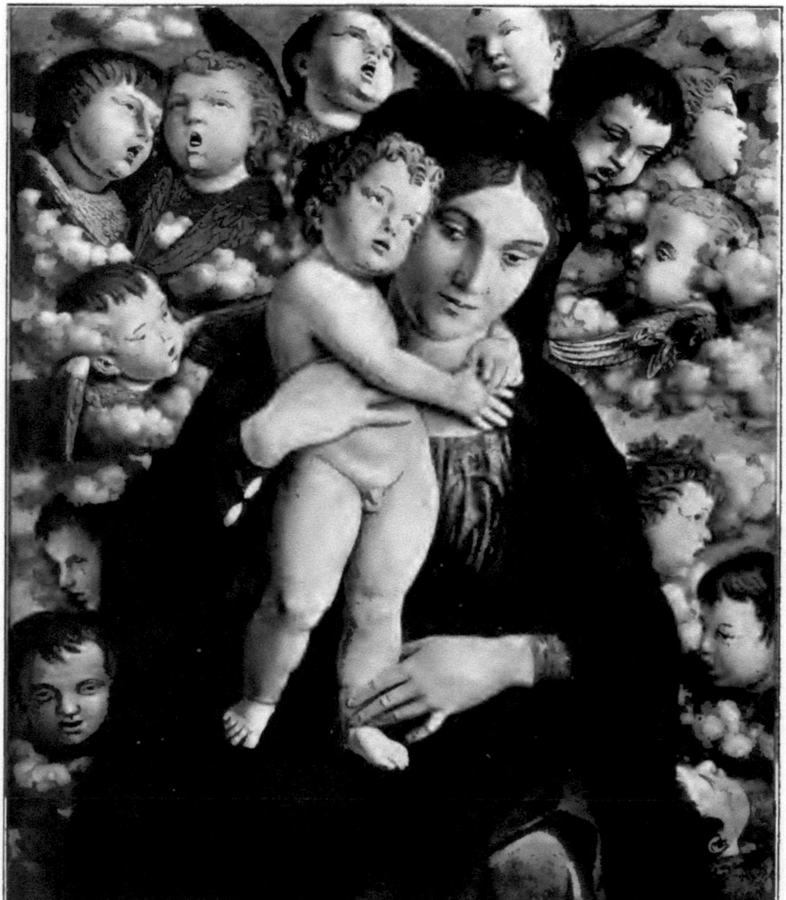

* Mailand, Brera

Auf Holz, H. 0,89, B. 0,71

Madonna mit dem Kinde, von Cherubim umgeben

Madonna with child, surrounded by angels   Um 1485   La Vierge avec l'Enfant, entourée d'anges

Nach einer Aufnahme von D. Anderson, Rom

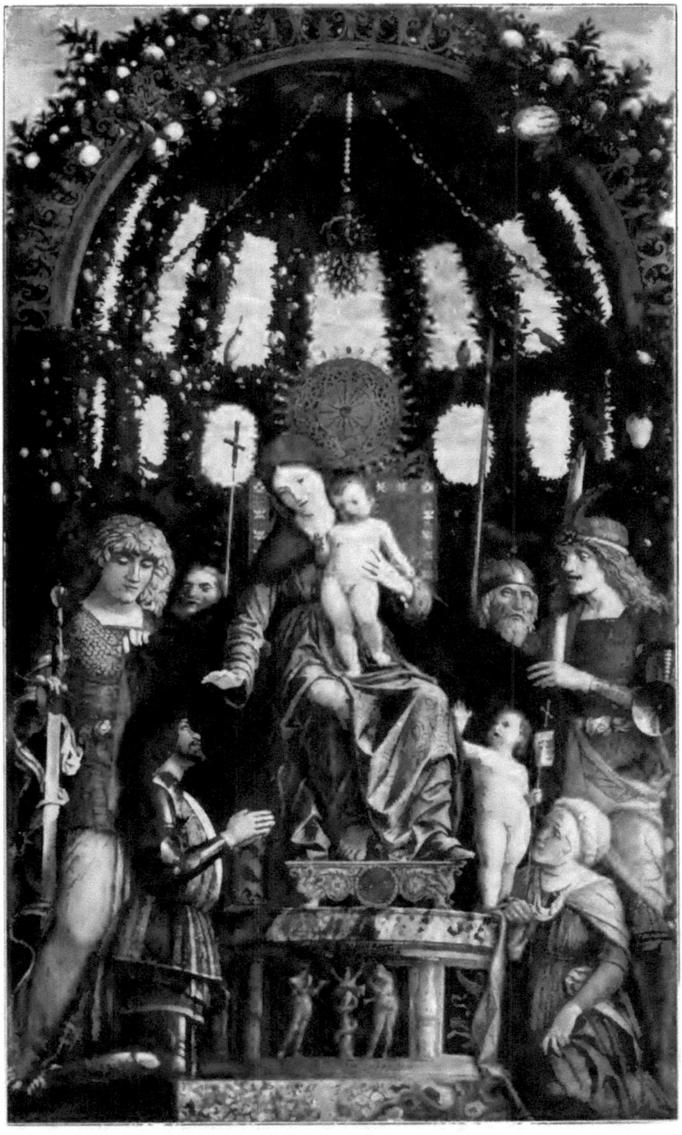

* Paris, Louvre — Auf Leinwand, H. 2,80, B. 1,60

Die Madonna della Vittoria

The „Madonna della Vittoria“ 1495—1496 La „Madonna della Vittoria“

Nach einer Aufnahme von Braun, Clément & Cie., Dornach (Elsass)

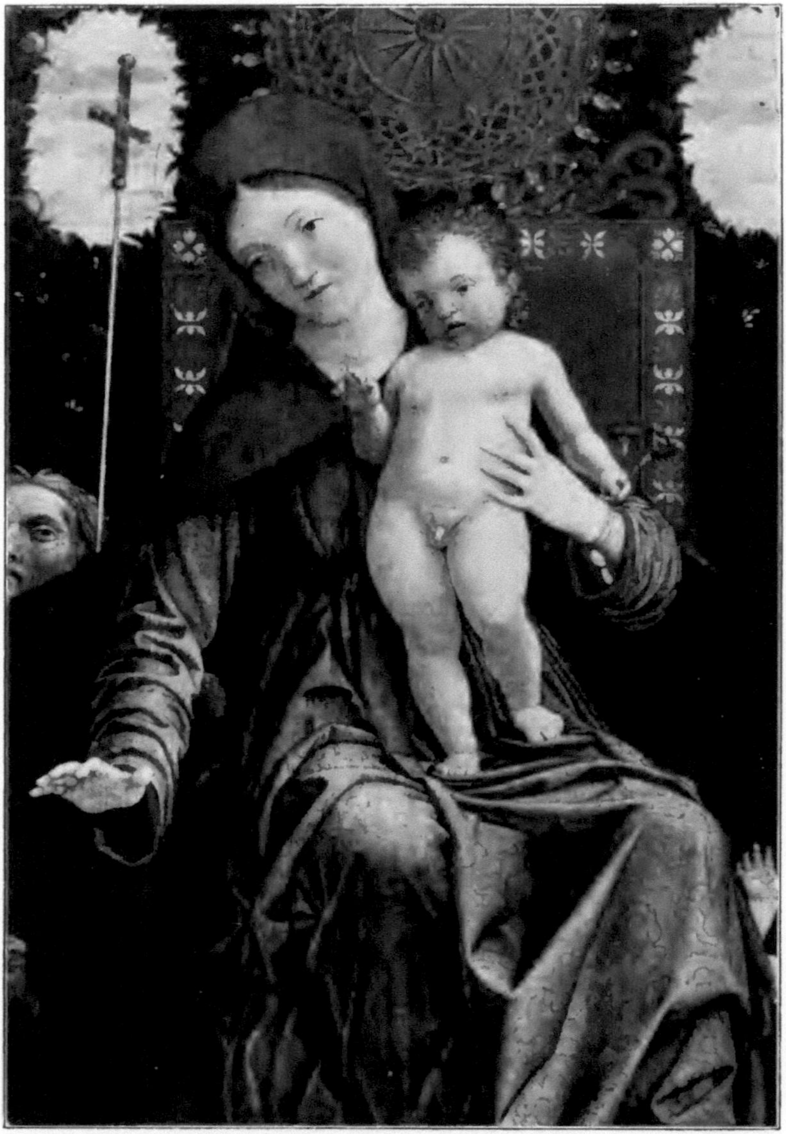

* Paris, Louvre

Die Madonna della Vittoria

The „Madonna della Vittoria"
(Detail)

(Ausschnitt)
1495—1496

La „Madonna della Vittoria"
(Détail)

Nach einer Aufnahme von Braun, Clément & Cie., Dornach (Elsass)

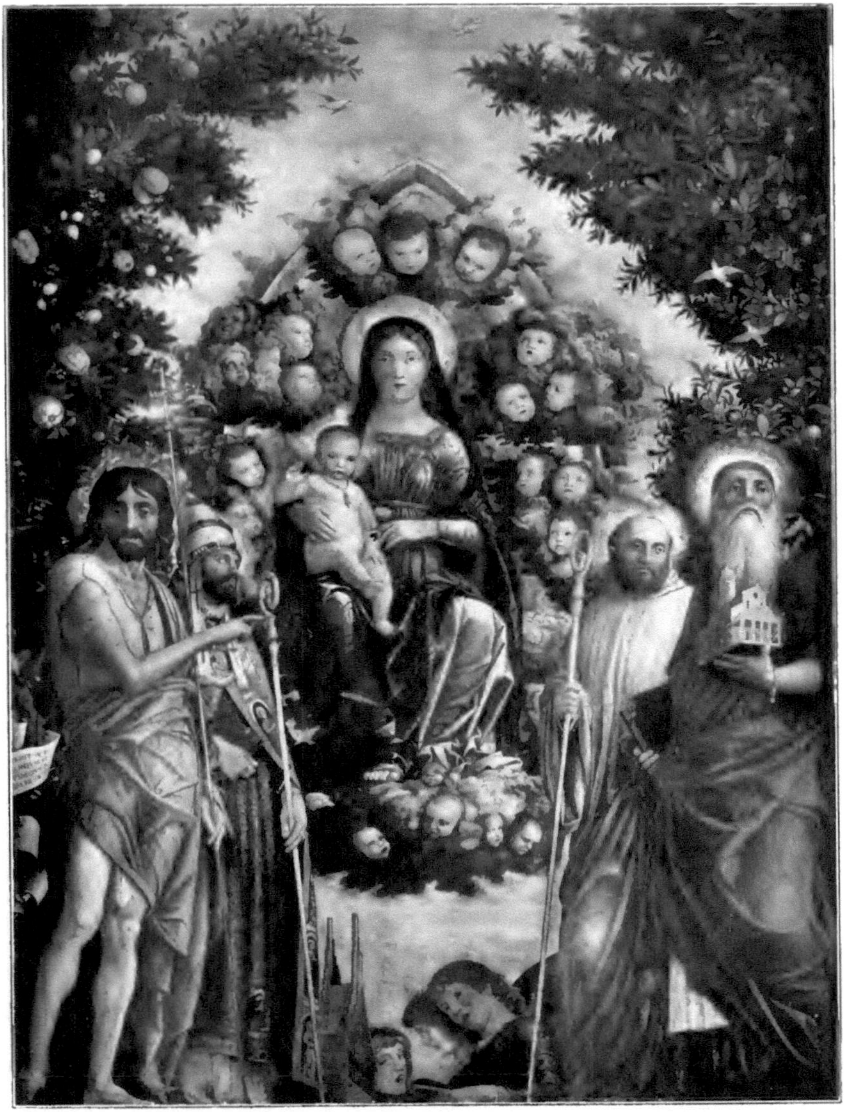

*Mailand, Principe Trivulzio — Auf Leinwand, H. 2,87, B. 2,14

Madonna mit dem Kinde in Wolken und vier Heilige

Madonna with child in clouds and four saints — La Vierge avec l'Enfant dans les nuages et quatre saints

15. August 1497 vollendet

Nach einer Aufnahme von D. Anderson, Rom

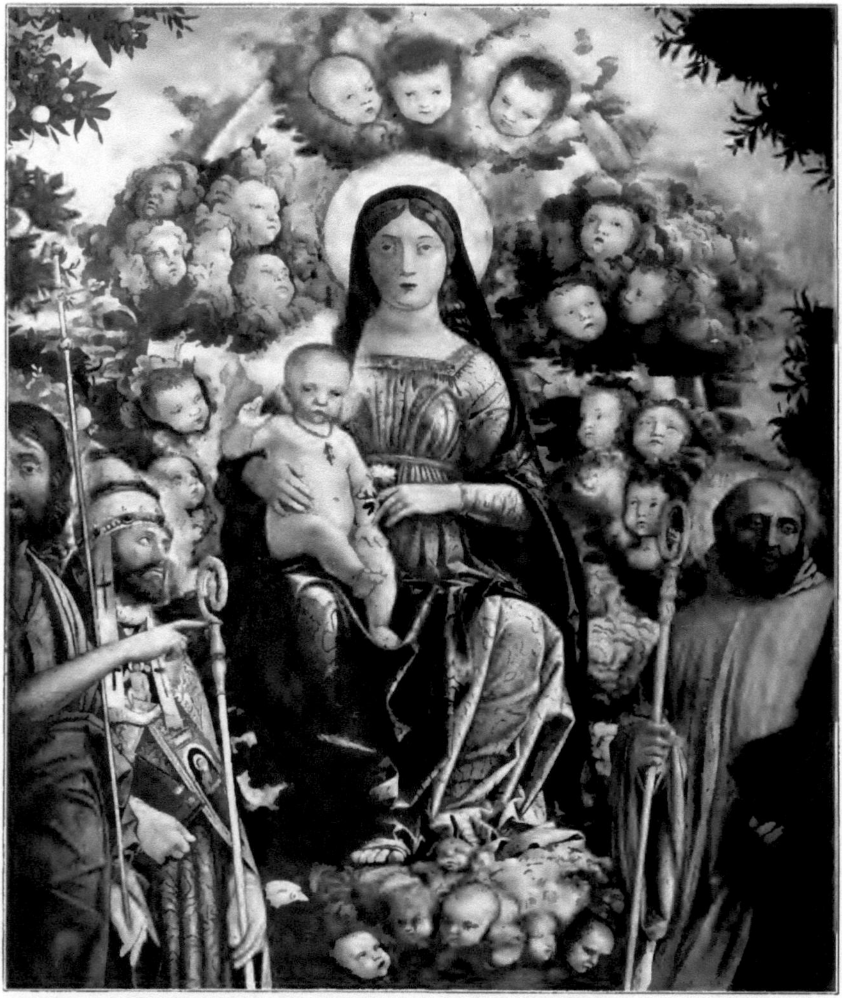

* Mailand, Principe Trivulzio

Madonna mit dem Kinde in Wolken und vier Heilige
(Ausschnitt)

Madonna with child in clouds and four saints
(Detail)

La Vierge avec l'Enfant dans les nuages et quatre saints
(Détail)

Nach einer Aufnahme von D. Anderson, Rom

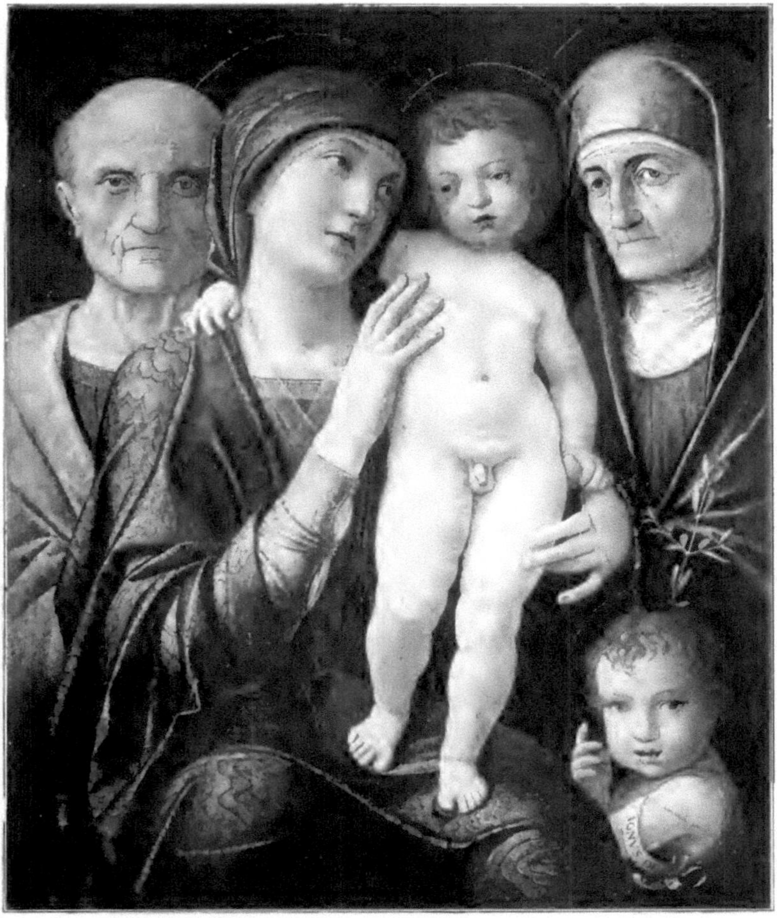

* Dresden, Kgl. Gemäldegalerie — Auf Leinwand, H. 0,755, B. 0,615

Die heilige Familie

The Holy Family — Um 1498—1499 — La sainte famille

Nach einer Aufnahme von Fratelli Alinari, Florenz

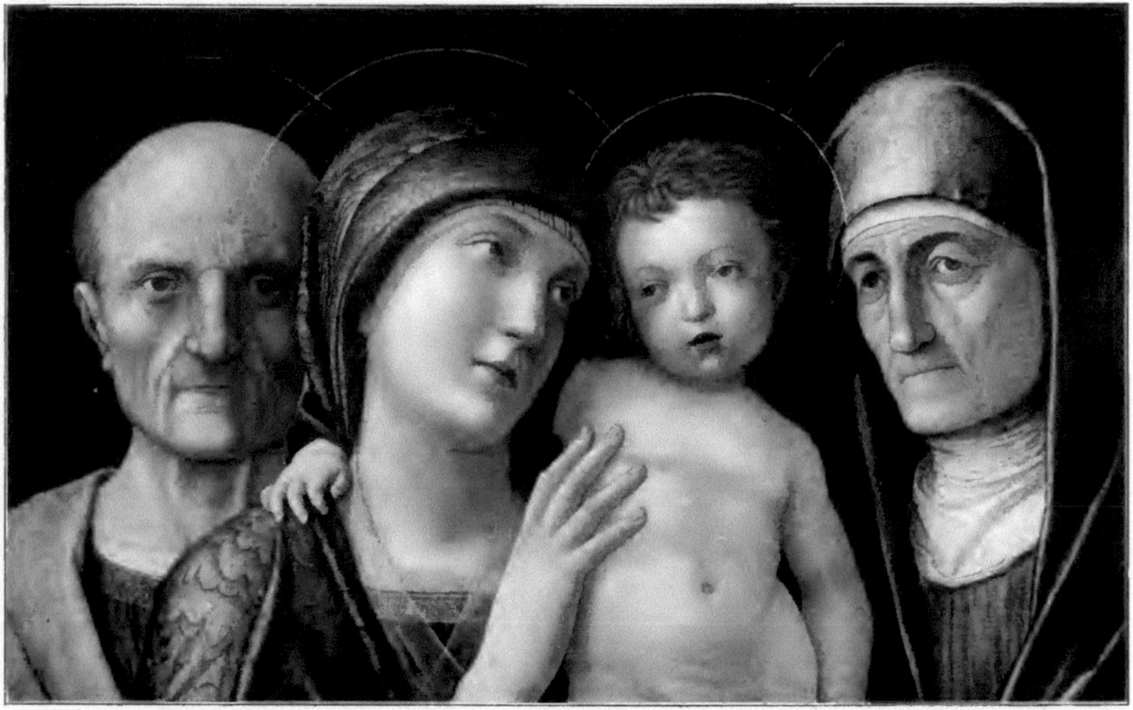

*Dresden, Kgl. Gemäldegalerie

Die heilige Familie
(Ausschnitt)

The Holy Family
(Detail)

La sainte famille
(Détail)

Nach einer Aufnahme von Fratelli Alinari, Florenz

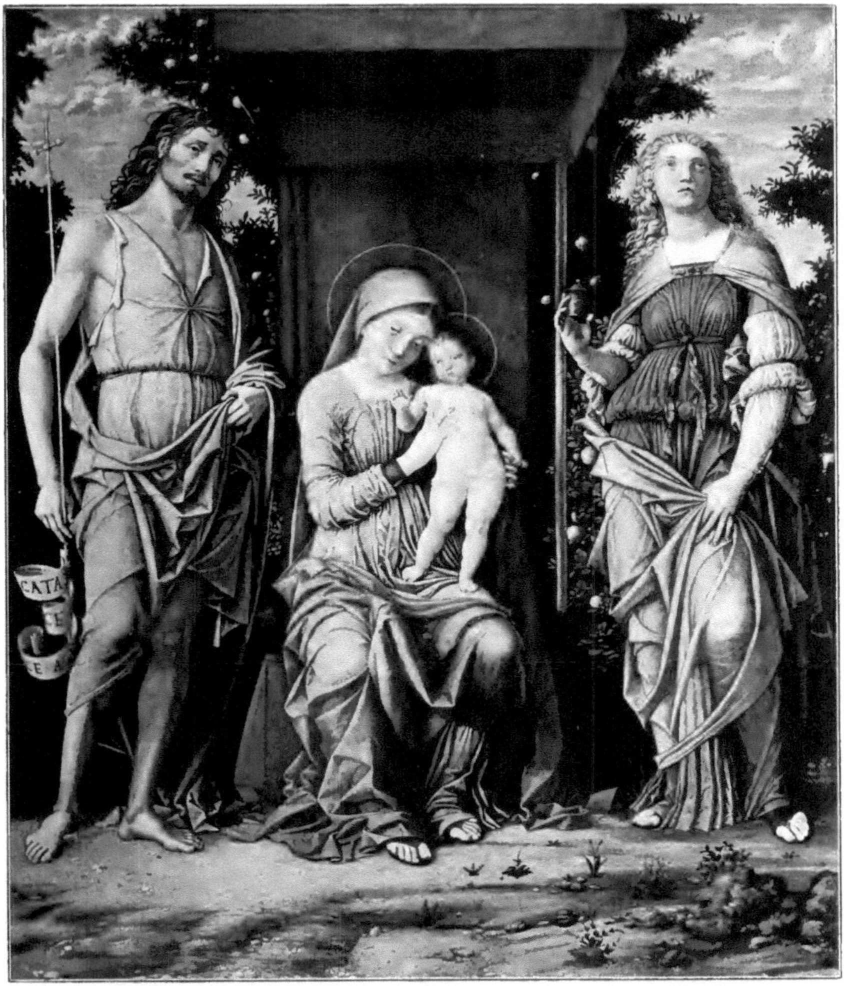

* London, Nationalgalerie — Auf Leinwand, H. 1,38, B. 1,15

Madonna mit dem Kinde und den Heiligen Johannes der Täufer und Magdalena

Madonna with child, St. John Baptist and St. Magdalene — Zwischen 1500 und 1504 — La Vierge avec l'Enfant, saint Jean Baptiste et sainte Madeleine

Nach einer Aufnahme von Franz Hanfstaengl, München

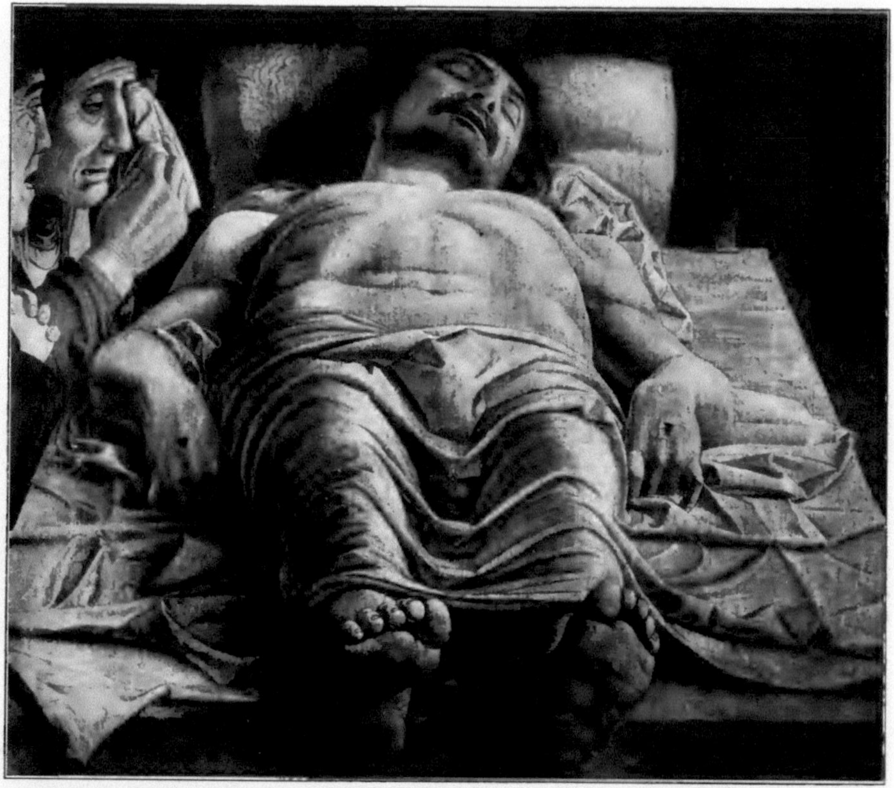

* Mailand, Brera — Auf Leinwand, H. 0,66, B. 0,81

Die Klage um den Leichnam Christi

The lamentation over the body of Christ — Nach 1501 — Le Christ pleuré

Nach einer Aufnahme von D. Anderson, Rom

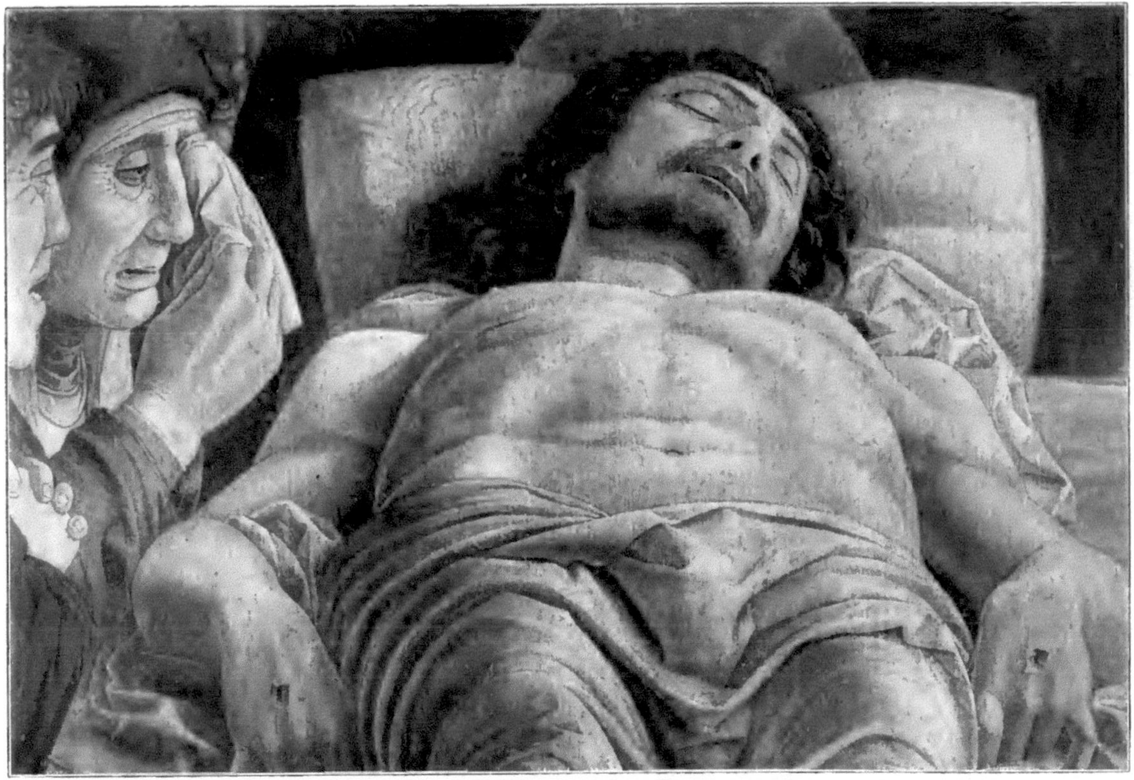

* Mailand, Brera

Die Klage um den Leichnam Christi
(Ausschnitt)

The lamentation over the body of Christ
(Detail)

Le Christ pleuré
(Détail)

Nach einer Aufnahme von D. Anderson, Rom

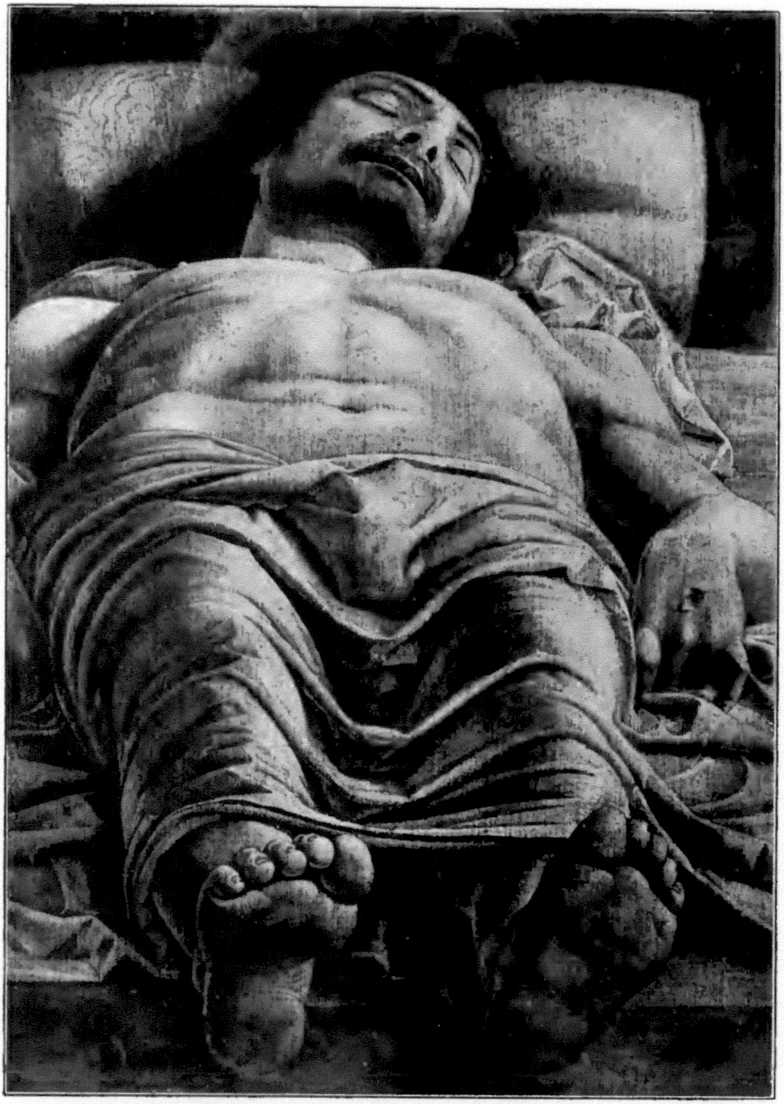

* Mailand, Brera

Die Klage um den Leichnam Christi
(Ausschnitt)

The lamentation over the body of Christ
(Detail)

Le Christ pleuré
(Détail)

Nach einer Aufnahme von D. Anderson, Rom

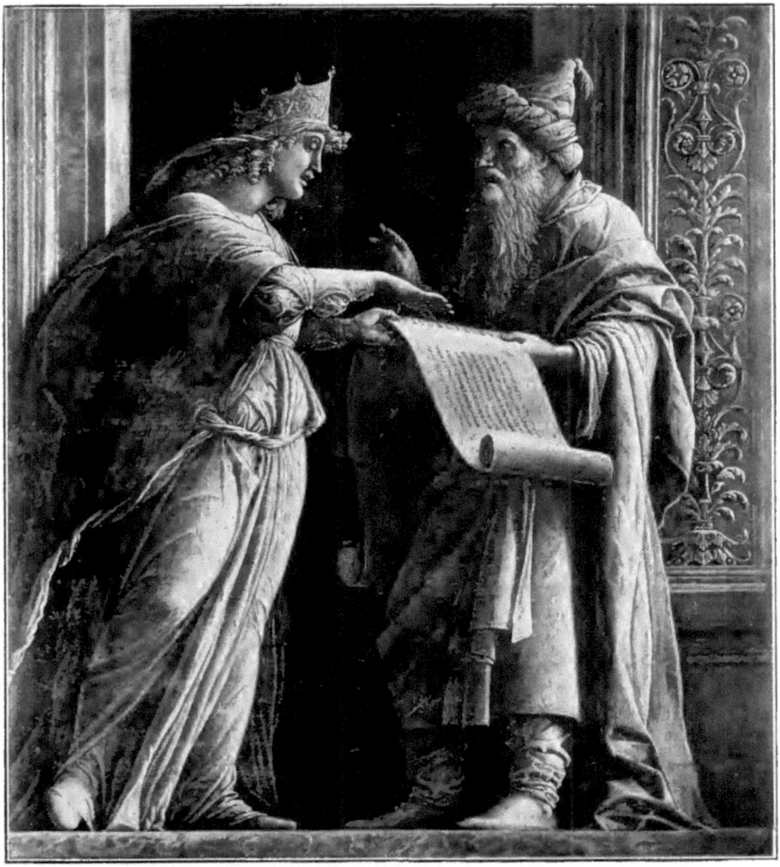

*London, Duke of Buccleuch — Auf Leinwand, H. 0,58, B. 0,48

Sibylle und Prophet

A sibyl and a prophet — Um 1495 — La sibylle et le prophète

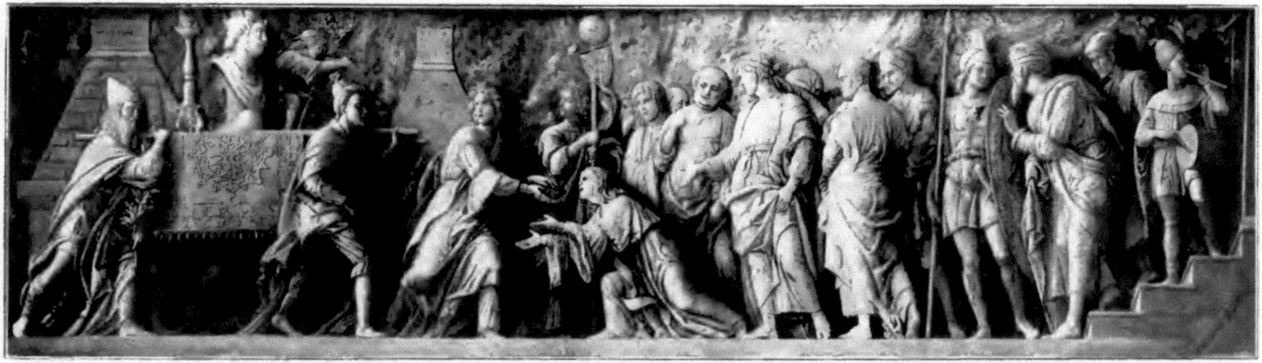

* London, Nationalgalerie

Auf Leinwand, H. 0,725, B. 2,68

Der Triumph Scipios

Um 1503

The triumph of Scipio

Le triomphe de Scipion

Nach einer Aufnahme von Franz Hanfstaengl, München

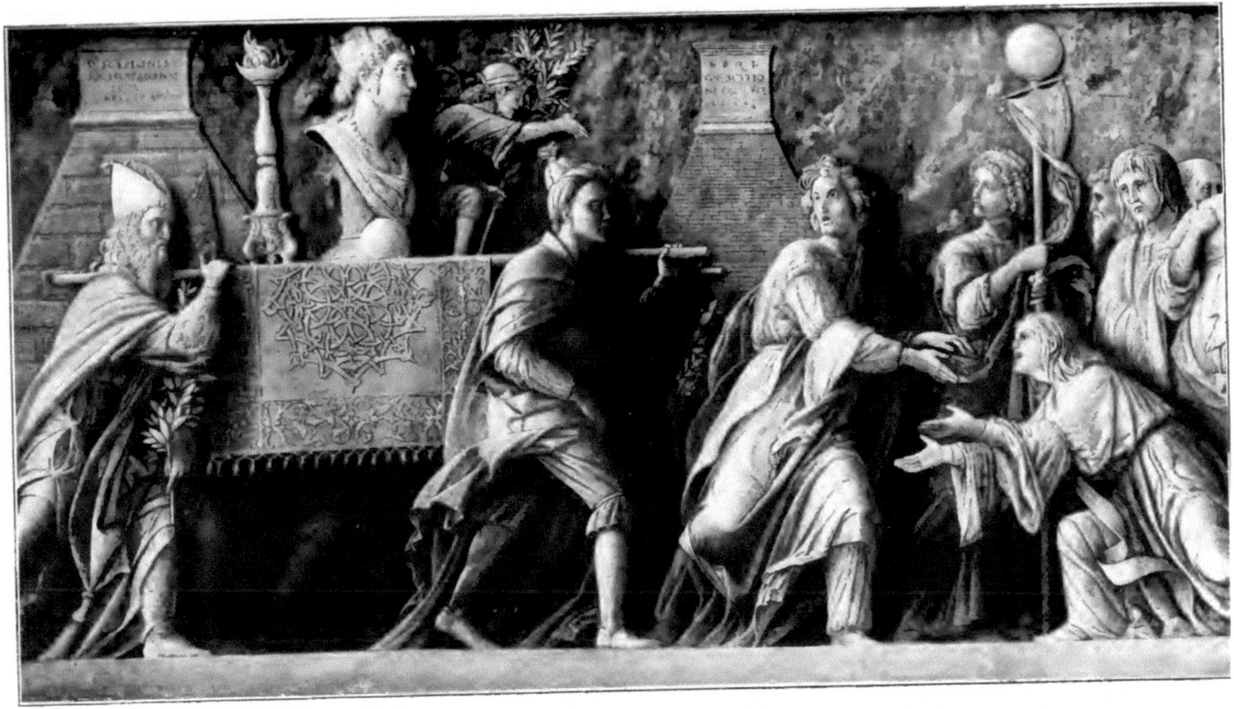

* London, Nationalgalerie

Der Triumph Scipios
(Ausschnitt)

The triumph of Scipio
(Detail)

Le triomphe de Scipion
(Détail)

Nach einer Aufnahme von Franz Hanfstaengl, München

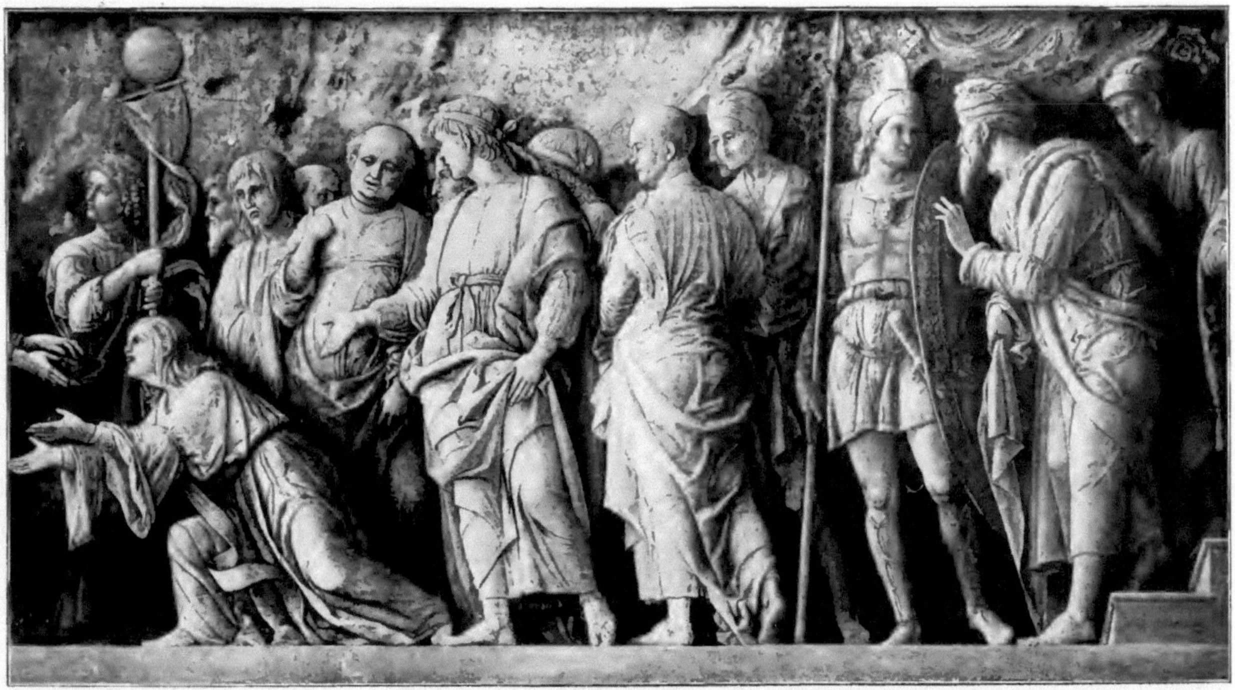

* London, Nationalgalerie

Der Triumph Scipios
(Ausschnitt)

The triumph of Scipio
(Detail

Le triomphe de Scipion
(Détail)

Nach einer Aufnahme von Franz Hanfstaengl, München

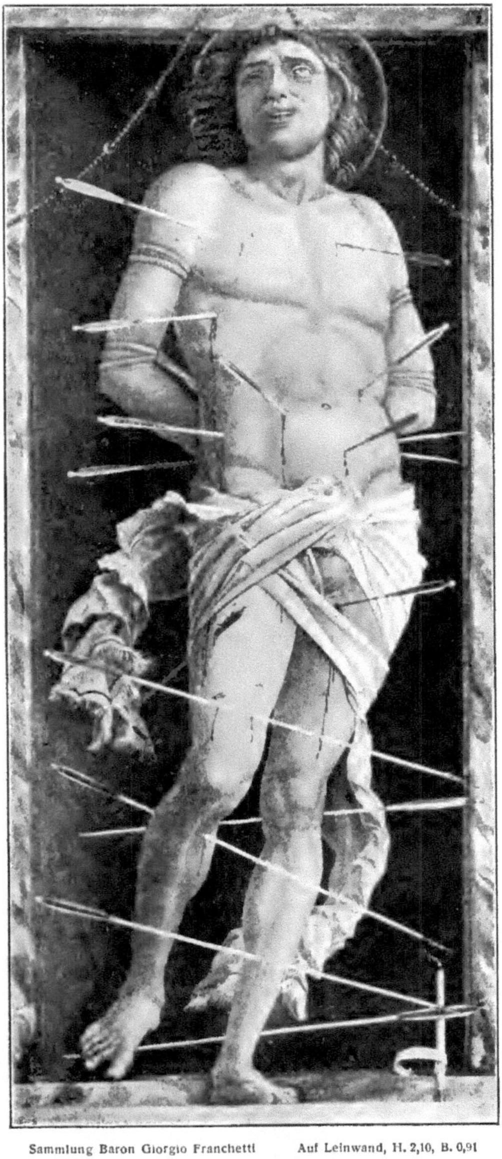

Sammlung Baron Giorgio Franchetti Auf Leinwand, H. 2,10, B. 0,91

Der heilige Sebastian

St. Sebastian 1505—1506 Saint Sébastien

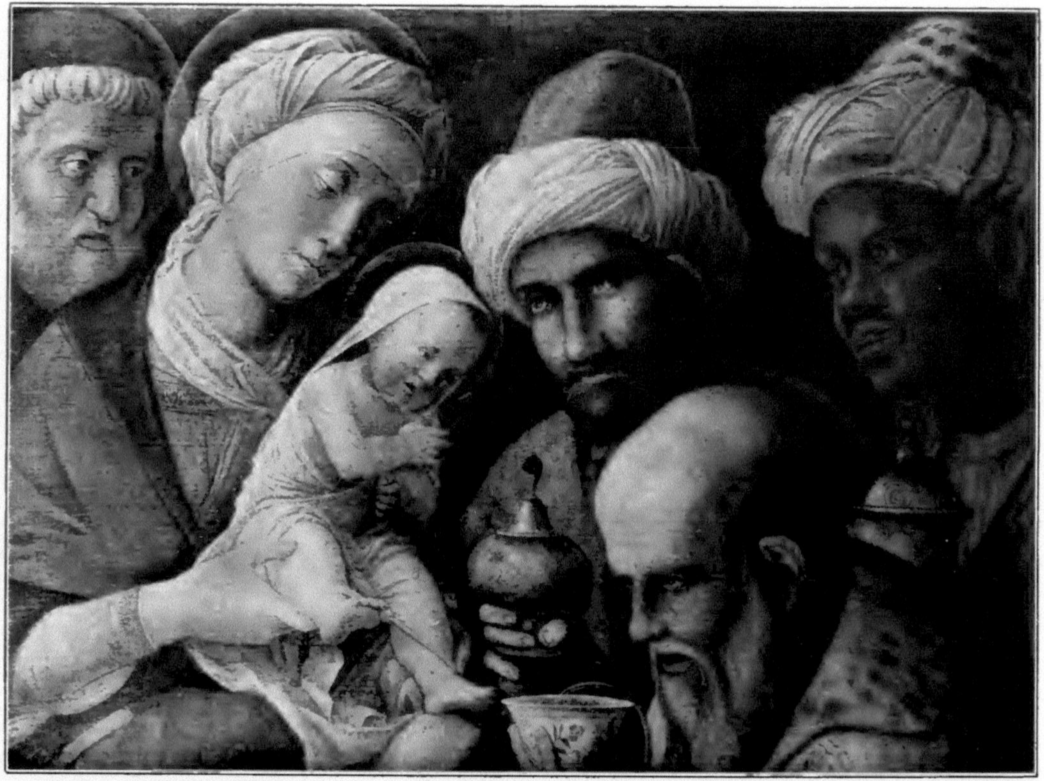

*(Früher) London, Lady Ashburton

Auf Leinwand, H. 0,485, B. 0,655

Die Anbetung der Könige

The magi adoring Christ
Workshop of Mantegna

Werkstatt Mantegnas
Nach 1505

L'adoration des rois
Atelier de Mantegna

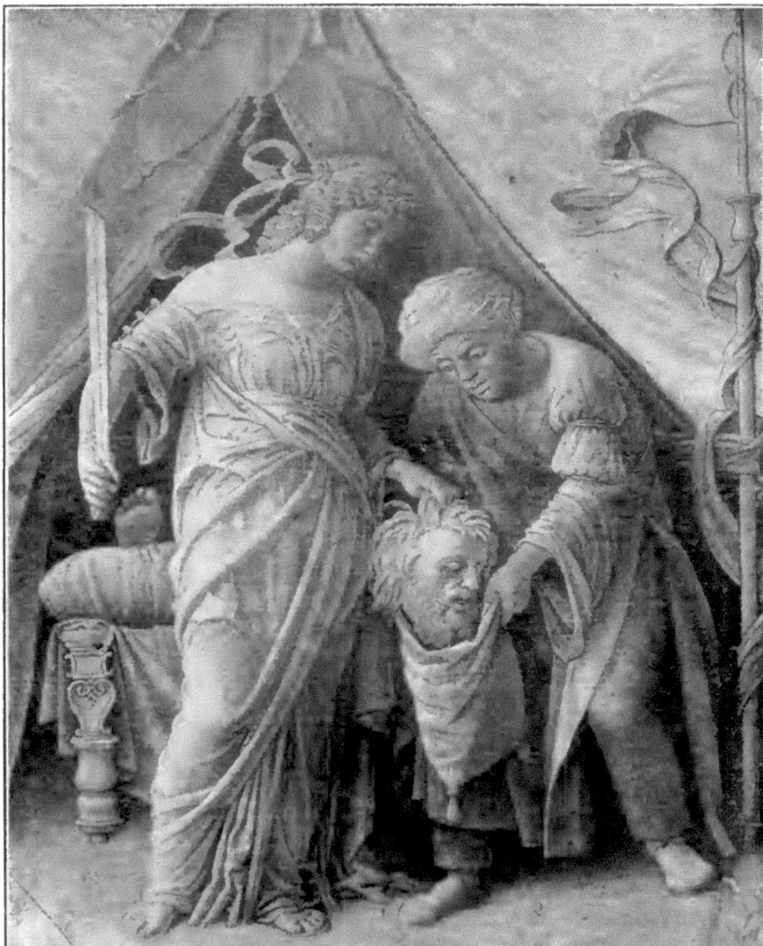

Dublin, National Gallery

Auf Leinwand, H. 0,46, B. 0,355

Judith
Werkstatt Mantegnas

Judith
Workshop of Mantegna

Judith
Atelier de Mantegna

Nach einer Aufnahme von Nollyer, Dublin

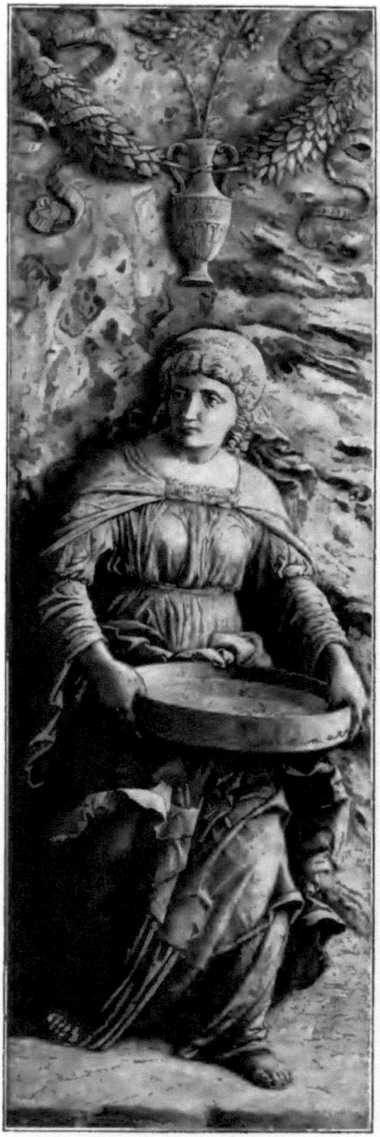

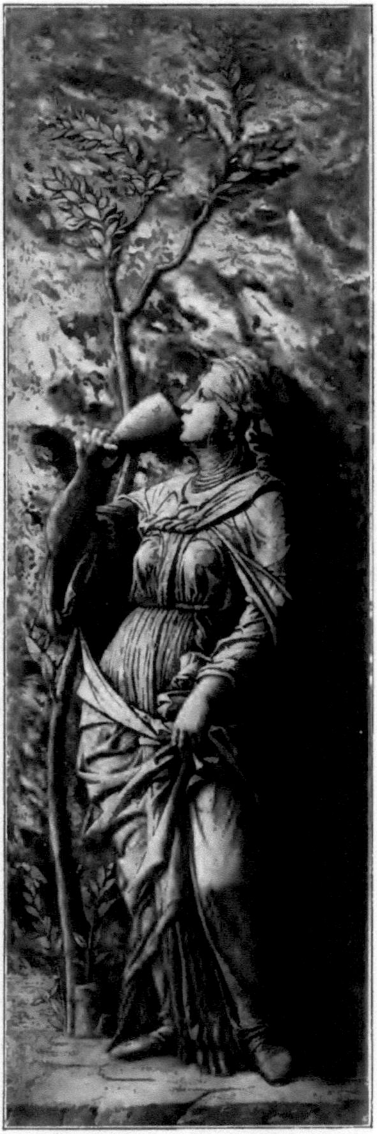

London, Nationalgalerie

Auf Leinwand je H. 0,72, B. 0,23

Sommer

Summer L'été

Workshop of Mantegna

Werkstatt Mantegnas

Herbst

Autumn L'automne

Atelier de Mantegna

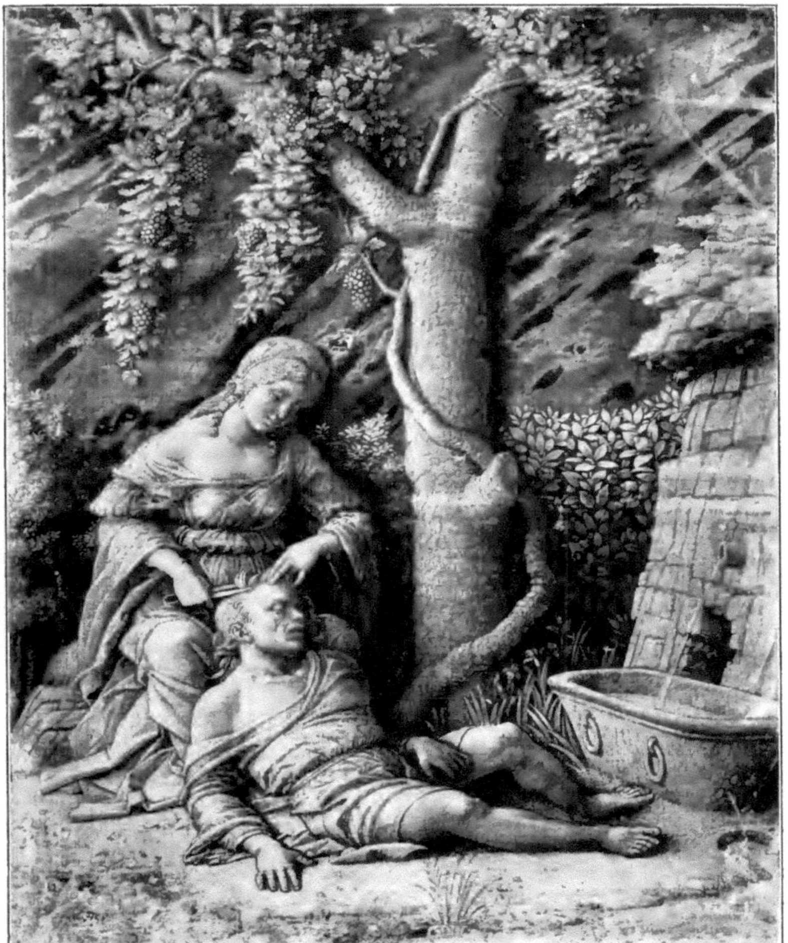

London, Nationalgalerie

Auf Leinwand, H. 0,465, B. 0,36

Simson und Delila
Werkstatt Mantegnas

Samson and Delilah
Workshop of Mantegna

Samson et Dalilah
Atelier de Mantegna

Nach einer Aufnahme von Franz Hanfstaengl, München

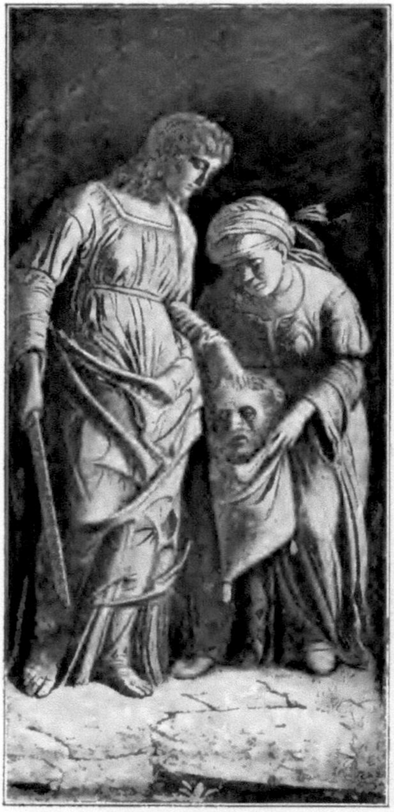

London, John Edward Taylor Auf Leinwand, H. 0,465, B. 0,30

Judith

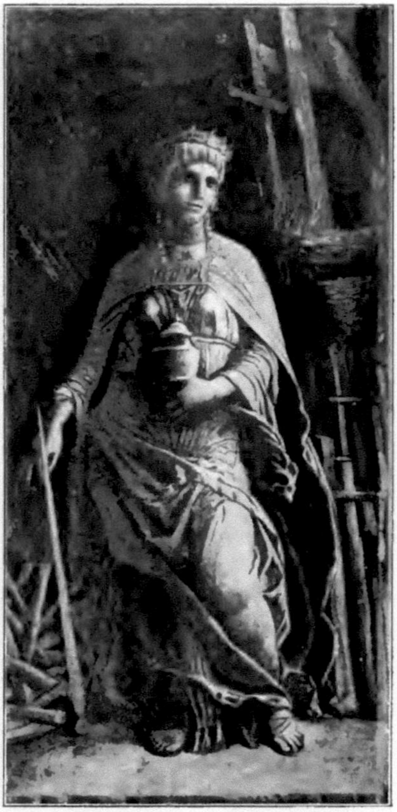

London, John Edward Taylor Auf Leinwand, H. 0,64, B. 0,30

Dido

Werkstatt Mantegnas

Judith Judith Dido Didon

Workshop of Mantegna Atelier de Mantegna

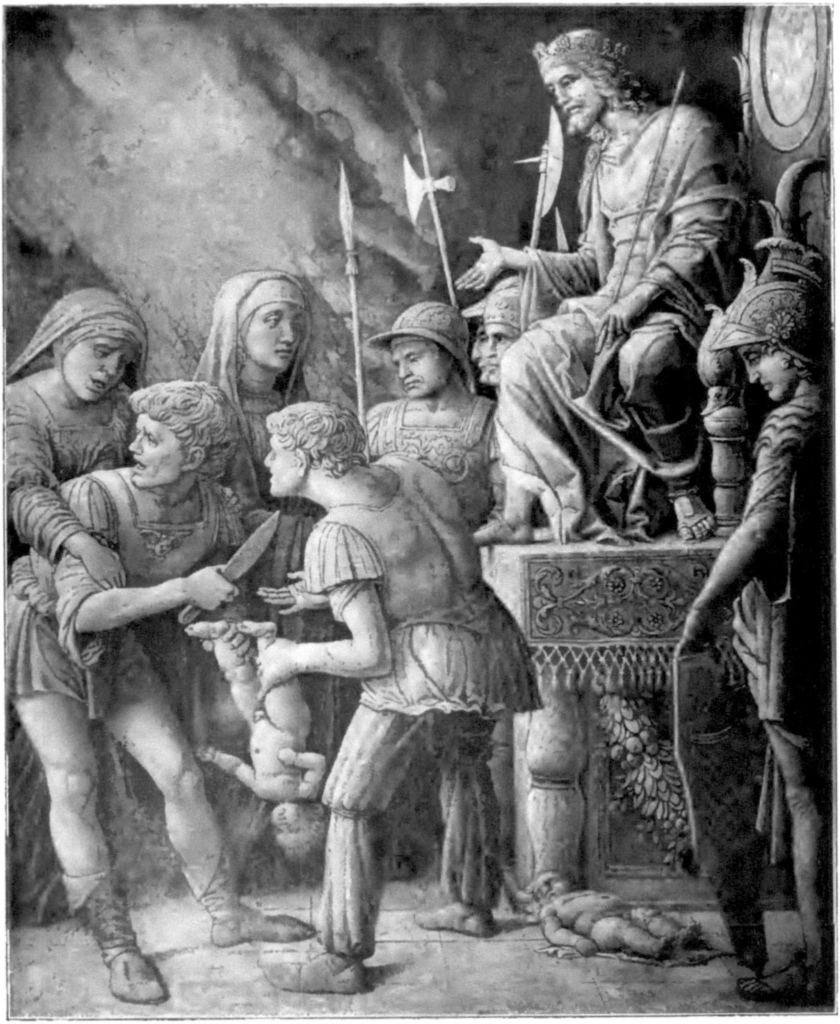

Paris, Louvre

Auf Leinwand, H. 0,465, B. 0,37

Das Urteil Salomos
Schule Mantegnas

The judgment of Salomon
School of Mantegna

Le jugement de Salomon
Ecole Mantegna

Nach einer Aufnahme von Braun, Clément & Cie., Dornach (Elsass)

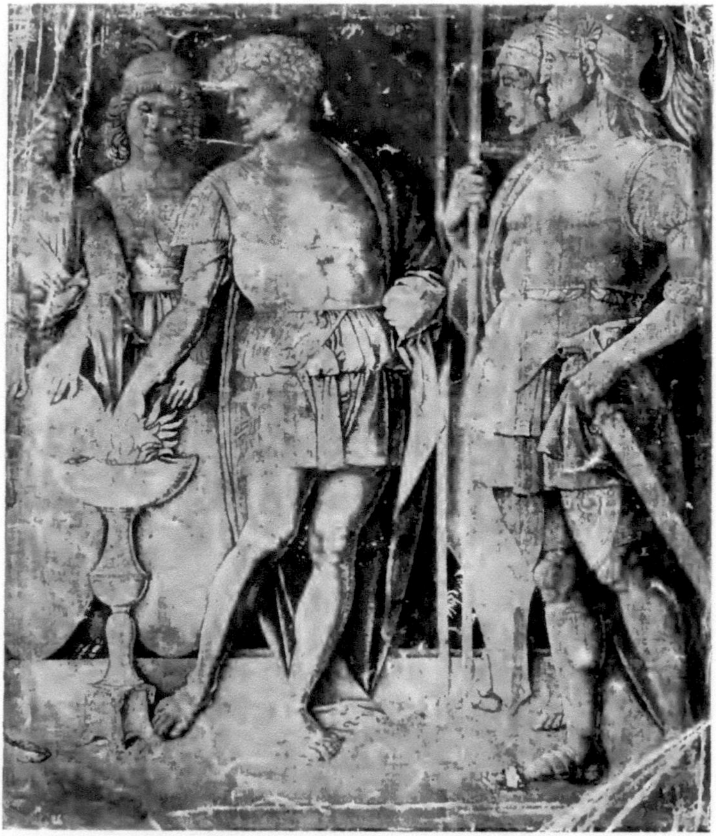

München, Kgl. Graphische Sammlung

Auf Leinwand, H. 0,408, B. 0,34

Mucius Scaevola
Schule Mantegnas

Mucius Scaevola
School of Mantegna

Mucius Scaevola
Ecole Mantegna

KUPFERSTICHE

ENGRAVINGS CUT ON COPPER

GRAVURES EN TAILLE-DOUCE

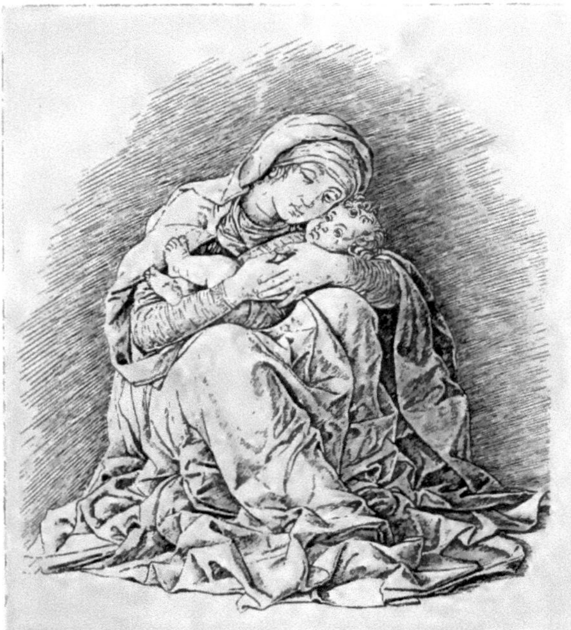

H. 0,230, B. 0,235

Madonna mit dem Kinde

B. 8

Madonna and child

La Vierge avec l'Enfant

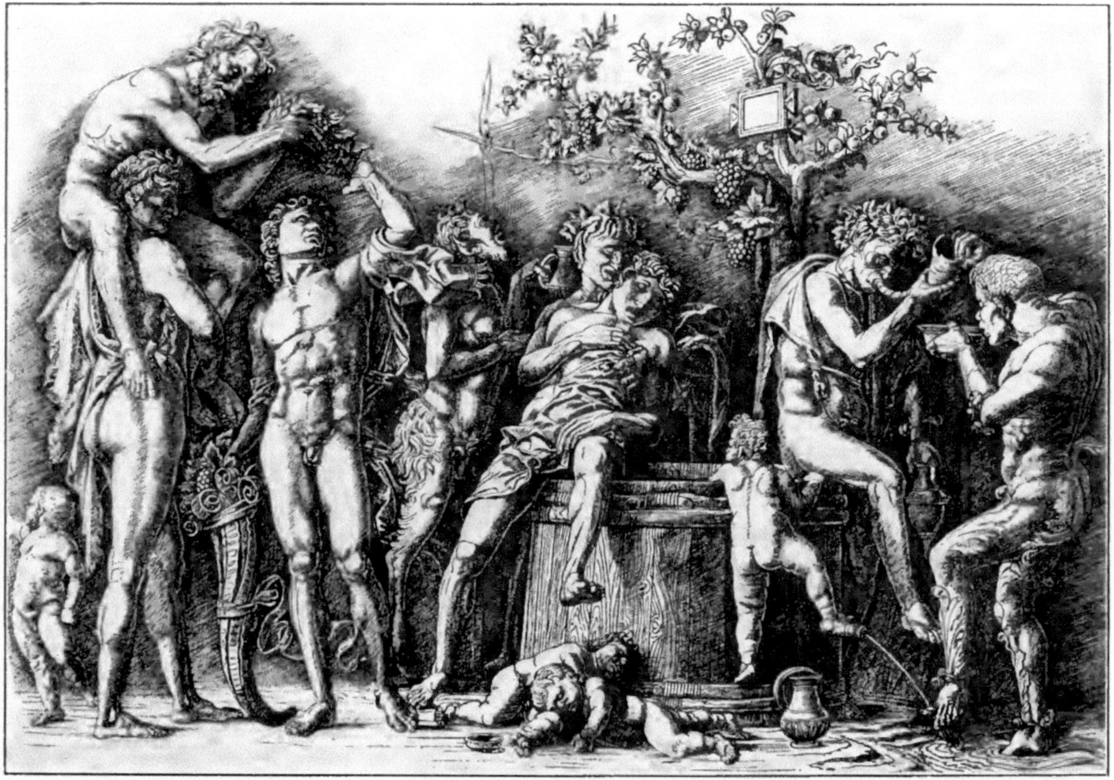

H. 0,295, B. 0,430

Das Bacchanal bei der Kufe

The bacchanal by the coop — B. 19 — La bacchanale au pressoir

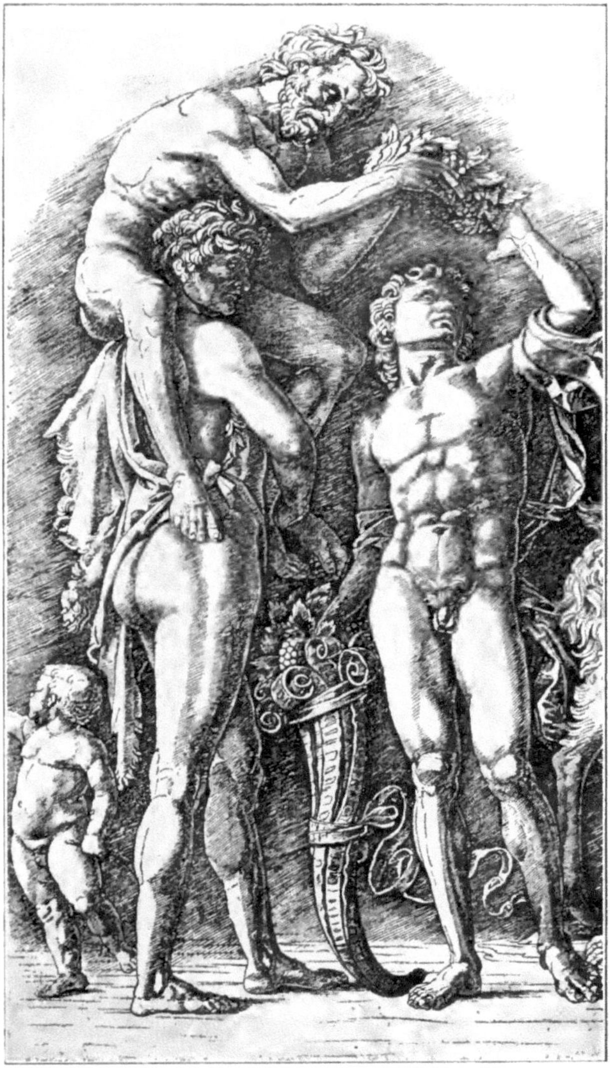

Ausschnitt aus dem Bacchanal bei der Kufe

The bacchanal by the coop (Detail) — B. 19 — Bacchanale au pressoir (Détail)

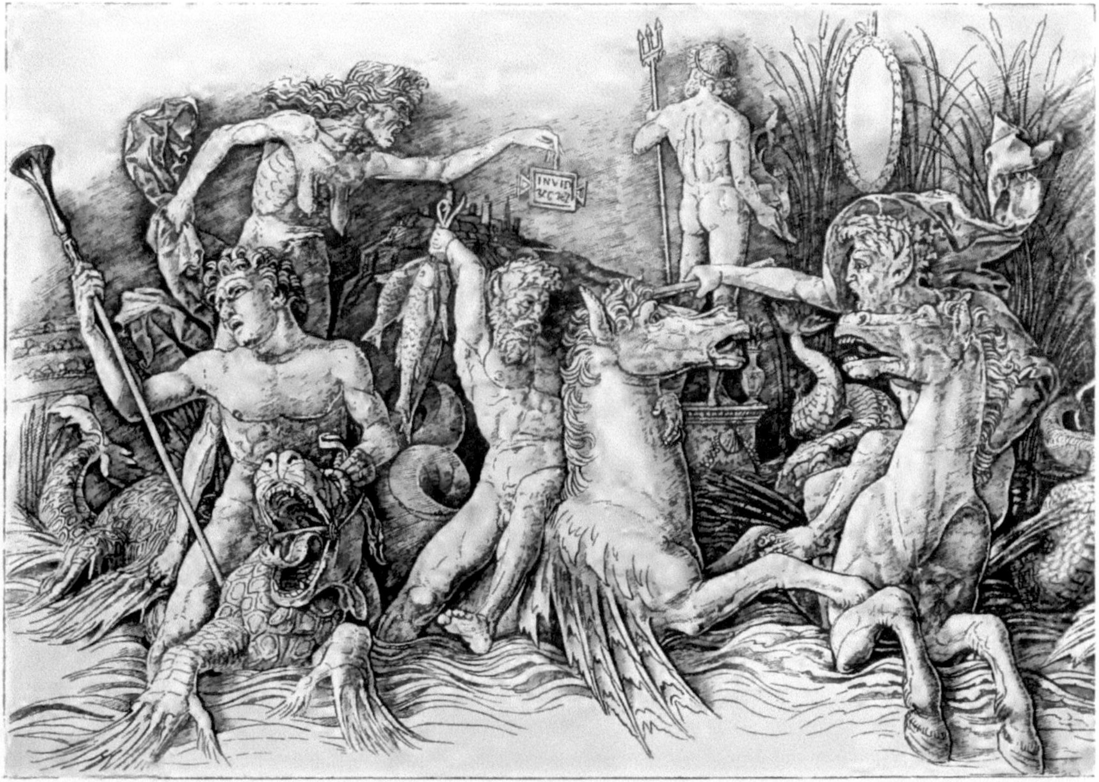

H. 0,328, B. 0,440

Der Kampf der Tritonen

The combat of tritons

B. 17

Le combat des tritons

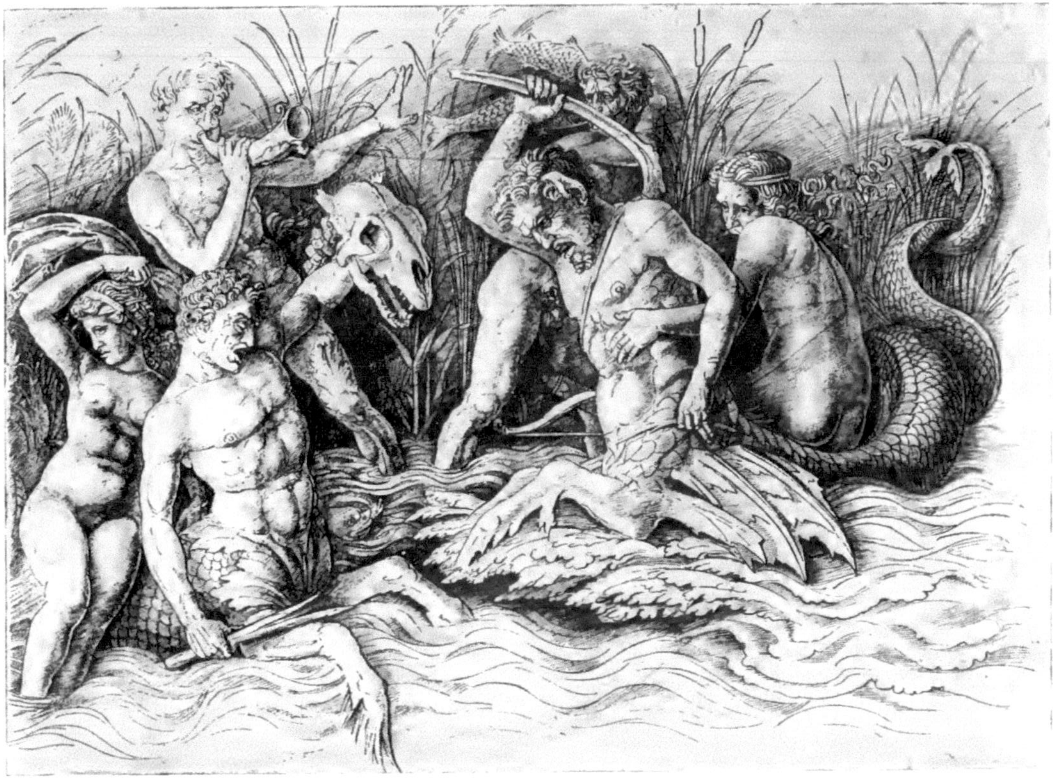

H. 0,328, B. 0,440

Der Kampf mit den Seezentauren

The combat against sea-centaurs B. 18 Le combat contre les centaures de mer

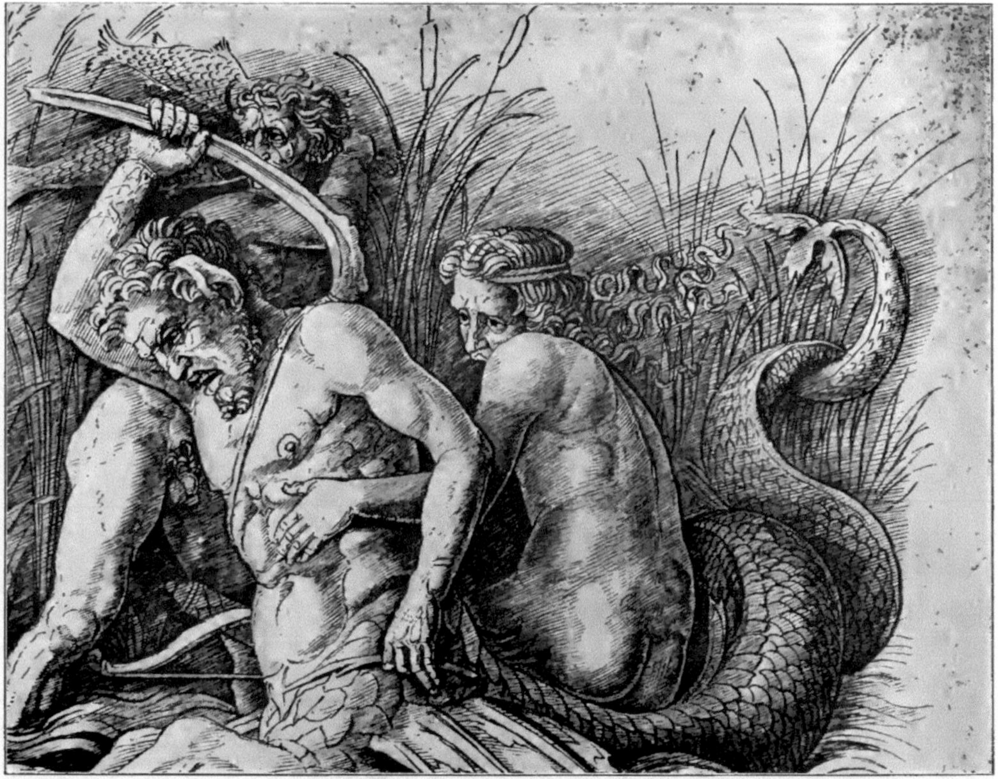

Ausschnitt aus dem Kampf mit den Seezentauren

The combat against sea-centaurs (Detail) — B. 18 — Le combat contre les centaures de mer (Détail)

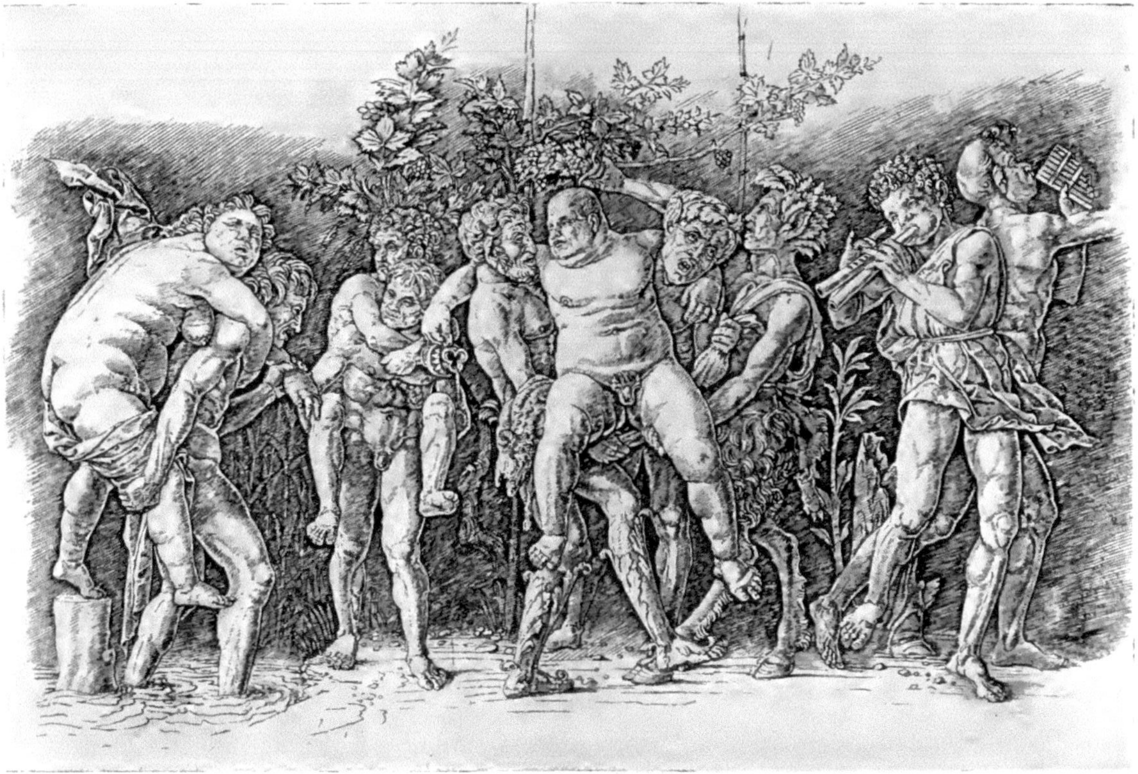

H. 0,288, B. 0,443

Das Bacchanal mit Silen

B. 20

The bacchanal with Silenus

La bacchanale avec Silène

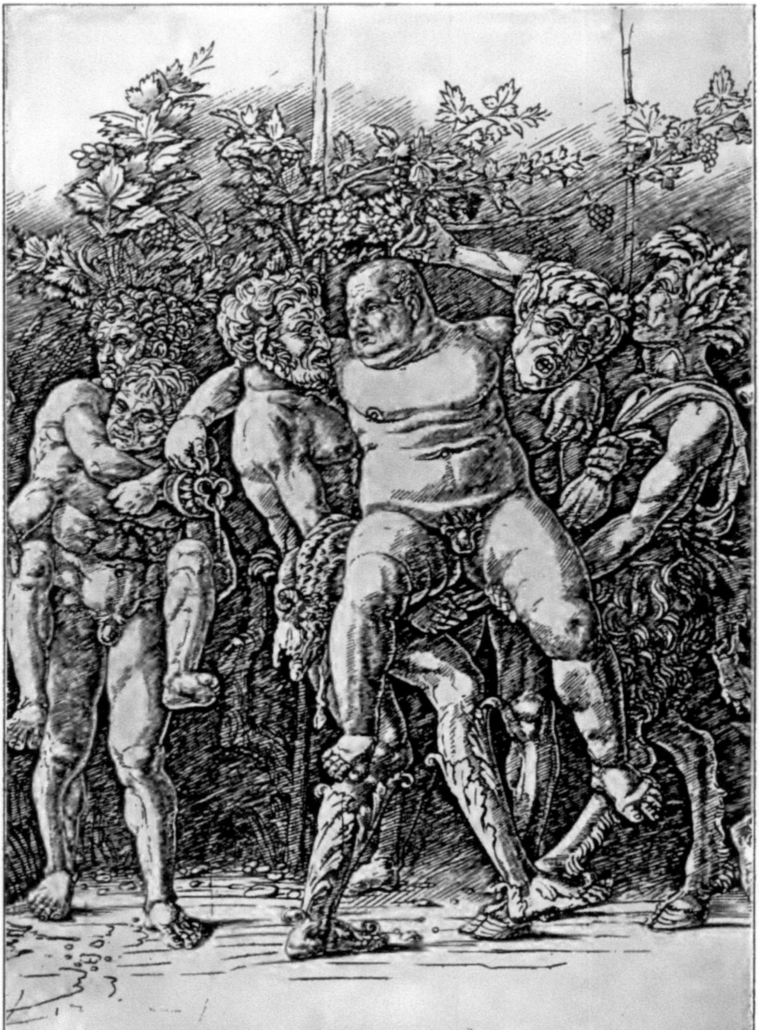

Ausschnitt aus dem Bacchanal mit Silen

The bacchanal with Silenus (Detail) B. 20 Bacchanale avec Silène (Détail)

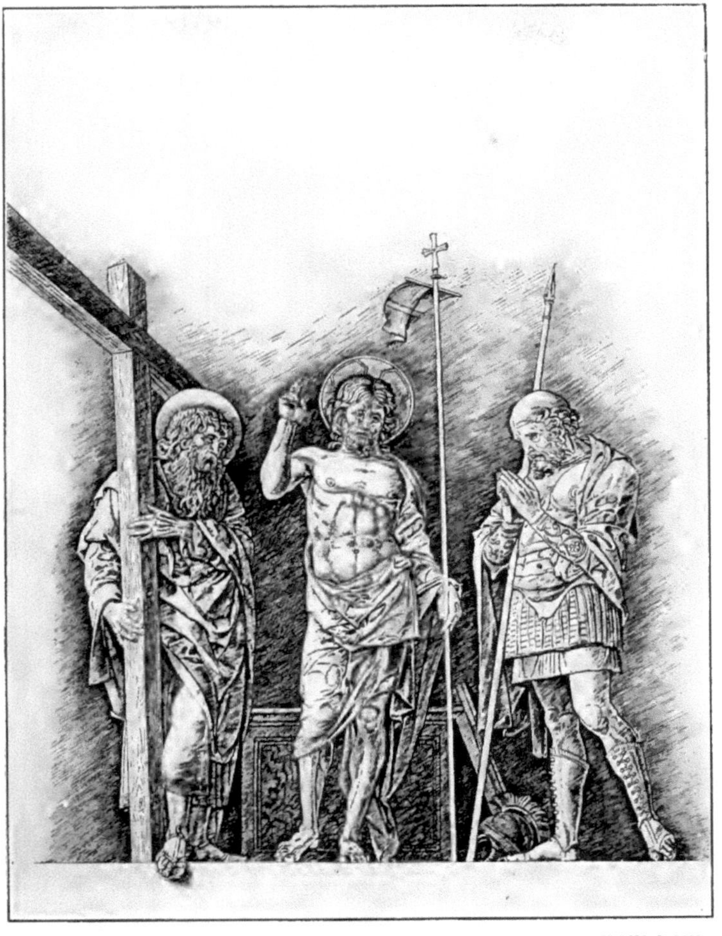

H. 0,330, B. 0,325

Der auferstandene Christus zwischen Andreas und Longinus

B. 6

The risen Christ with Andrew and Longinus

Le Christ ressuscité parmi André et Longinus

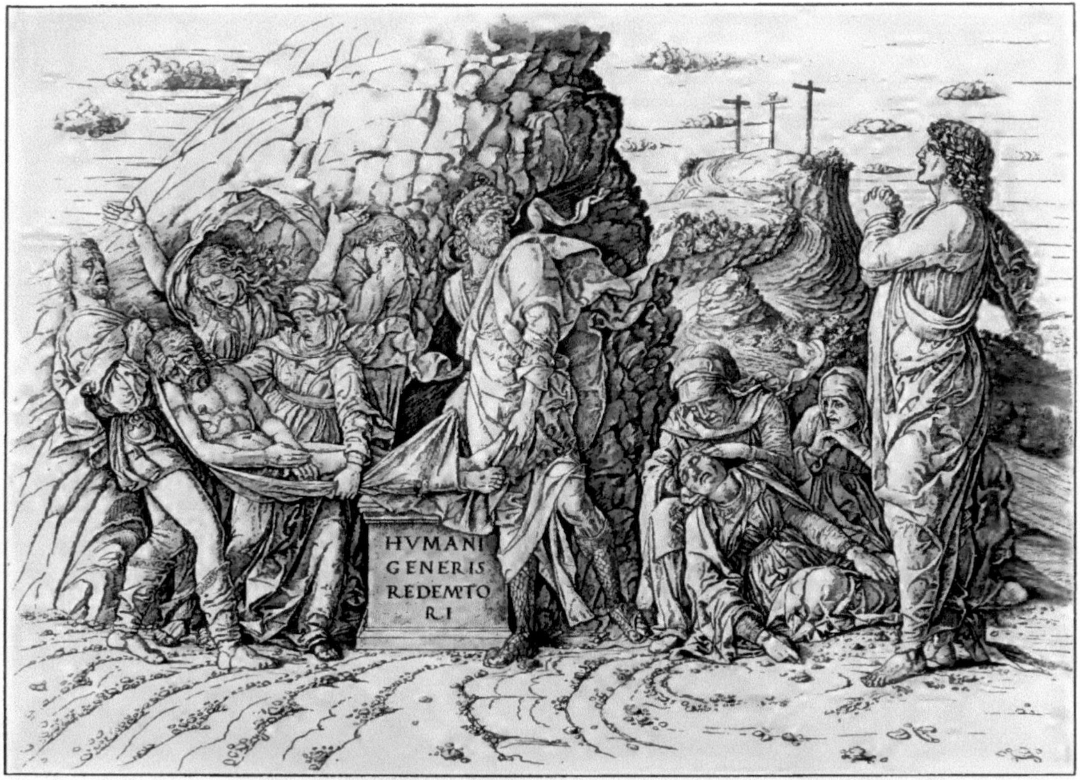

H. 0,305, B. 0,440

Die Grablegung Christi

The sepulture of Christ — B. 3 — La sépulture du Christ

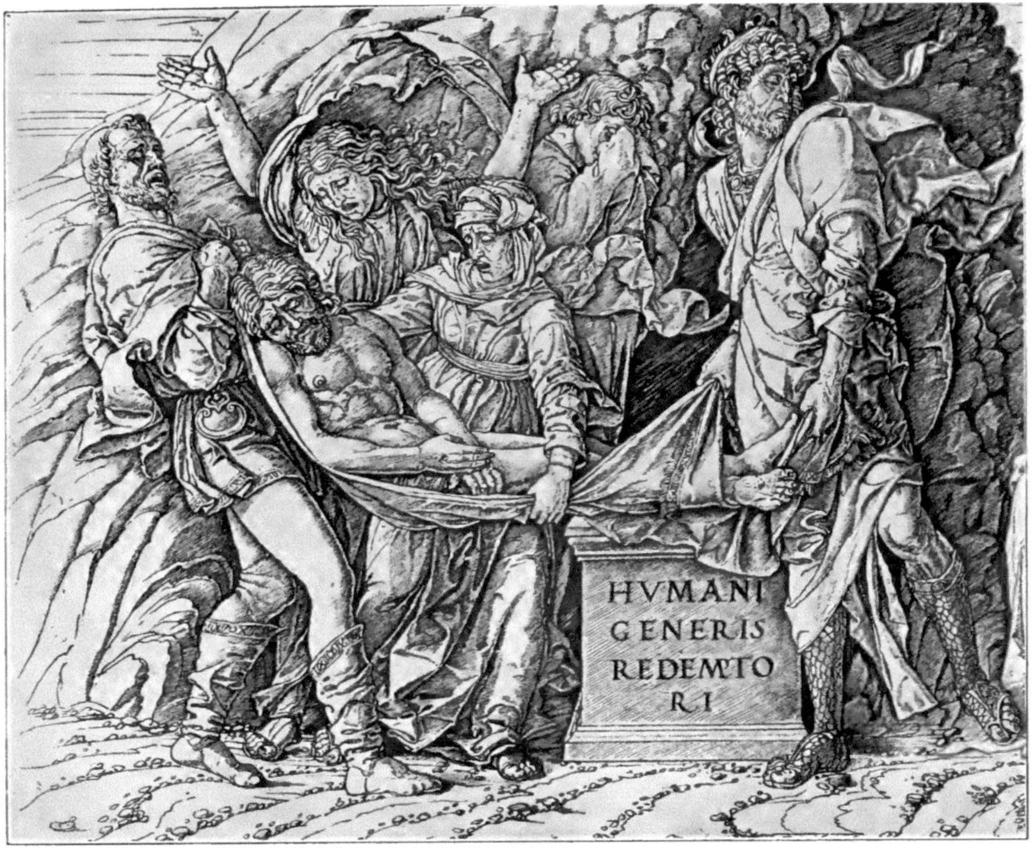

Ausschnitt aus der Grablegung Christi
B. 3

The sepulture of Christ
(Detail)

La sépulture du Christ
(Détail)

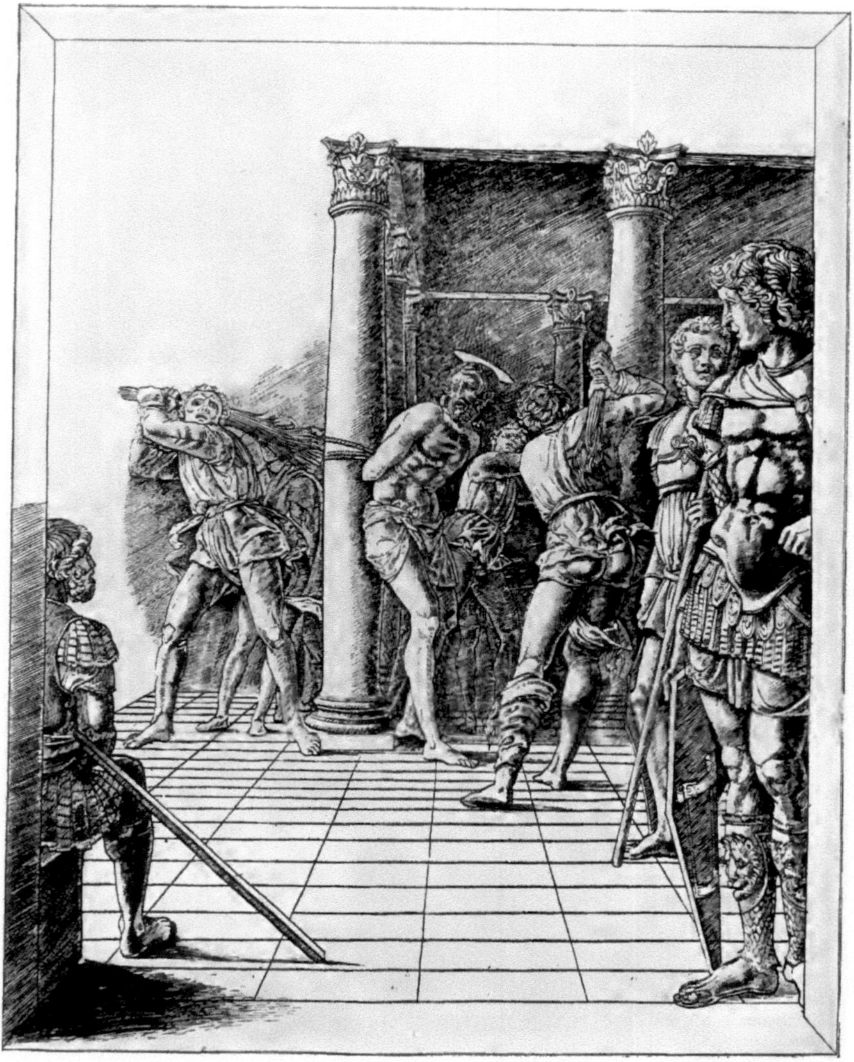

H. 0,375, B. 0,292

Die Geisselung Christi
B. 1
Werkstatt Mantegnas

The flagellation of Christ
Workshop of Mantegna

La flagellation du Christ
Atelier de Mantegna

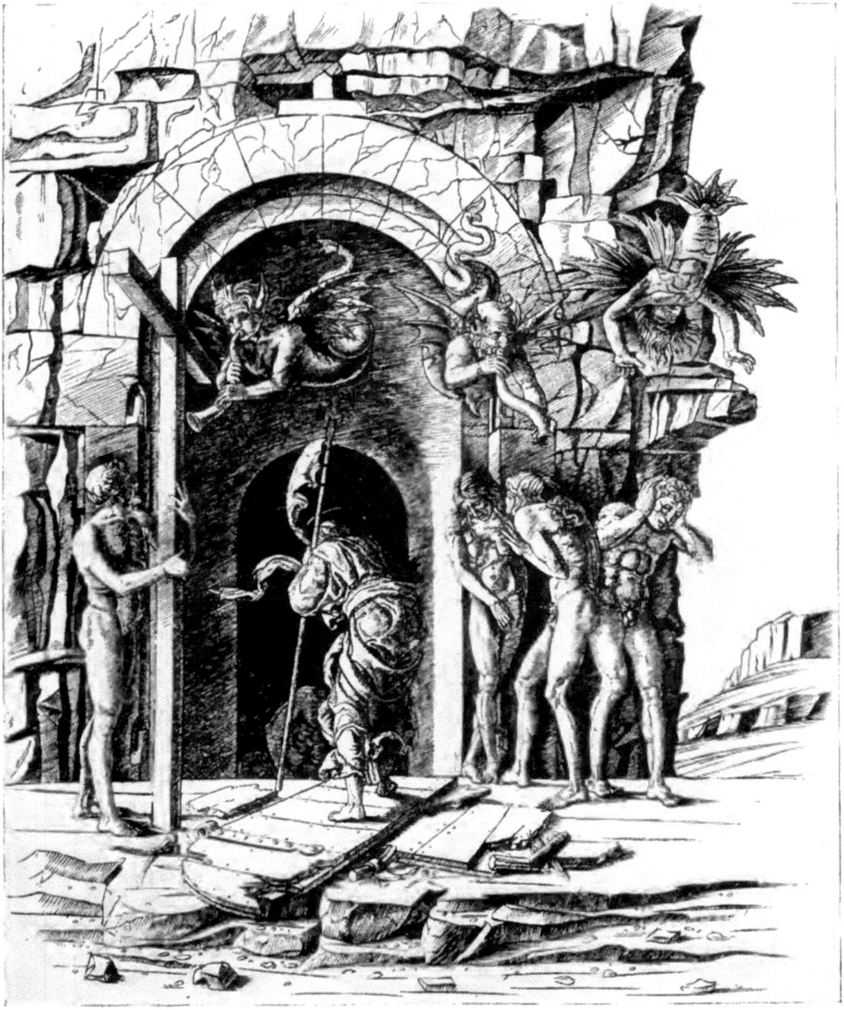

H. 0,426, B. 0,343

Christus in der Vorhölle
B. 5
Werkstatt Mantegnas

Christ in the limbus
Workshop of Mantegna

Le Christ aux limbes
Atelier de Mantegna

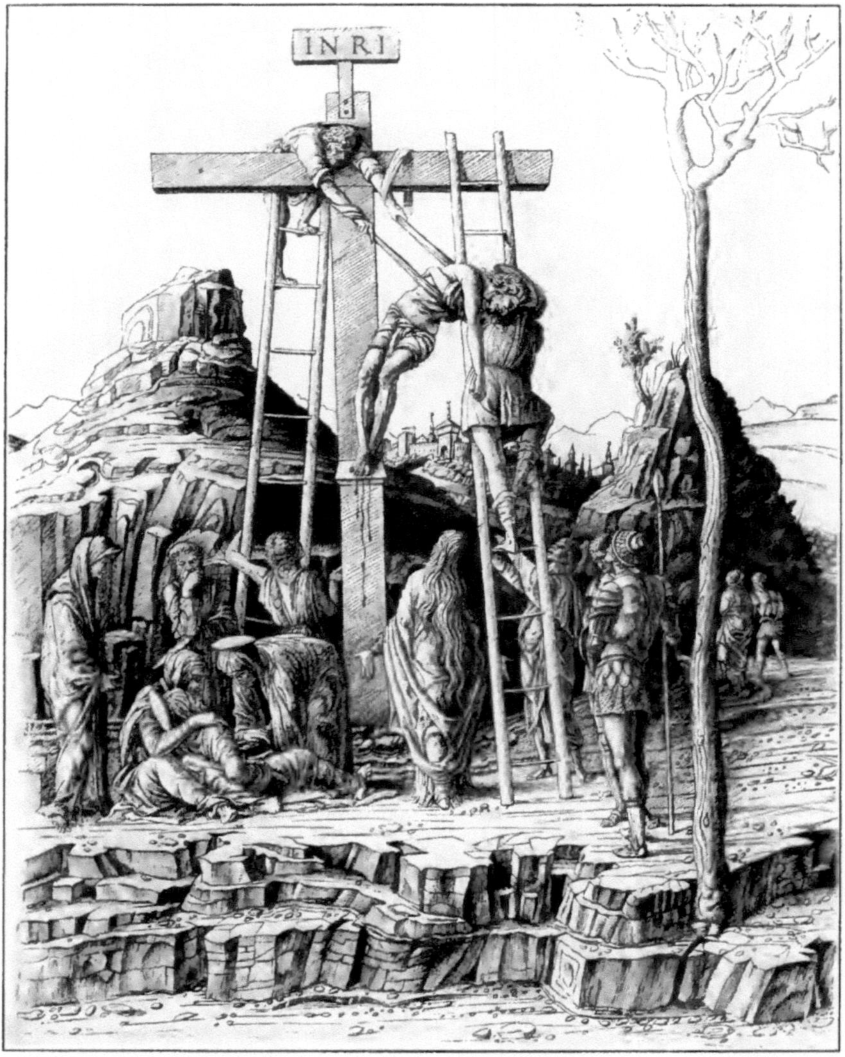

H. 0,450, B. 0,355

Die Kreuzabnahme
B. 4
Werkstatt Mantegnas

Christ taken down from the cross
Workshop of Mantegna

La descente de la croix
Atelier de Mantegna

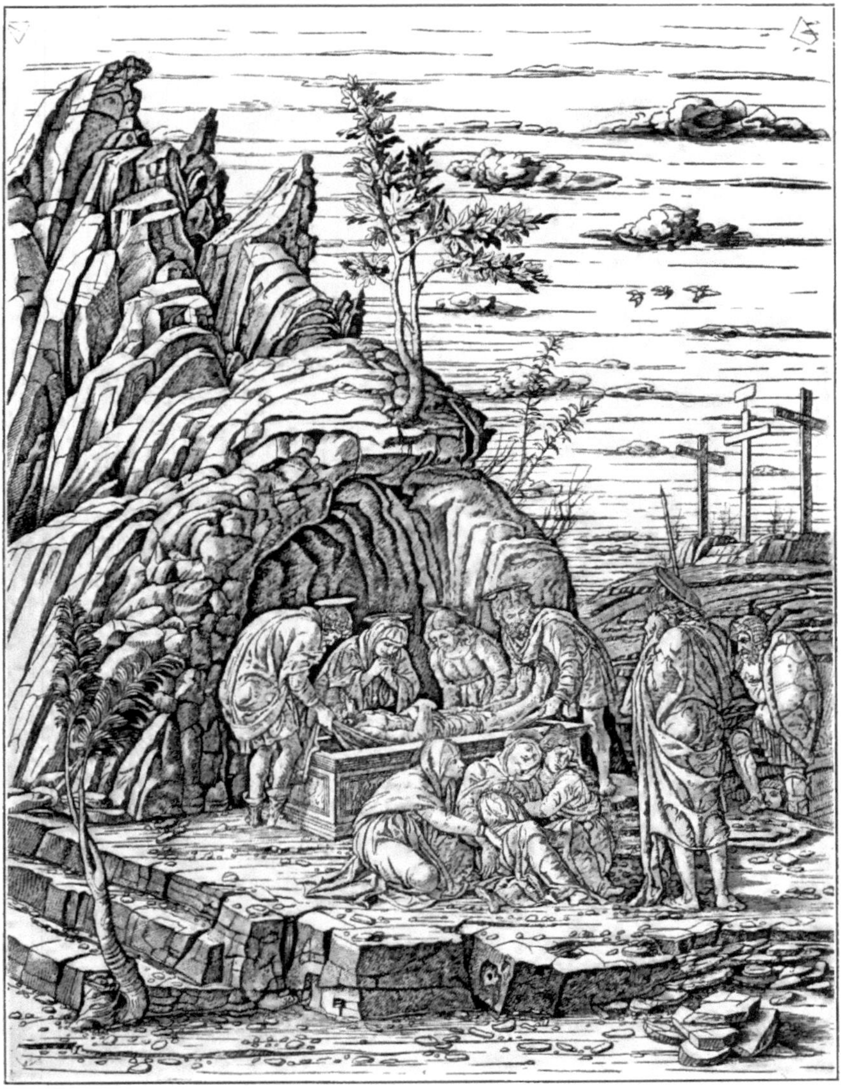

H. 0,465, B. 0,360

Die Grablegung Christi
B. 2
Werkstatt Mantegnas

The sepulture of Christ
Workshop of Mantegna

La sépulture du Christ
Atelier de Mantegna

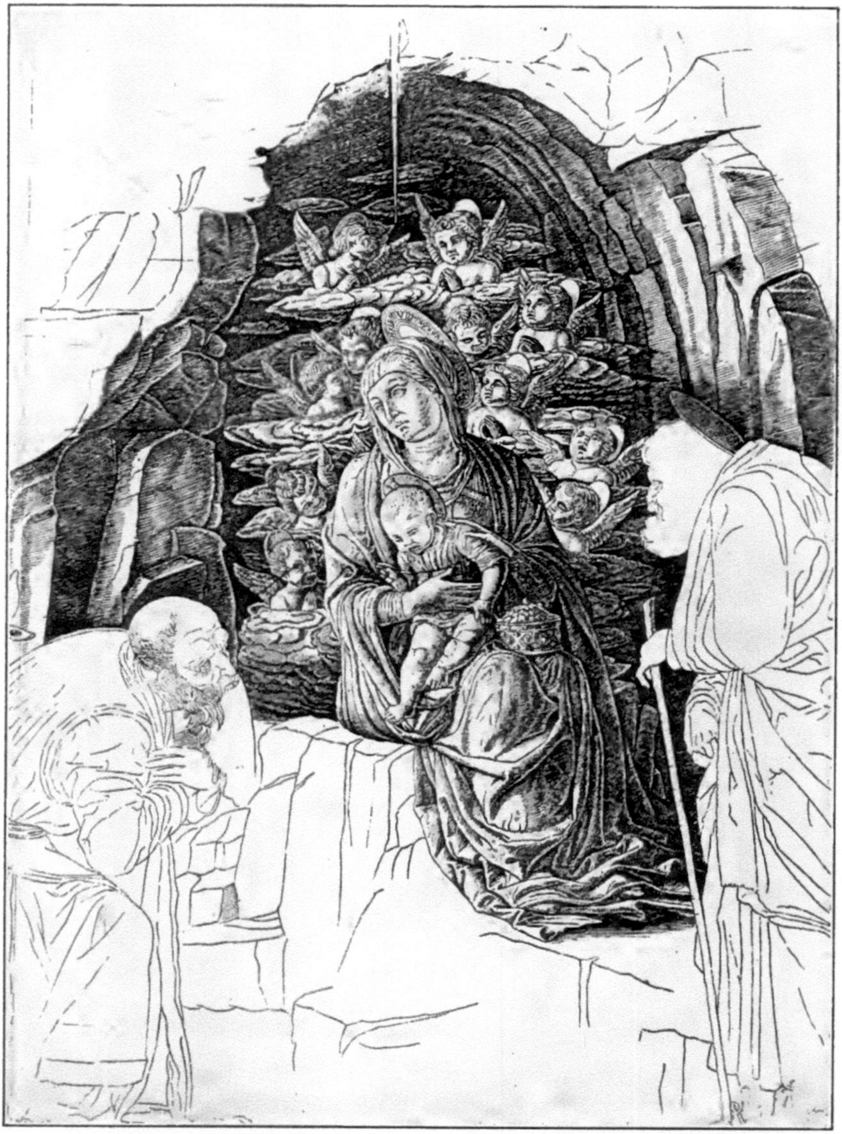

H. 0,390, B. 0,282

Die Anbetung der heiligen drei Könige (Tafel 95)
B. 9

The three magi adoring Christ
After Mantegna

Nach Mantegna

L'adoration des rois
D'après Mantegna

ANHANG

ZWEIFELHAFTE ODER FÄLSCHLICHERWEISE ZUGESCHRIEBENE WERKE

SUPPLEMENT

WORKS, WHICH ARE DOUBTFUL OR FALSELY ATTRIBUTED TO THE ARTIST

SUPPLÉMENT

ŒUVRES DOUTEUSES OU NON AUTHENTIQUES

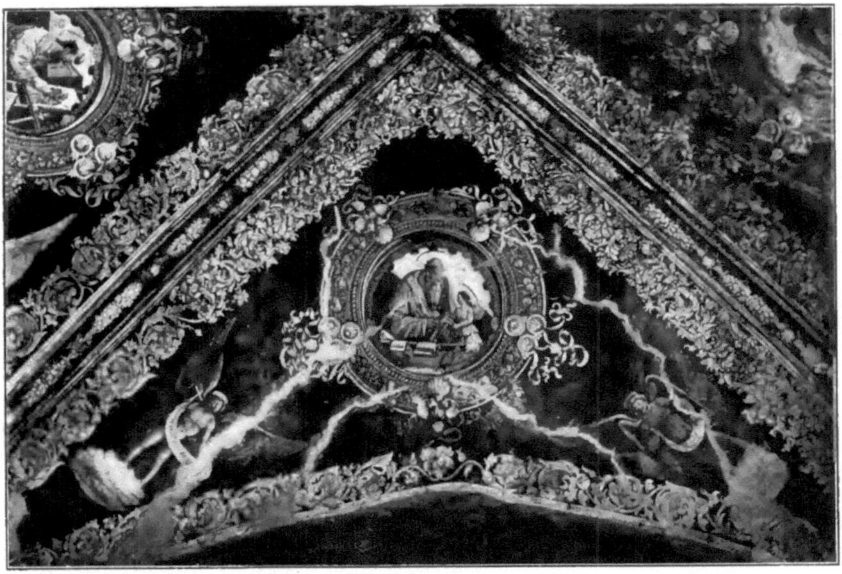

*Padua, Eremitanikirche

Deckenfresko

Der Evangelist Matthäus

St. Matthew

Saint Mathieu

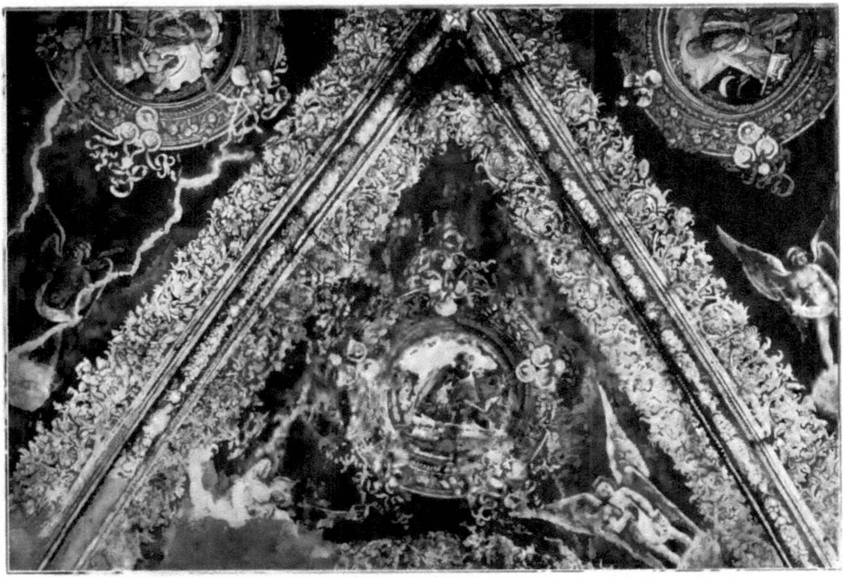

*Padua, Eremitanikirche

Deckenfresko

Der Evangelist Markus

Von Giovanni d'Allemagna, Antonio da Murano und Nicolo Pizolo

St. Marc

Saint Marc

Nach einer Aufnahme von D. Anderson, Rom

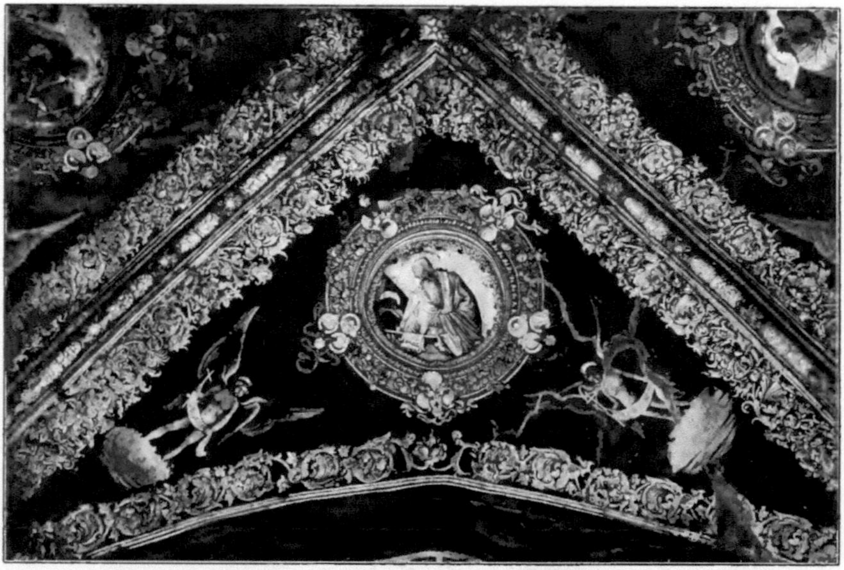

*Padua, Eremitanikirche — Deckenfresko

Der Evangelist Johannes

St. John — Saint Jean

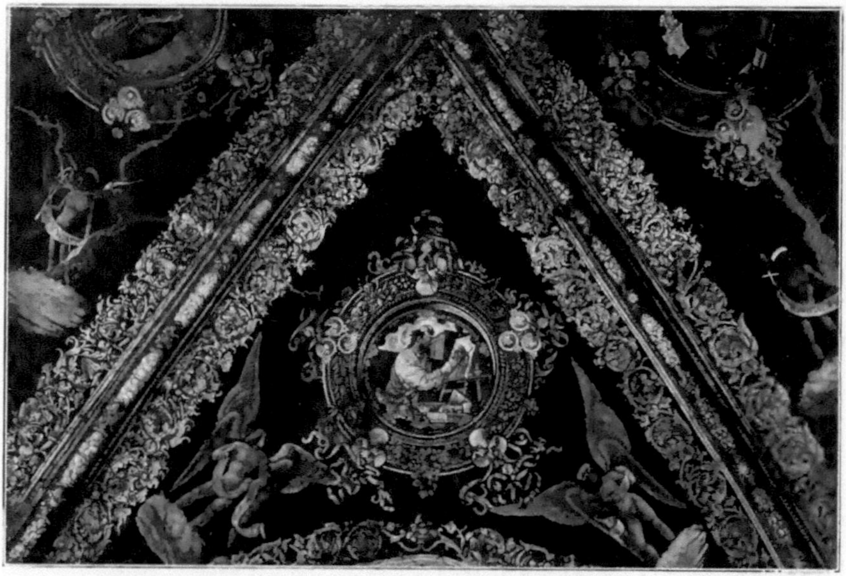

*Padua, Eremitanikirche — Deckenfresko

Der Evangelist Lukas

Von Giovanni d'Allemagna, Antonio da Murano und Nicolo Pizolo

St. Lucas — Saint Luc

Nach einer Aufnahme von D. Anderson, Rom

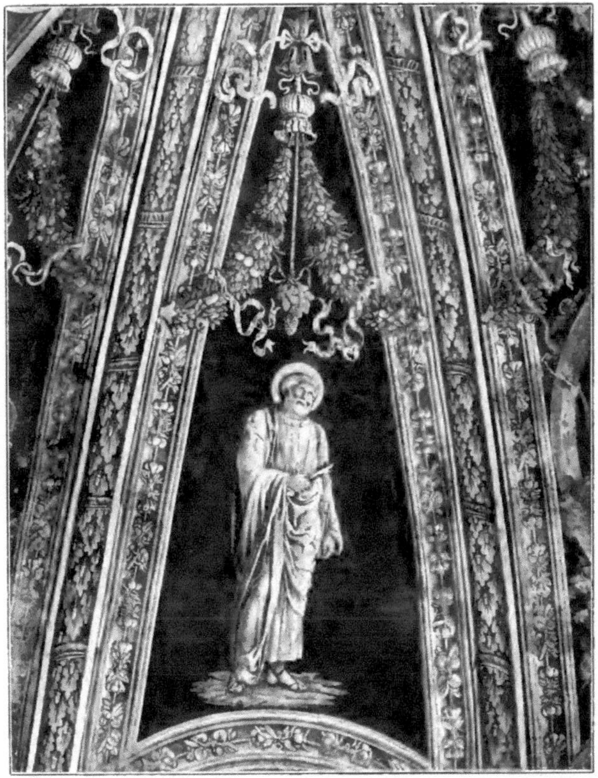

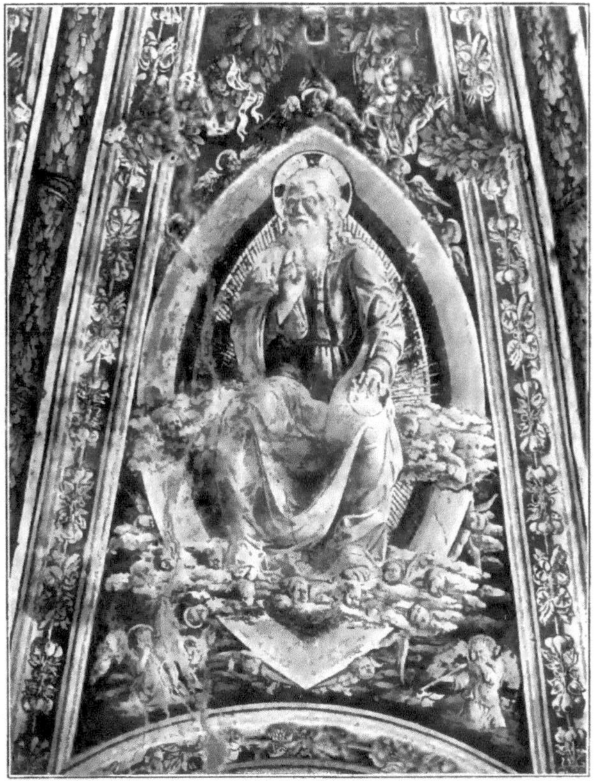

*Padua, Eremitanikirche

Fresken der Apsis

Der heilige Petrus

Gott-Vater

Von Nicolo Pizolo

St. Peter — Saint Pierre

God, the father — Dieu le père

Nach einer Aufnahme von D. Anderson, Rom

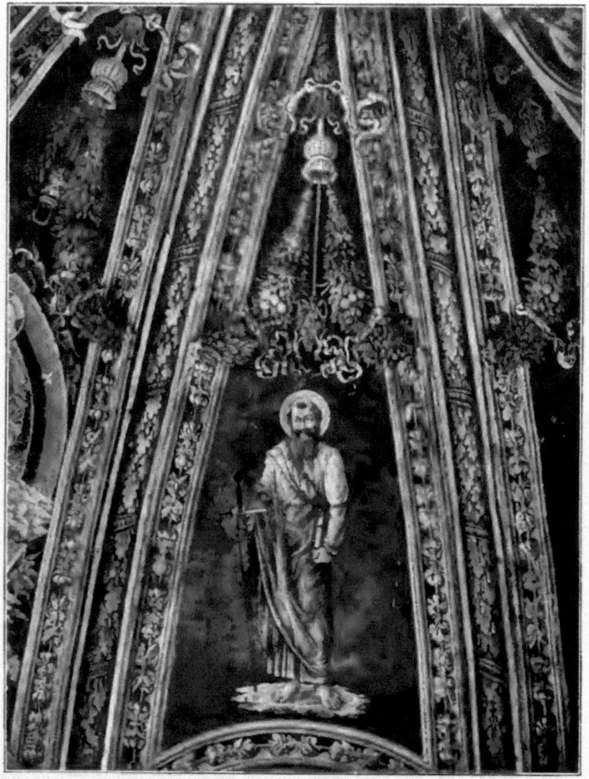

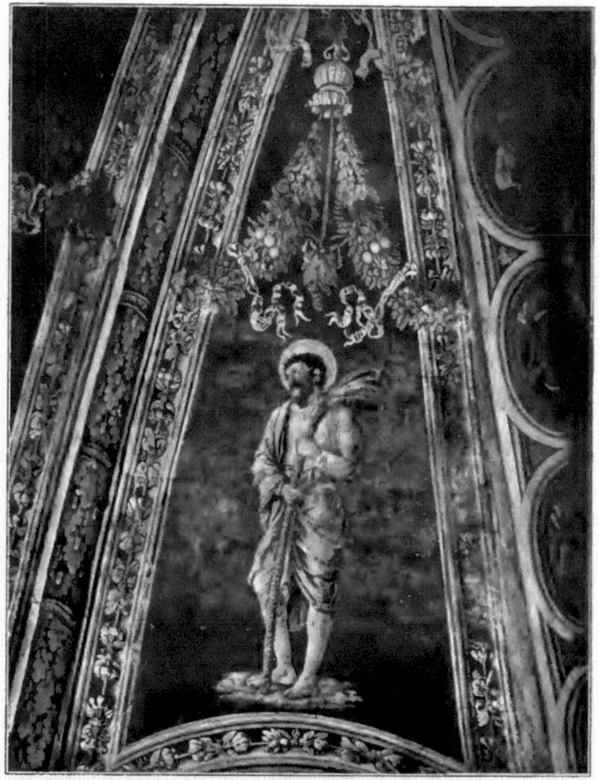

*Padua, Eremitanikirche

Fresken der Apsis

Der heilige Paulus

St. Paul

Saint Paul

Von Nicolo Pizolo

Der heilige Christoph

St. Christophe

Saint Christophe

Nach einer Aufnahme von D. Anderson, Rom

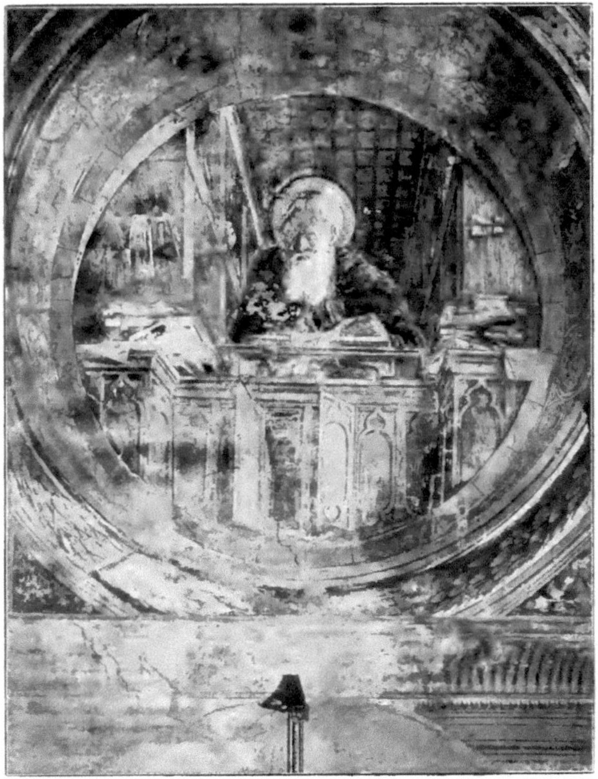

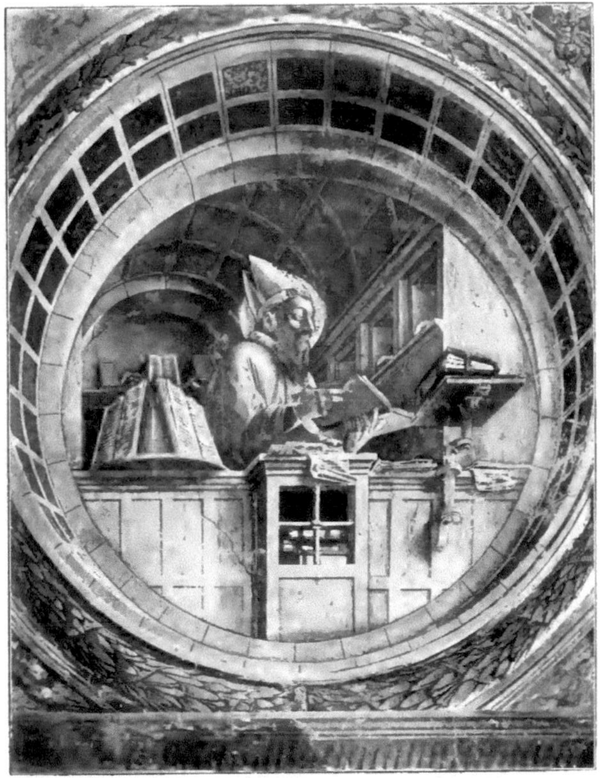

* Padua, Eremitanikirche — Fresken der Apsis

Der heilige Hieronymus — Der heilige Augustinus

Von Nicolo Pizolo

St. Hieronymus — Saint Jérôme — St. Augustin — Saint Augustin

Nach einer Aufnahme von D. Anderson, Rom

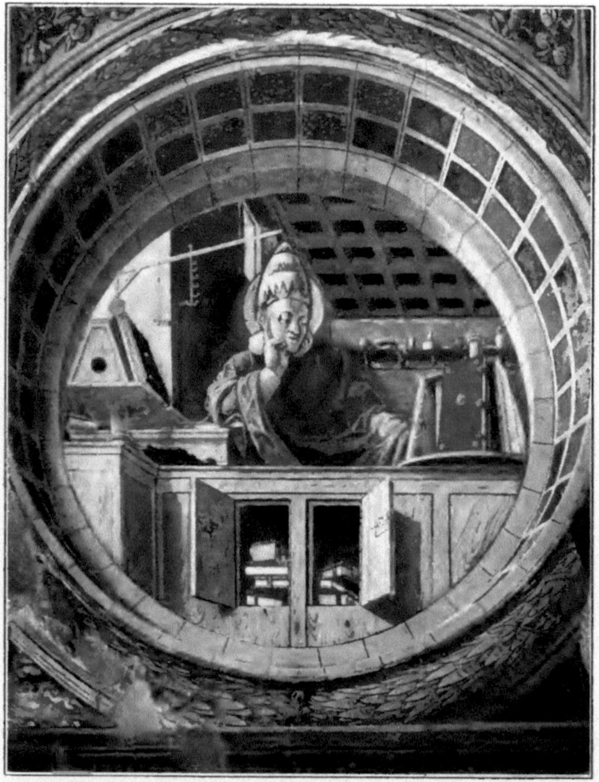

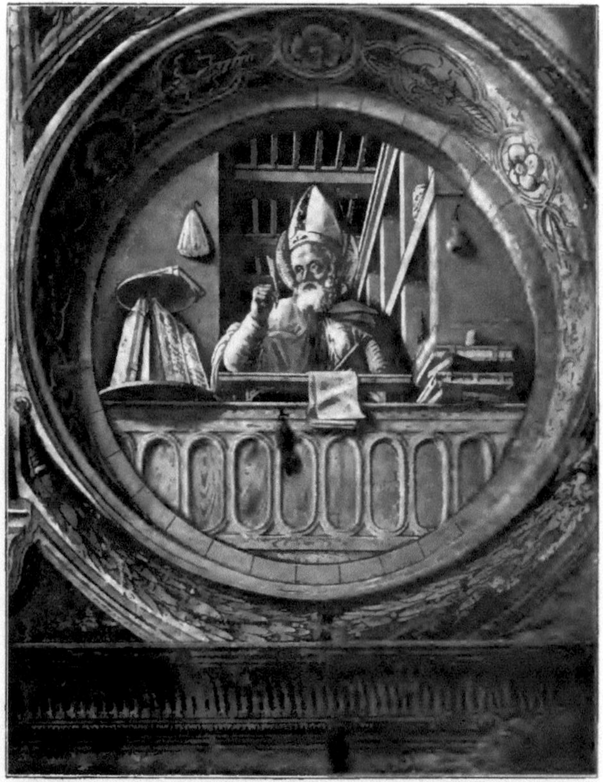

*Padua, Eremitanikirche

Fresken der Apsis

Der heilige Gregorius

Von Nicolo Pizolo

Der heilige Ambrosius

St. Gregorius — Saint Grégoire — St. Ambrosius — Saint Ambroise

Nach einer Aufnahme von D. Anderson, Rom

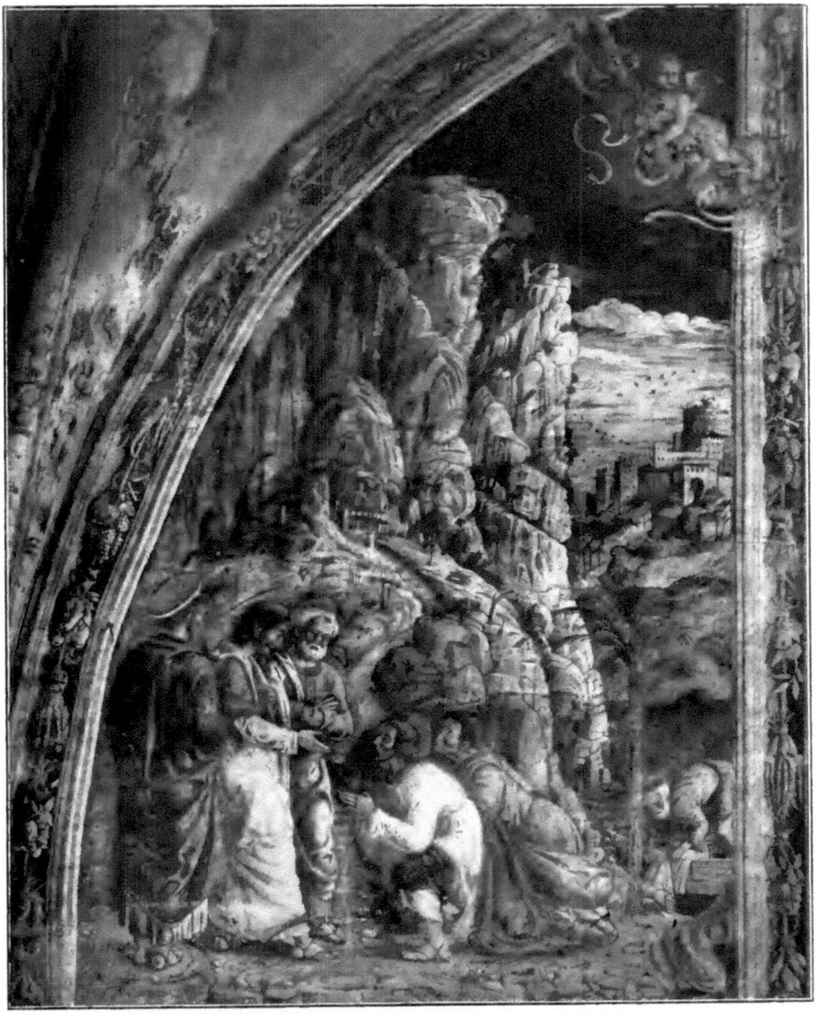

*Padua, Eremitanikirche

Fresko

Die Berufung der Söhne Zebedäi, Jakobus und Andreas

Mantegna, Frühwerk (?)

The calling of Jacob and Andrew, the sons of Zebedee

L'appel de Jacques et André, les fils de Zébédée

Nach einer Aufnahme von D. Anderson, Rom

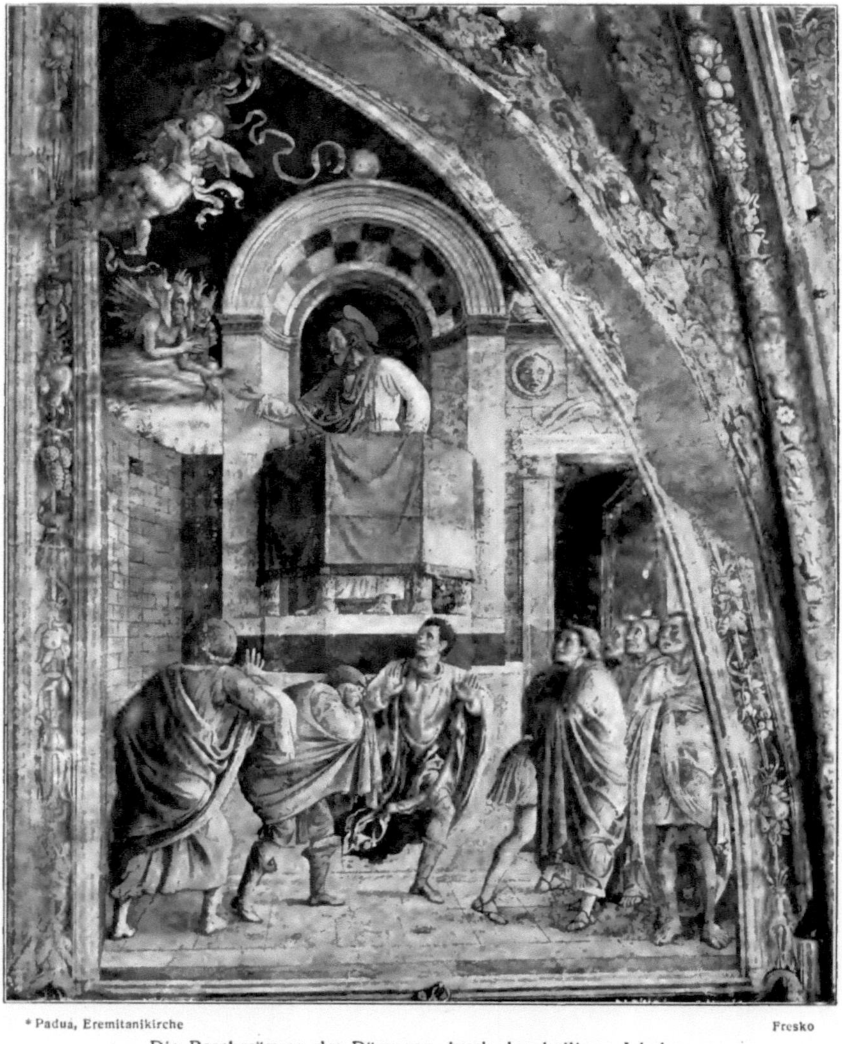

* Padua, Eremitanikirche — Fresko

Die Beschwörung der Dämonen durch den heiligen Jakobus

Mantegna, Frühwerk (?)

The demons exorcised by St. Jacob — Les démons exorcisés par saint Jacques

Nach einer Aufnahme von D. Anderson, Rom

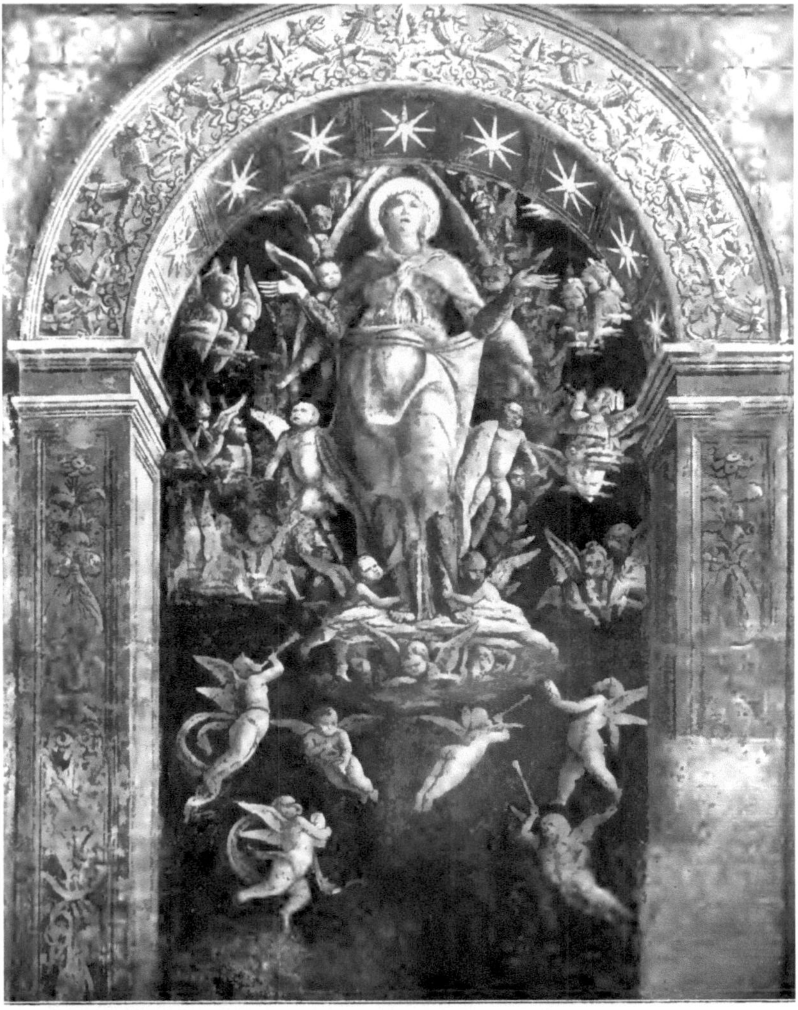

* Padua, Eremitanikirche

Fresko der Apsis

Die Himmelfahrt Mariä

Von Nicolo Pizolo

The assumption of the Virgin

L'assomption de la Vierge

Nach einer Aufnahme von D. Anderson, Rom

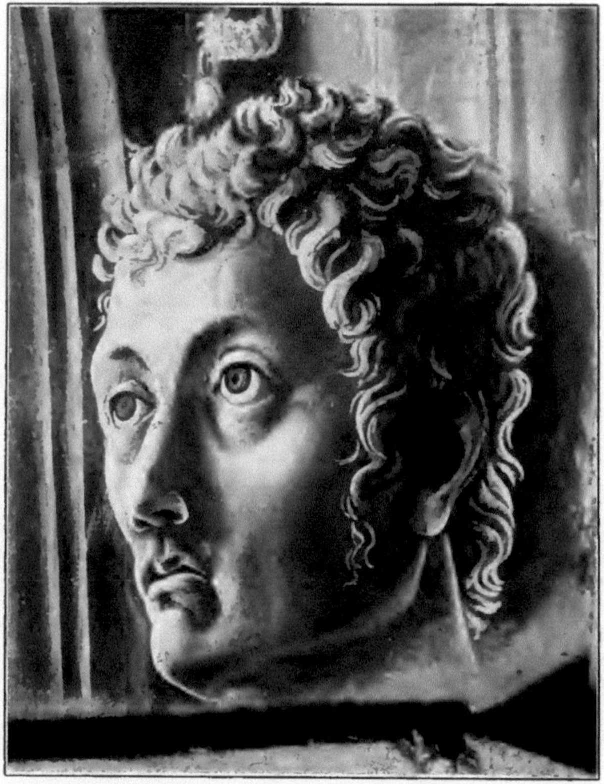

*Padua, Eremitanikirche Fresko

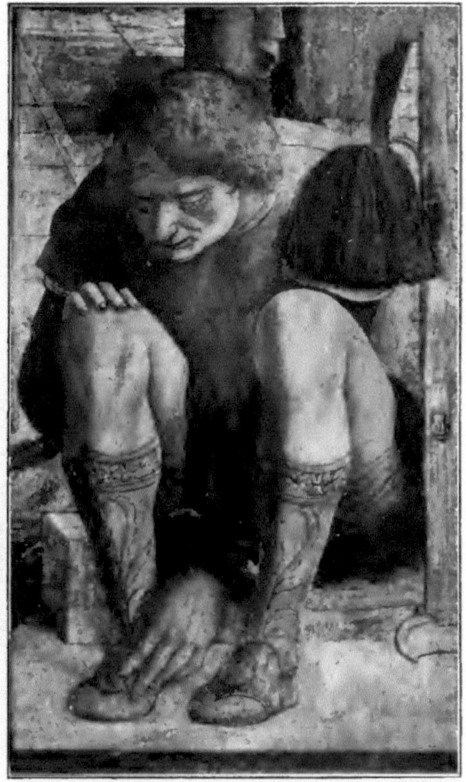

*Padua, Pinakothek Fresko

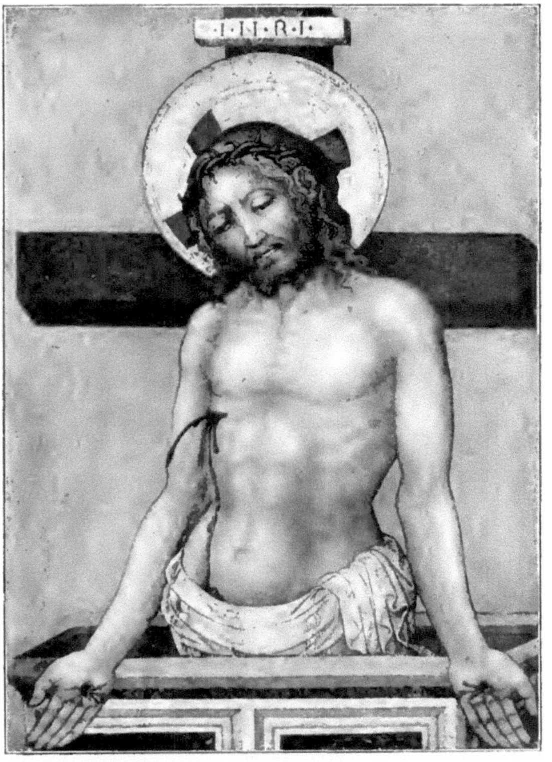

*Padua, Museo civico — Holz

Christus als Schmerzensmann im Sarkophag

Christ as the man of dolours in the sarcophagus — Giambono — Le Christ homme de douleurs dans le sarcophage

Nach einer Aufnahme von Fratelli Alinari, Florenz

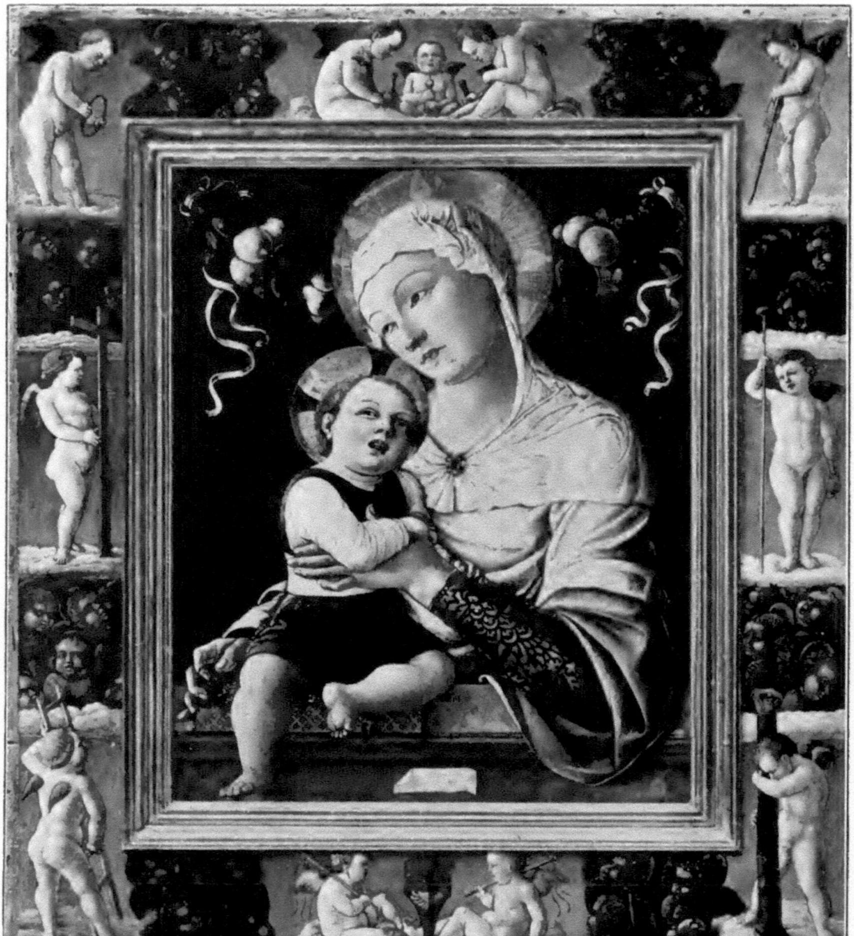

*Berlin, Kaiser-Friedrich-Museum

Auf Holz, H. 0,79, B. 0,67

Madonna mit dem Kinde
Schule Mantegnas

Madonna and child
School of Mantegna

La Vierge avec l'Enfant
Ecole Mantegna

Nach einer Aufnahme von Franz Hanfstaengl, München

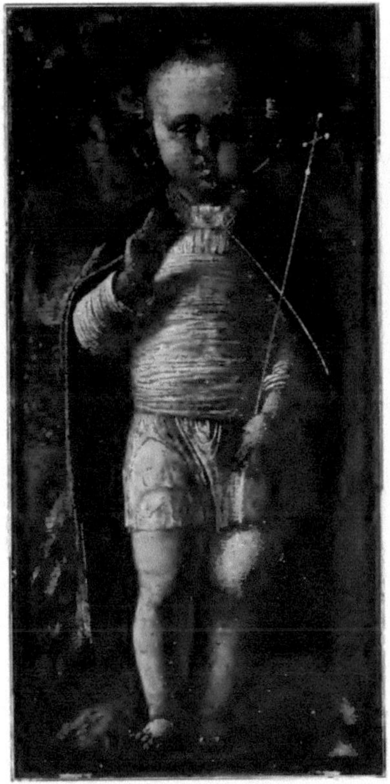

*Richmond, Sammlung Cook

Das Jesuskind

Veronesisch

The Child Jesus — L'Enfant Jésus

Nach einer Aufnahme von D. Anderson, Rom

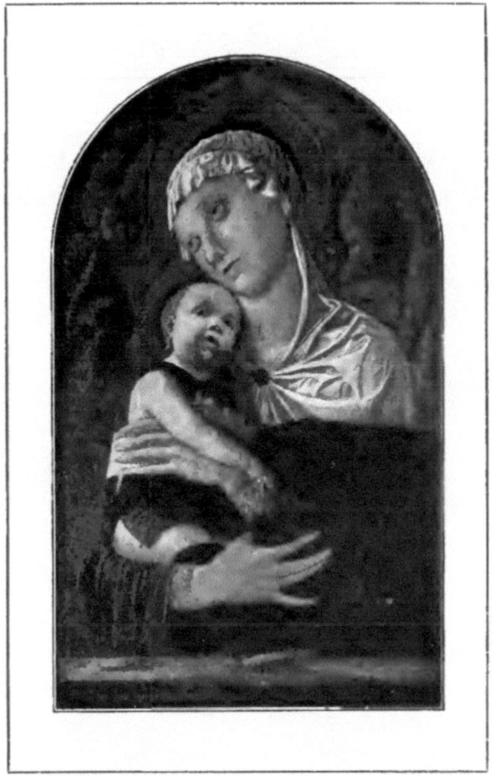

*Früher London, Charles Butler — Auf Holz, H. 0,43, B. 0,28

Madonna mit dem Kinde

Nachahmer Mantegnas

Madonna and child — La Vierge avec l'Enfant

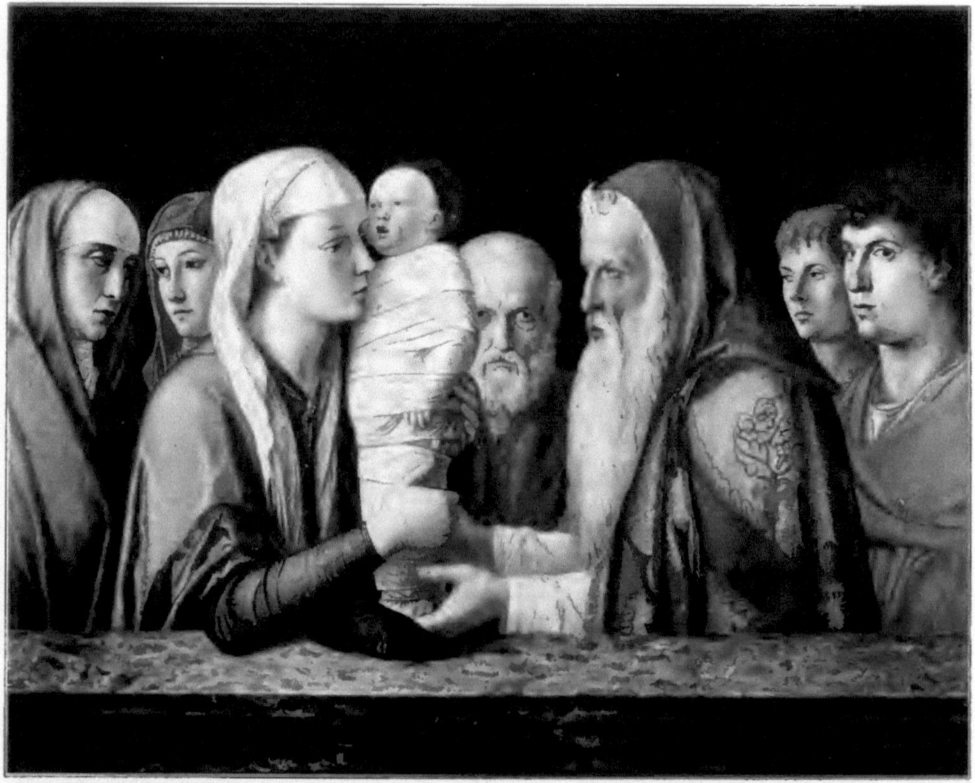

* Venedig, Sammlung Stampalla

Die Darbringung Christi im Tempel
Nachahmer Mantegnas

The presentation in the temple
Imitator of Mantegna

La présentation au temple
Imitateur de Mantegna

Nach einer Aufnahme von D. Anderson, Rom

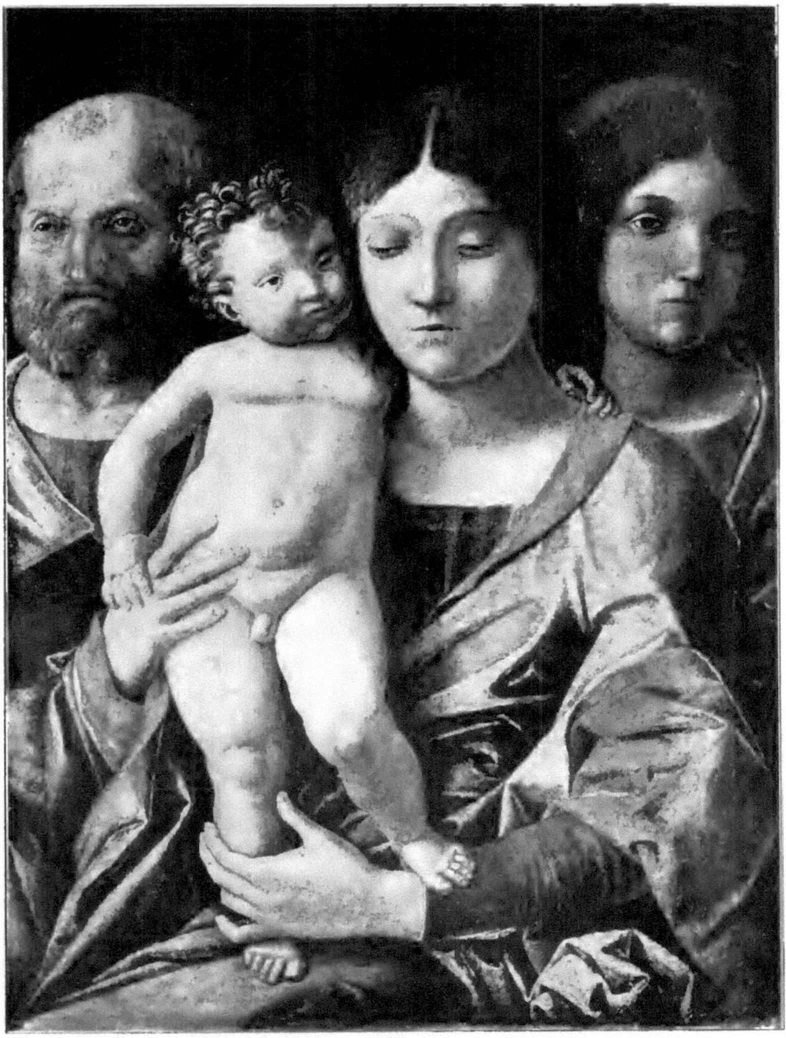

*Verona, Museo civico | Auf Leinwand, H. ca. 0,85, B. ca. 0,62

Madonna mit dem Kinde und zwei Heiligen

Veronesisch (Buonsignori ?)

Madonna with child and two saints | La Vierge avec l'Enfant et deux saints

Nach einer Aufnahme von D. Anderson, Rom

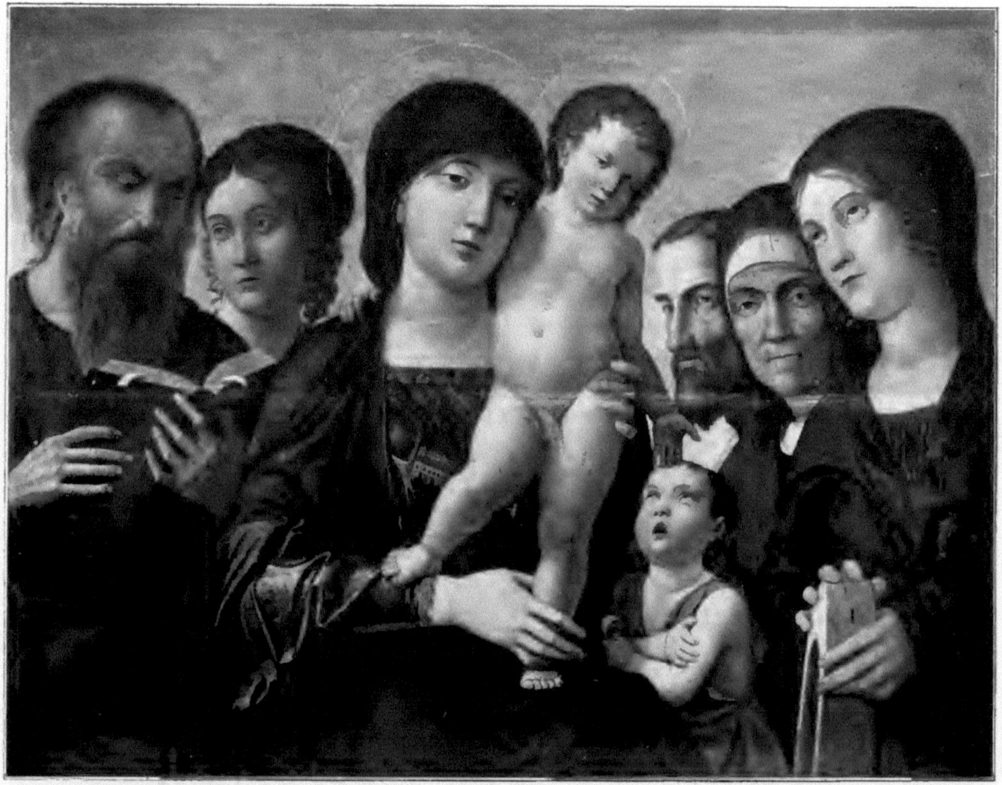

*Turin, Pinakothek

Auf Holz, H. 0,615, B. 0,8725

Madonna mit dem Kinde und Heiligen

Madonna with child and saints — Imitator of Mantegna

Nachahmer Mantegnas

La Vierge avec l'Enfant et des saints — Imitateur de Mantegna

Nach einer Aufnahme von D. Anderson, Rom

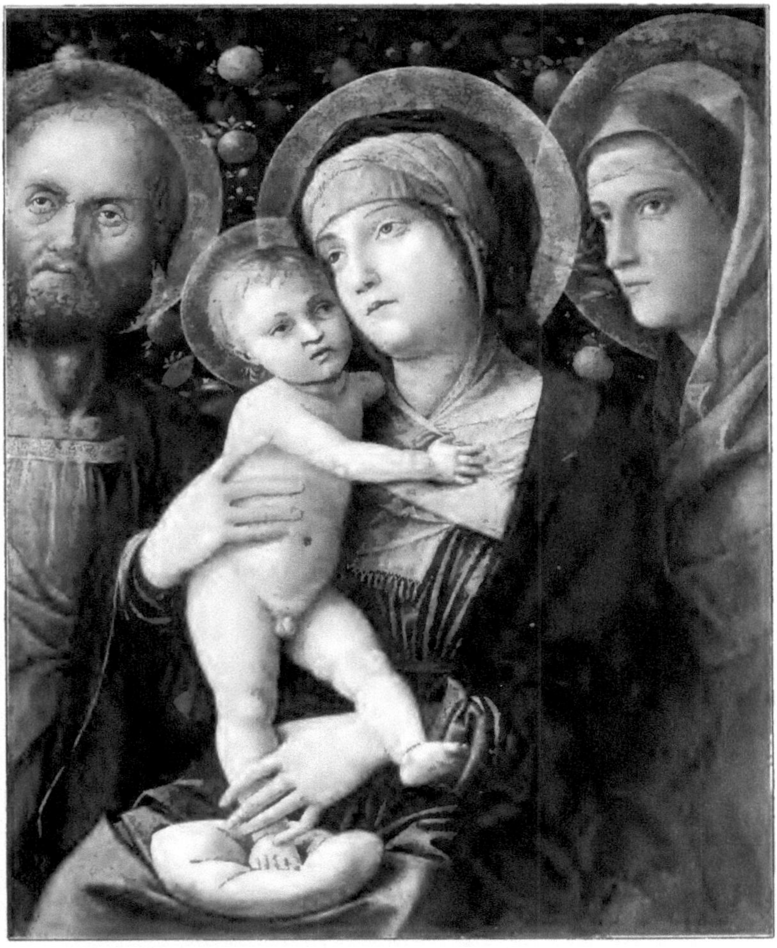

* Hamburg, Galerie Weber

Auf Leinwand, H. 0,60, B. 0,48

Madonna mit dem Kinde und Heiligen
Nachahmer Mantegnas

Madonna with child and saints
Imitator of Mantegna

La Vierge avec l'Enfant et des saints
Imitateur de Mantegna

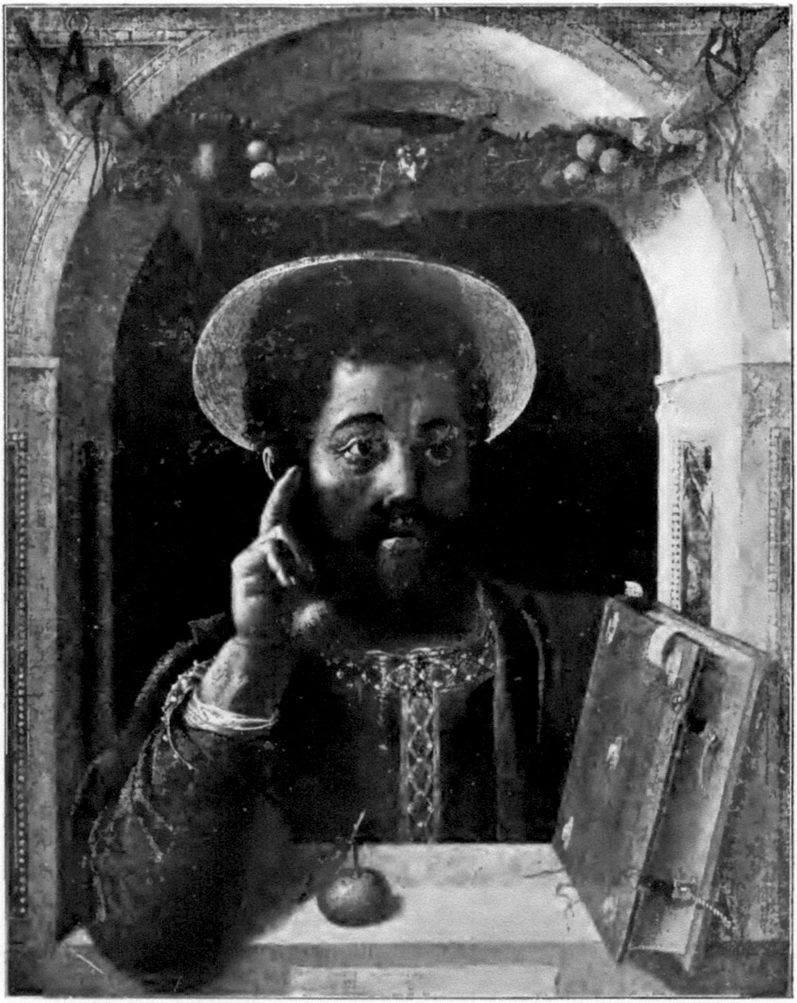

* Frankfurt, Städelsches Institut

Heiliger

A saint | Marco Zoppo (?) | Un saint

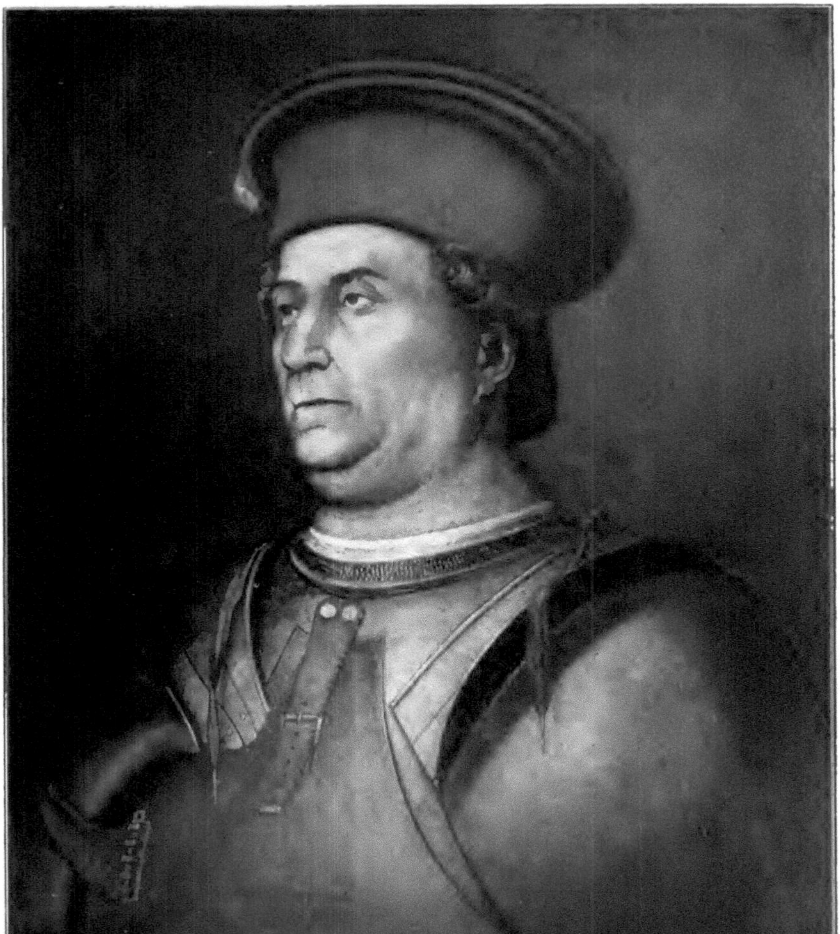

*(Früher) Rom, Galerie Sciarra

Bildnis eines Mitgliedes der Familie Gonzaga

Portrait of a member of the Gonzaga-family Portrait d'un membre de la famille Gonzaga

Nach einer Aufnahme von Braun, Clément & Cie., Dornach (Elsass)

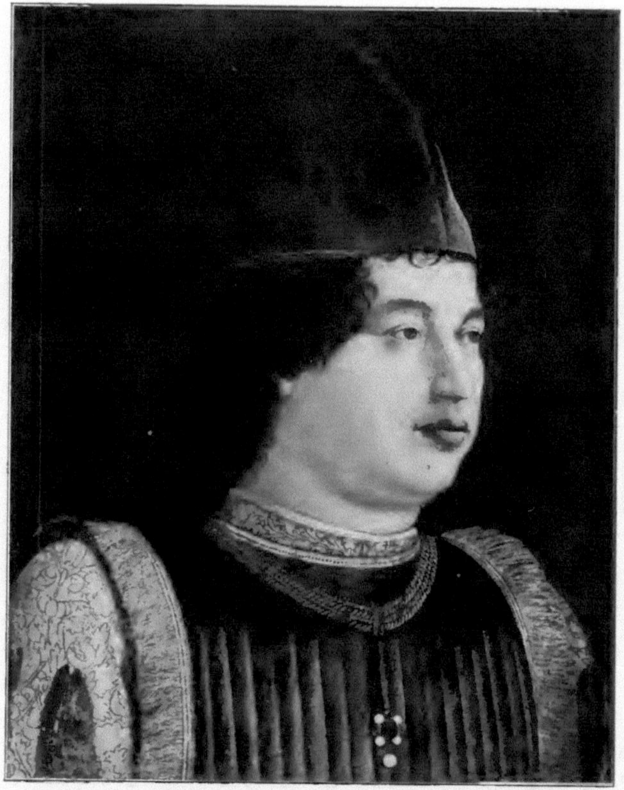

* Bergamo, Galerie Lochis — Auf Holz, H. 0,64, B. 0,48

Bildnis des Gianfrancesco Gonzaga

Portrait of Gianfrancesco Gonzaga — Venezianisch — Portrait de Gianfrancesco Gonzaga

Nach einer Aufnahme von Fratelli Alinari, Florenz

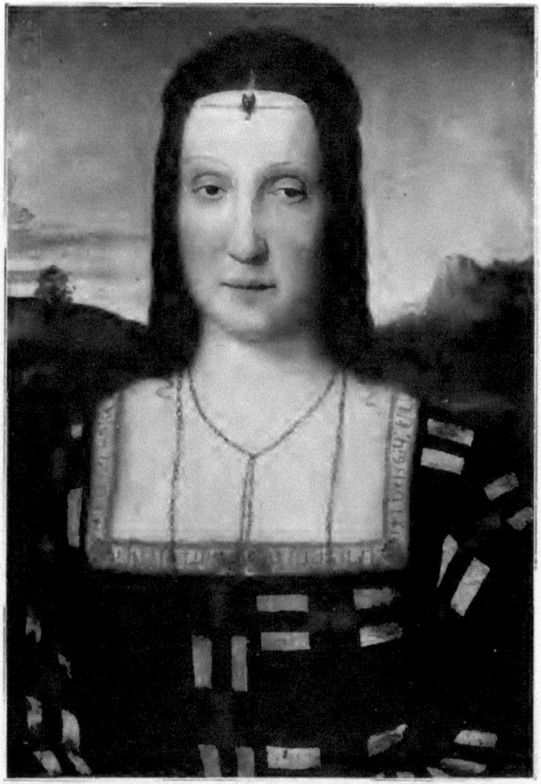

* Florenz, Uffizien

Bildnis der Elisabetha Gonzaga, Herzogin von Urbino

Portrait of Elizabeth Gonzaga, duchess of Urbino — Lorenzo Costa (?) — Portrait d'Elisabeth Gonzaga, duchesse d'Urbino

Nach einer Aufnahme von D. Anderson, Rom

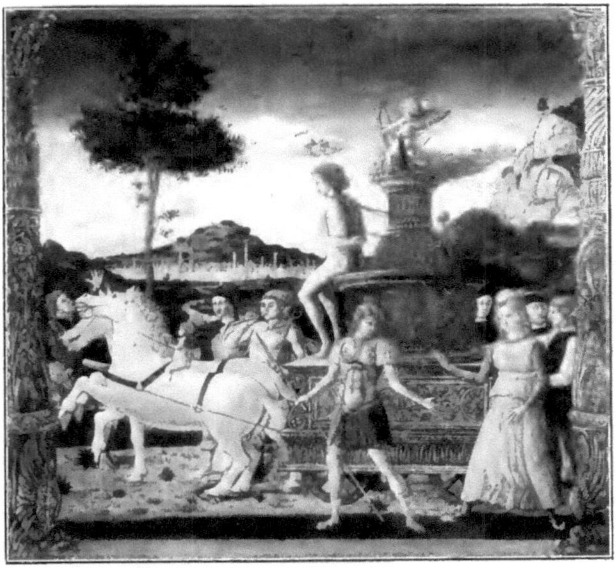

*München, Alte Pinakothek — Auf Holz, H. 0,51, B. 0,538

Liebe

Love — L'amour

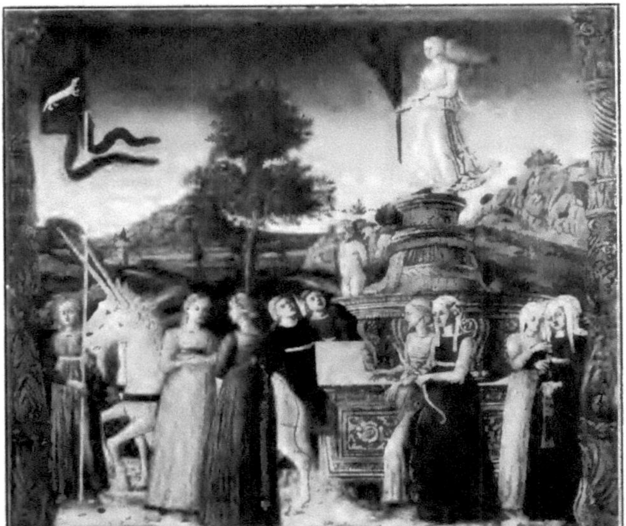

* München, Alte Pinakothek — Auf Holz, H. 0,51, B. 0,538

Keuschheit

Chastity — La chasteté

(Schulbilder oder Kopien nach Andrea Mantegna: I trionfi di Petrarca)

(Pictures painted in Mantegna's school or copies) — (Ecole de Mantegna ou copies d'après le maître)

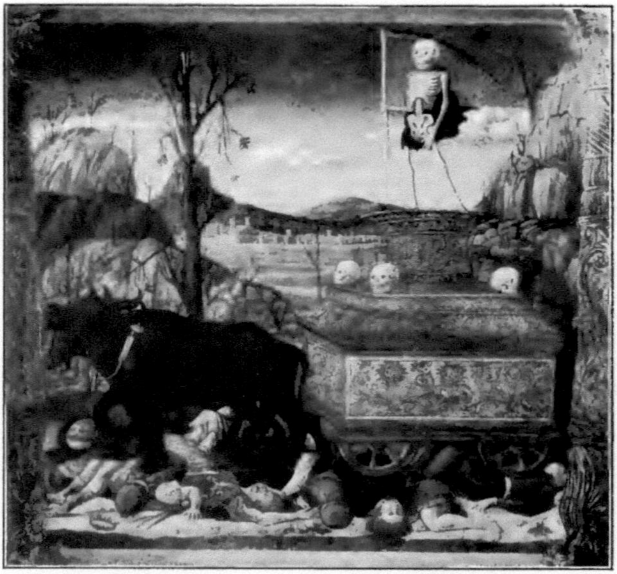

* München, Alte Pinakothek — Auf Holz, H. 0,51, B. 0,538

Tod

Death — La mort

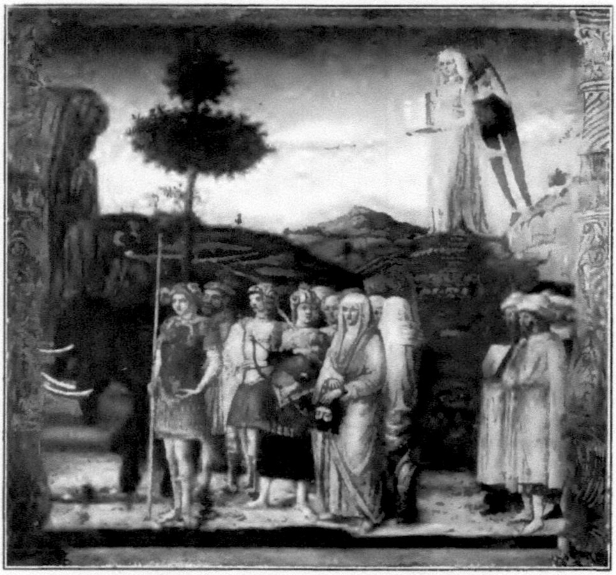

* München, Alte Pinakothek — Auf Holz, H. 0,51, B. 0,538

Sieg

Glory — La gloire

(Schulbilder oder Kopien nach Andrea Mantegna: I trionfi di Petrarca)

(Pictures painted in Mantegna's school or copies) — (Ecole de Mantegna ou copies d'après le maître)

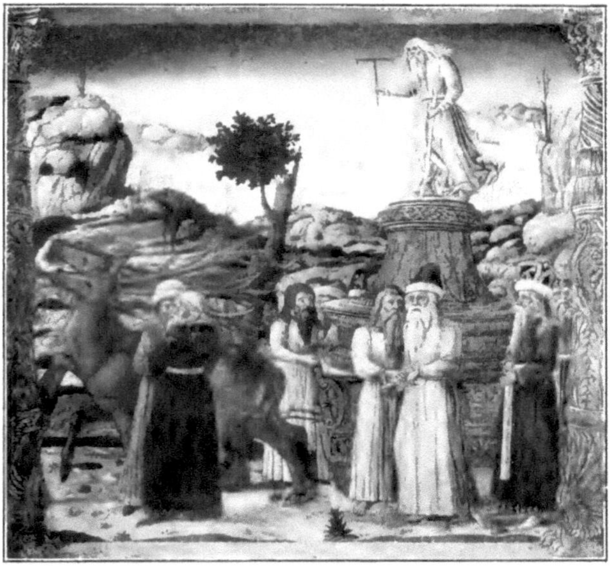

* München, Alte Pinakothek

Auf Holz, H. 0,51, B. 0,538

Zeit

Time

Le temps

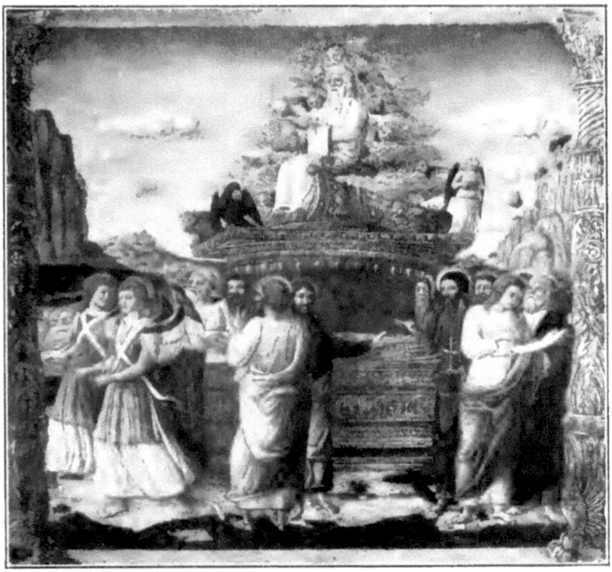

* München, Alte Pinakothek

Auf Holz, H. 0,51, B. 0,538

Religion

God father

Dieu le père

(Schulbilder oder Kopien nach Andrea Mantegna: I trionfi di Petrarca)

(Pictures painted in Mantegna's school or copies)

(Ecole de Mantegna ou copies d'après le maître)

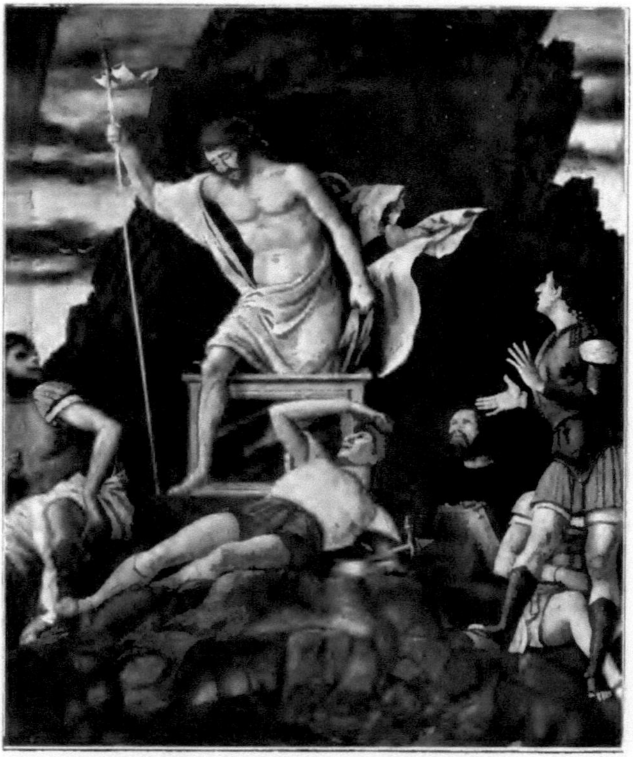

* Bergamo, Accademia Carrara

Christus der Auferstandene
Schule Andrea Mantegnas

Christ risen from the grave
School of Mantegna

Le Christ ressuscité
Ecole Mantegna

Nach einer Aufnahme von D. Anderson, Rom

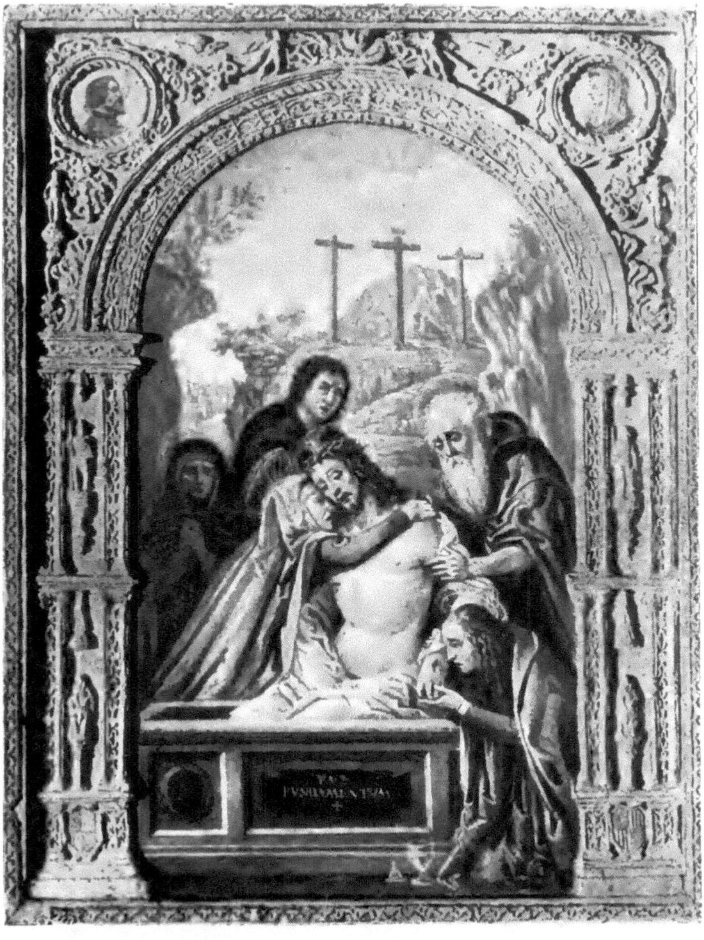

*Bukarest, König von Rumänien | Auf Holz, H. 0,65, B. 0,50

Die Grablegung Christi

The sepulture of Christ | La sépulture du Christ

Erläuterungen

(Im Bildertext verweisen die Sterne neben den Ortsangaben auf diese Erläuterungen)

Grundlegende Werke über Mantegna

Vasari, Vite. I. Auflage 1550, II. Auflage 1568. Ausgabe Milanesi, Bd. III, Deutsche Uebersetzung Gronau-Heitz. Bd. 5. — Paul Kristeller, Andrea Mantegna, London 1901 und Berlin 1902, ist die ausführlichste grundlegende Arbeit. — Vittorio Lazzarini, Documenti relativi alla Pittura Padovana, herausgegeben von Andrea Moschetti, Venedig 1909, bringt neues wichtiges archivalisches Material. — H. Thode, Mantegna. Velhagen-Klasing, 1897. — Maud Cruttwell, Mantegna. London, Georg Bell, 1908.

Mantegnas Verhältnis zu Squarcione. An eine wirkliche Adoption Mantegnas von Squarcione ist nicht zu denken. Er war Lehrling, nicht Adoptivsohn. „Andrea fiuolo de M.º Francesco Squarzon depentore". Auch bei Marco Zoppo u. a. ist von „adozione" die Rede. Dazu lebte der Vater noch, als der Künstler sich selbständig machte (1448), und wird bei Aufträgen derselbe erwähnt. So wird er bei der Bestellung des genannten verlorenen Bildes für S. Sofia in Padua vom 16. Oktober 1448 bezeichnet als „Magister Andreas picthor filius magistri Blasii marangoni habitator Padue in contrata sancte Lucia". Die Bezeichnung des Bildes „Andreas Mantinea pat. an. septem et decem natus sua manu pinxit MCCCCXLVIII" ist uns von Scardeone überliefert. In einem Dokument vom 24. November 1449 wird von Mantegnas Bruder Tommaso gesagt: „magistrum Tamasium dictum Mantegna filium magistri Blasii marangoni de Isola de supra Vincentini destrictis, habitatorem Padue in contrata Sancte Lucie" (cfr. Andrea Moschetti, documenti). In Briefen usw. wird er immer Andrea Mantegna, einmal nur in der Notiz der Pisaner über das Fest vom Juli 1467 wird er „Andrea Squarzione" genannt. Aus diesen wie andern Dokumenten geht auch hervor, daß die Eltern Mantegnas nicht, laut Vasari „nacque nel contado di Mantova" oder wie andre erzählen, in Padua, sondern auf der „Insula de supro" oder „Isola di Carturo", damals zu Vicenza, später zu Padua gehörend, gewohnt haben. Schon daß Squarcione mit Mantegna 1448 einen Kontrakt geschlossen hat, was er als Adoptivvater des noch unmündigen Jünglings sicher nicht notwendig hatte, ist verdächtig.

Titelbild. Die Büste wird jetzt als eine Arbeit des Mantuaners Gianmarco Cavalli angesehen. Zwei Porträte auf den Fresken der Eremitani und der Camera degli Sposi (Taf. 19 oben und Taf. 40) lassen sich nach dieser Bronzebüste sicher als Selbstbildnisse feststellen.

Taf. 1. Am 5. Januar 1443 bestimmte Antonio Ovetari 700 Dukaten testamentarisch zur Ausschmückung seiner Kapelle in der Eremitanikirche „post mortem debeat ornari et depinci capella ipsius testatoris cum historiis sanctorum Jacobi et Christophori in ecclesia Heremitarum". Am 22. April 1446 lebt der Stifter noch; wahrscheinlich Anfang 1448 ist er gestorben. Am 16. Mai 1448 werden die genauen Bestimmungen über die 3800 Lire festgelegt. „Per pagare i pitturi qui pingunt et pingere debent capellam in ecclesia Heremitarum" ist das Geld da. Zunächst werden zwei Meister, „Primo magister Johannes de Alemannea quondam Johannes et magister Antonius de Moriano quondam Michaelis similiter pictor", genannt. Mit der Ausmalung des Eingangsbogens und des Kreuzgewölbes beginnen sie. Ende 1450 soll alles fertig sein, „item quod dictum totum opus detur integnum et perfectum per totum mensem decembris de 1450". Die weitere Hälfte, die Apsis, wird als Aufgabe des Nicolai, filii Petri de Villa Ganzerla (d. h. Nicolo Pizolo), ac etiam magistri Andree pictoris, filii Blassii amborum civium Padue, bezeichnet. Da Andrea Mantegna nicht am Ort ist, unterschreibt sein älterer Bruder Thomas den Kontrakt. 350 Dukaten werden ihnen wie den beiden andern versprochen, „cum modis capitulis, coloribus generaliter in suprascriptis instrumentis contentis referendo singula in singulis". Jeder erhielt am 15. Juli 1448 50 Dukaten als Anzahlung. Während Pizolo, wie auch die beiden erstgenannten, bald regelmäßig Gelder erhielten, geht an Mantegna die erste Zahlung von 25 Dukaten erst am 16. Juli 1449. Der Umstand war, daß er ein leider verlorenes Altarbild für die Sofia in Padua 1448 malte und im Mai 1449 zwei Porträte, das des Lionello d'Este und des Folco di Villa fora, in Auftrag erhielt. Die Summe an Auszahlungen macht an Pizolo, Giovanni da Pisa, der den Bronzealtar ausführte, und Mantegna bis Ende 1449 121 Dukaten aus. Viel weniger, d. h. nur jeder 20 Dukaten, haben die beiden andern Meister erhalten, woraus zu schließen ist, daß sie nicht viel ausführten. Als Giovanni am 9. Juni 1450 starb, ging Antonio auch fort. Die letzte Abrechnung vom 13. Mai 1452 redet weiter nur von 2928 Lire und 18 Soldi, während die Gesamtsumme 3800 Lire ausmacht. Demnach sind die Malereien noch nicht fertig gewesen. Als letzte haben die der rechten Wand mit der Christophoruslegende zu gelten, wo Mantegna das untere Freskenpaar, als das nach dem fortgeschrittenen Charakter unbedingt letzte, gemalt hat. Für diese Datierung spricht, daß das am 11. Juli 1452 datierte Giebelfresko am Hauptportal des Santo stilistisch zwischen die letzten Jakobus- und Christophorusfresken zu setzen ist. Wenn die ersten beiden Fresken der Jakobuslegende 1449—1450, das zweitfolgende 1451—1452 zu setzen ist, so gehört demnach das letzte Freskenpaar der Christophoruslegende in die Zeit zwischen 1452 und 1454. Der deutliche Einfluß des Jacopo Bellini bestärkt diese Vermutung. Mariä Himmelfahrt im Chor ist von Pizolo. Betont muß auch hier noch werden, daß der Name des Francesco Squarcione in keinem Dokument genannt wird, sondern alle Verträge und Zahlungen sich direkt auf Mantegna beziehen.

Taf. 7 u. 21. Entgegen den andern in der Antike nachgebildeten Soldaten (Taf. 3, 4, 5, 10—16) hier zum erstenmal ein solcher in Renaissancepanzer.

Taf. 11 links, Fälschlicherweise als Selbstporträt Mantegnas angesehen. Es zeigt keinerlei Aehnlichkeit mit den Selbstporträten (Taf. 19 u. 40).

Taf. 19 oben. Der linke jüngere Mann, im Gesichtsschnitt dem viel späteren und darum volleren Selbstporträt in der Camera degli Sposi (Taf. 40) wie dem Bronzekopf (Titelblatt) so ähnlich, daß wir hier sicher Mantegna vor uns haben. Der Mann neben ihm ist keinesfalls der damals sechzigjährige Squarcione, vielleicht jedoch Pizolo, von dessen derber Gestalt und tollem Leben berichtet wird.

Taf. 25. An dieser Stelle wollen wir der aus erhaltenen Briefen und Dokumenten bekannten Beziehungen Lodovico Gonzagas zu Mantegna gedenken. In einem Brief vom 5. Januar 1457 spricht der Markgraf von früheren Verhandlungen, am 27. November fragt er selbst von neuem, Anfang April 1458 Bildhauer Luca Fancelli bei Mantegna wegen der Uebersiedlung nach Mantua an. Lodovico bietet ihm am 15. April 1458 15 Dukaten monatlich, Wohnung, Getreide für sechs Personen und Holz; er läßt ihm bis Januar 1459 Frist. Briefe folgen am 26. Dezember 1458 und 30. Januar 1459; in letzterem redet der Markgraf ihn „egregium virum Andream Mantegnam pictorem de Padua, carissimum familiarum nostrum, quem ad servitia nostra semper conduximus" an und verleiht ihm durch Dekret ein Wappen. In demselben Jahre, nachdem er noch im Februar für einige Zeit Urlaub erhalten, geht Mantegna nach Mantua. Er ist laut eines Briefes des Markgrafen (15. Mai 1463) täglicher Gast am Hofe. Sein erster uns bekannter Auftrag ist die Ausmalung des Lustschlosses Goito bei Mantua. Lodovico mahnt ihn am 25. Oktober 1463 zur Fertigstellung; am 23. Dezember antwortet Mantegna, daß er seit Monaten kein Geld erhalten habe, worauf ihm 30 Dukaten zugewiesen werden. Am 26. April 1464 ist er noch in Goito. Vorher, am 7. März 1464, hatte er Zeichnungen für die Ausschmückung eines kleinen Raumes im Schloß Cavriana geliefert; ein Maler Samuele führte die Malereien aus. 1466 wird er von Lodovico nach Florenz gesandt, wo er am 5. April genannt wird; 1467 in Pisa, meldet er sich 1468 wieder bei dem Markgrafen an. Damals schon wird Mantegna den Auftrag zur Ausmalung der Camera degli Sposi erhalten haben. 1471 sendet sein Gönner ihn nach Bologna zum Kardinal Francesco Gonzaga, der, von Rom herkommend, am 24. August 1472 in glanzvollem Gepränge in Mantua einzieht. Auf letzteres Ereignis bezieht sich die Begegnung des Vaters mit dem Sohne des Freskos an der Türwand, das demnach 1472 begonnen, 1474 laut Widmung vollendet ist, während das Kaminfresko, den Typen entsprechend — man vergleiche den jüngsten Sohn Lodovico (1458 geboren) rechts neben dem Vater, der schon 1461 von Papst Pius II. während des glänzenden Konzils in Mantua zum Bischof von Mantua bestimmt wurde, mit demselben auf dem Begegnungsfresko, wo er mindestens drei Jahre älter ist — spätestens 1469 begonnen ist.

Taf. 44. Der auf die Rampe sich auflegende Engelsputto mit nach links emporgewendetem Kopf ist das Vorbild zu dem einen der Putten an Raffaels Sixtina.

Taf. 50. Der „Triumphzug Cäsars" ist vielleicht schon 1482 begonnen. Am 28. August 1484 werden einige Stücke dem Herzog Ercole von Ferrara gezeigt. Durch die Romreise Mantegnas (1488—1490) wird die Arbeit unterbrochen. Der römische Einfluß ist schon auf Bild 4 zu erkennen. 1492 ist die Folge von neun Bildern, einstmals eingefaßt von Pilastern, Gesimsen, den Theaterraum „Camera dei Trionfi" des Castello Corte schmückend, vollendet. 1494 zeigt Isabella d'Este sie dem Giovanni de' Medici in genanntem Saal, wo übrigens 1501 die „Adelphi" des Terenz und Komödien des Plautus aufgeführt wurden. 1506 brachte Francesco Gonzaga die Stücke in den Hauptsaal eines bei S. Sebastiano neuerbauten Palastes. Später sind sie in den alten Raum von Vincenzo Gonzaga zurückgeführt, der sie freilich kurz darauf, 1627, an König Karl I. von England verkaufte (für 10500 Dukaten). Sie wurden unter König Wilhelm III. leider übermalt und befinden sich jetzt in elendem Zustande auf Schloß Hampton Court. Mantegna soll außerdem noch sechs Petrarca-Trionfi für denselben Saal gemalt haben, den dereinst noch Trophäen und Statuen schmückten. Stücke mit derartigen Darstellungen minderwertiger Qualität s. Anhang Taf. 166—168.

Taf. 59. Am 3. Juli 1497 schreibt Alberto da Bologna an Isabella d'Este: „Im Studio fehlt nichts mehr, und Ihr werdet das Gemälde des Meisters Andrea angehängt finden." Am 25. Juni 1501 wird nur ein Bild genannt, am 22. November 1502 spricht jedoch Isabella von „den Bildern" Das erste Stück ist jedenfalls der Parnaß, der demnach Anfang Juni 1497 fertig war. Er ist wie die andern Stücke des Studio auf kräftige Leinwand mit dünner Leimfarbe aufgemalt. Wie neuere Dokumente erweisen, hatte Mantegna vier Bilder (zwei sind verloren), Costa zwei Stücke (das zweite hat sich im Magazin des Louvre gefunden), Perugino ein, Correggio zwei Bilder (beide verloren) ausgeführt. Neuerdings hat man bei Restaurationen des alten Palastes Reggia die Räumlichkeiten der Isabella d'Este und ihr Studio im Erdgeschoß wiedergefunden, in dem sich nicht vier Bilder, wie man bisher glaubte, sondern neun befanden, der Größe des Raumes entsprechend.

Taf. 63. Nachdem wir wissen, daß Mantegna vier Bilder gemalt hat, können wir nicht mehr feststellen, ob dieses Stück auch das am 22. November 1502 als fertiggemalt bezeichnete ist.

Taf. 64. Am 13. Januar 1506 schreibt die Markgräfin Isabella, daß Mantegna die Zeichnungen zur „Tabula de lo Dio Como", d. h. zu diesem Bild, fast vollendet habe. Am 15. Juli, d. h. zwei Monate vor seinem Tode, erfahren wir, „daß der Gott Comus, zwei Veneri, eine bekleidet, die andre nackt, zwei Amore, Janus mit dem ihn herausdrängenden Neide am Arme, Merkur und drei andre Gestalten, die von Merkur in die Flucht geschlagen werden, fertig gezeichnet sind; es fehlen noch andre Figuren, aber die Zeichnung jener ist sehr schön". Genannte von Mantegna gezeichnete Figuren befinden sich rechts. Lorenzo Costa hat die Ausführung übernommen.

Taf. 65—69. In seinem Testament vom 1. März 1504 spricht Mantegna von verschiedenen Legaten — in Summa 100 Dukaten — für Meßgewänder und zur Ausschmückung einer Kapelle in S. Andrea, wo ihm am 11. August die erste Kapelle links, die Johannes des Täufers, vom Protonotar des Kardinals Sigismondo von Gonzaga, zugesprochen ist. Der Entwurf des Ganzen stammt von Mantegna, ausgeführt hat er nur das Familienbild. Auch an der Taufe hat er noch gearbeitet. Eine Datierung MDXVI unter einer kleinen Darstellung der Judith mit dem Haupt des Holofernes erweist, daß die Vollendung erst zehn Jahre nach seinem Tode erfolgte.

Taf. 70. Auf der Leiste unter dem Fresko steht geschrieben: ANDREAS MANTEGNA OPTVMO FAVENTE NOMINE PERCEPIT MCCCCLII XI KAL SEXTIL. Demnach am 11. Juni (oder August) 1452 von Mantegna vollendet.

Taf. 71. Das Bild stammt aus den Sammlungen der Familie Gradenico in Padua; 1821 kam es mit der Sammlung Solly in Besitz des Berliner Museums. Eine leichte Kreidegrundierung scheint hier doch vorzuliegen. Die Echtheit des Stückes, die von Morelli und Genossen angezweifelt wird, ist bei Vergleichen der Formgebung, der Typen, der Farben und der Lichtbehandlung mit dem Breraaltar nach meiner Meinung absolut sicher, wenn auch mancherlei verdorben ist. Eine andere ähnliche Darstellung in der Galerie Quirini-Stampalia (Taf. 159) als Original hinzustellen, erscheint geradezu unbegreiflich. Hier ist kein alter Pinselstrich mehr zu erkennen, während das Berliner Exemplar bis auf die steinimitierende Umrahmung durchaus mantegneske Technik zeigt. Die beiden Eckfiguren, die sich auf dem venezianischen Stück noch befinden, können als Beweisgrund dafür, daß dieses das Original und das Berliner Stück die verkleinerte Kopie sei, nicht herangeführt werden, da sie bei der an sich oberflächlichen Ausführung und viel späterer Technik von ganz minderwertiger Oualität sind.

Taf. 72 u. 73. Der Lukasaltar, jetzt in der Brera zu Mailand, war einst in S. Giustina zu Padua und wurde von den dortigen Mönchen am 10. August 1453 kontraktlich bei Mantegna für 50 Goldgulden bestellt. Am 18. November 1454 erhielt der Künstler den Rest der Zahlung. Das Bild ist demnach sicher zwischen August 1453 und November 1454 ausgeführt. Die Heiligen der oberen Reihe sind von links nach rechts: Daniel, Hieronymus, Maria, der tote Christus, Johannes, Augustinus und Sebastian, die der unteren: Scholastica, Benedikt, Lukas sitzend, Prosdozimus und Justina. Die Anordnung entspricht genau der auf dem Altarbild des Antonio Murano und Bartolommeo Vivarini von 1450 in Bologna, dereinst in S. Francesco zu Padua. Auf Jacopo Bellinis Zeichnungen seines Pariser Skizzenbuches zurückzugehen liegt kein Grund vor. Derartige Halbfiguren- — Pietà- — Darstellungen waren damals üblich.

Taf. 74. Das Bild befindet sich im Dom zu Aigueperse. Wahrscheinlich ist es bei der Vermählung der Klara Gonzaga, Enkelin des Markgrafen Lodovico, mit Gilbert von Bourbon, Grafen von Montpensier, die 1481 stattfand, nach dort gelangt. Aigueperse lag im Herrscherkreis des Grafen. Genannte Aehnlichkeiten mit den späteren Eremitanifresken sind bei dem vorzüglichen Handzeichnungsmaterial, das Mantegna immer wieder benutzte, nicht ausschlaggebend. Früher bildet er niemals so weiche Formen, untersetzte Gestalten. Die Landschaft ist auch spät (cf. Jagdstück der Sposifresken). Ich setzte es in die Jahre 1475—1480.

Taf. 75 u. 76. Unten steht auf einem scheinbar aufgenagelten Blatt — einem Cartellino — geschrieben: OPVS ANDEAE MANTEGNAE MCCCCLIIII. Das Bild ist sehr schlecht erhalten; die Farben sind eingetrocknet, matt und kraftlos.

Taf. 77. Das Bild kam aus der Sammlung Trissino (Vicenza) in Besitz des Herrn James Simon in Berlin und ist in dem Kaiser-Friedrich-Museum aufgestellt.

Taf. 78—87. Gregorio Correr, päpstlicher Protonotar, ist der Besteller dieses Altarwerkes für S. Zeno zu Verona. Vielleicht ist dieser Auftrag 1455 erfolgt und wurde er der Anlaß zu jenem Prozeß gegen Squarcione, der am 2. Januar 1456 in Venedig mit der Lösung des Kontraktes zwischen Lehrer und Schüler endete. Die langsame, sorgfältige Ausführung des Triptychons stellte die Geduld Lodovico Gonzagas auf eine harte Probe. Am 5. Januar 1457 fragt er bei Mantegna, am 27. November bei dem Protonotar an wegen des Bildes, ob es noch nicht fertig wäre. Im Februar 1459 erbittet der Künstler zwei Monate Aufschub, am 18. Juni ist er noch nicht fertig. Im Laufe des Jahres hat er das Altarwerk aufgestellt. Leider hängt es jetzt in der Apsis der Kirche, an öder, kahler Wand, ferner viel zu hoch, endlich bei einer Beleuchtung (von links), die der im Bilde (von rechts) entgegengesetzt ist, wodurch die realistische Wirkung stark beeinträchtigt wird. Die vier Heiligen sind zu beiden Seiten von links: Petrus, Paulus, Johannes Evangelista, Augustinus (?), von rechts her: Johannes der Täufer, Zeno, Laurentius und Benedikt. Das Gemälde, einst den Hochaltar von S. Zeno schmückend und von rechts her kräftig beleuchtet, wurde von Napoleon nach Paris geschleppt, später jedoch zurückgegeben und in den Chor gehängt. Die Predellenstücke blieben zurück, das mittlere hängt jetzt im Louvre, die beiden andern im Museum zu Tours.

Taf. 88. *ΤΟ ΕΡΓΟΝ ΤΟΥ ΑΝΔΡΕΟΥ* (das Werk des Andreas) steht links am Pfeiler, die Buchstaben von oben nach unten gestellt geschrieben. Es ist vielleicht jenes Bildchen „operetta", für dessen Vollendung Marchese Lodovico von Mantua am 14. März 1459 dem Künstler noch acht bis zehn Tage (octo o dece zorni) gewährte.

Taf. 89. Kardinal L o d o v i c o M e z z a r o t a — als solcher nach einer Kopie, auf deren Rückseite der Name steht, ferner nach einer Medaille und einem Stich des J. Ph. Tomasinus festgestellt — war 1402 in Padua geboren. Zuerst Arzt bei Papst Eugen IV., wurde er später Führer der päpstlichen Truppen, besiegte Francesco Sforza, Condottiere Piccolo Piccinino, ferner die Türken bei Rhodos (1457). Schon 1440 wurde er Kardinal und Erzbischof von Florenz u. a. Er trieb einen außerordentlichen Luxus, weswegen er Kardinal Lucullus genannt wurde. 1465 ist er in Rom gestorben. Am 27. Mai 1459 bis 8. Februar 1460 war er zum Konzil Papst Pius' II. in Mantua. Damals wird Mantegna das Porträt ausgeführt haben, das demnach sein erstes datierbares Bild der Mantuaner Zeit wäre.

Taf. 90. Francesco Gonzaga, 1444 geboren, wurde am 22. Dezember 1461 von Papst Pius II. zum Kardinal ernannt. Er studierte damals auf der Universität in Pavia, kehrte jedoch schon am 1. Januar 1462 heim und wird bald darauf von Mantegna porträtiert sein.

Taf. 91. Das Bildchen gelangte aus dem Besitz des Vincenzo Gonzaga 1627 in den König Karls I. von England, wurde nach Hinrichtung dessen von dem spanischen Botschafter gekauft und nach Madrid gebracht.

Taf. 92. Das Madonnenbildchen in der Sammlung Poldi-Pezzoli hat sehr gelitten. Die Farben sind, wie so leicht bei der Technik, stumpf und glanzlos geworden.

Taf. 93—98. Das Triptychon stammt aus der Erbschaft des Don Antonio de' Medici, Principe di Capistrano (1632). Es war von den Gonzaga den Medici geschenkt worden. Höchst wahrscheinlich ist es das von Mantegna für die Schloßkapelle der Gonzaga gemalte Altarbild; am 26. April 1464 spricht er in einem Brief aus Goito an den Marchese davon, daß es nicht gut wäre, das Bild zu firnissen, bevor der Rahmen fertig wäre. Vasari spricht von einem kleinen Tafelbild mit Darstellungen von kleinen, aber reizenden Figuren.

Taf. 99. Die Zuweisung der Madonna in diese Zeit ist, wie erwähnt, auf Grund des Motives gewählt. Die Härte der Farben und die „blecherne" Formgebung weisen eher in die Zeit vorher (cf. Taf. 89). Ich möchte sie um 1460 datieren.

Taf. 100 u. 101. Bezeichnet am Stein über den schlafenden Jüngern: OPVS ANDREAE MANTEGNA. Grundlage (wie zu Giovanni Bellinis Oelbergbild in London, Nat. Gal.) eine Zeichnung in Jacopo Bellinis Skizzenbuche, London, fol. 43/4.

Taf. 102 u. 103. Stammt aus der Sammlung Manfrin, Venedig, ist früher, vor 1463 einzureihen.

Taf. 104. Vasari spricht von einem kleinen Bildchen der „Madonna mit dem schlafenden Kinde", das er während seines Aufenthaltes in Rom gemalt habe. „An einem Berge im Hintergrunde malte er Steinmetzen, Steine brechend, so sorgsam und geduldig, wie es schier unmöglich scheint, daß man es mit feiner Pinselspitze machen kann. Dieses Bild befindet sich im Besitz des hohen Herrn Don Francesco Medici, der es zu seinen besten Stücken zählt." Daß Vasari von einem schlafenden Kind redet, will bei seiner flüchtigen Schreibweise nichts sagen.

Taf. 105. Rechts unten am Sockel des Sarkophages steht ANDREAS MANTINIA. Hier soll nochmals betont werden, daß während der Arbeit mir doch die Nüchternheit der Malweise als ein Zeichen später Arbeit (um 1500) erschienen ist. Die vorigem Bild verwandte Landschaft hat er seinem Studienmaterial entnommen.

Taf. 106. Der Christusknabe als Träger der Weltkugel, als Weltbeherrscher ist erst, wie schon im Text besprochen, in die letzten Jahre der dritten Epoche, nicht allzu lange vor die Vittoria-Madonna im Louvre zu setzen.

Taf. 107. „Quadro de legno depincto cum nostra donna et figliolo cum serafini de mano di soprodicto Mantegna" (ein Bild auf Holz gemalt mit der Madonna und Kind, umgeben von Cherubim, von der Hand des genannten Mantegna) heißt es 1493 in einem Inventar der Guadaroba Estense. Ob es identisch ist mit dem 1485 öfters dem Mantegna von Eleonora da Ferrara abgeforderten Bild, läßt sich natürlich nicht feststellen. Jedenfalls ist das Bild vor 1495 fertig. Vasari spricht von einer „Madonna in Halbfigur mit dem Kind im Arm, umgeben von Köpfen singender, wunderbar anmutig gemalter Engel". Das Bild hing jahrhundertelang in S. Maria Maggiore zu Venedig als Giovanni Bellini. Interessant ist, daß Mantegna 1485 sich von Venedig besonderen Firnis kommen läßt. Er hat ihn vielleicht gerade zu diesem Bild in Tempera, dessen glänzende Oberfläche sicher einem besonderen Firnis zuzuschreiben ist, verwendet.

Taf. 108 u. 109. Francesco Gonzaga, der Condottiere der Venezianer und Oberitaliener, hatte im Kampf bei Fornovo am Paro für den Fall des Sieges der Mutter Gottes eine Kirche geweiht. Am 6. Juli 1495 waren die Franzosen geschlagen. Der Marchese beeilt sich, sein Versprechen zu lösen, und gibt Mantegna den Auftrag für das Altarbild. Am 30. August 1495 noch nicht begonnen, ist es am 6. Juli 1496, dem Jahrestage der Schlacht, vollendet und wird unter feierlicher Prozession aus Mantegnas Atelier zu der neuen Kirche getragen. 1797 brachte es Napoleon mit nach Paris, wo es sich noch heute im Louvre befindet.

Taf. 110 u. 111. Das Werk ist bezeichnet: „A. Mantinia pi. au. gracie 1497. 15 augustj". Es wurde für die Kirche S. Maria in Organo zu Verona gemalt. Links stehen Johannes der Täufer und ein Papst, rechts heiliger Hieronymus (?) und heiliger Zeno (?).

Taf. 112 u. 113. Das Bild gelangte 1876 aus dem Nachlasse J. Charles Eastlakes-London nach Dresden. Es ist sehr verdorben.

Taf. 114. Auf der Innenseite des am Kreuz des Johannes flatternden Bandes steht geschrieben: Andreas Mantinia C(ivis) P(atavinus) F(ecit). Einst in der Sammlung des Kardinals Cesare Monti, Erzbischofs von Mailand (1632—1650), kam es 1855 in die National Gallery, London.

Taf. 115—117. Aus Mantegnas Nachlaß ging diese Pietà 1506 in den Besitz Sigismondo Gonzagas, Bischofs von Mantua, über. 1531 wird es in den Gemächern der Margherita Paleologa aufgehängt und noch 1627 im Inventar genannt. Spätestens 1630 ist es aus Mantua verschwunden, war im Besitz des Kardinals Marzarin zu Rom, kam im neunzehnten Jahrhundert mit Giuseppe Bossi nach Mailand und 1824 in die Brera.

Taf. 119—121. Das Bild war für Francesco Cornaro, späteren Kardinal, gemalt. 1504 erhielt Mantegna die erste Rate von 25 Dukaten. Kurz vor seinem Tode, 1506, war es fertig. Es kam in den Besitz des Kardinals Sigismondo Gonzaga. Die Cornaros erhielten es scheints von ihm, es war in ihrem Palast zu St. Paolo, Venedig, bis Anfang des neunzehnten Jahrhunderts. Dann kam es nach England, und 1873 in die National Gallery.

Taf. 122. „Heiliger Sebastian" in der Sammlung des Barons Giorgio Franchetti, Venedig. Das Bild war laut einem Brief an den Markgrafen Francesco Gonzaga am 2. Oktober 1506 für dessen jüngeren Bruder Kardinal Sigismondo bestimmt. Bei Mantegnas Tode war es noch in seinem Atelier, ging, wie alles andere, in den Besitz des Kardinals über, gehörte später dem Kardinal Bembo.

Taf. 123. Wo das Bild, einst in der Sammlung der Lady Ashburton zu London, jetzt ist, vermag ich nicht zu sagen. An der Eigenhändigkeit muß ernstlich gezweifelt werden. Ein Vergleich mit dem Brera-Polyptychon, der Simon-Madonna und den andern frühen Madonnen u. a. läßt erst ganz die kraftlose Weichlichkeit der Malerei dieses Bildes erkennen. An diese frühe Zeit, in die es gesetzt wird, ist gar nicht zu denken. Wo in diesen flauen Formen, diesen kraft- und saftlosen Gestalten ohne Zeichnung ist etwas von dem strengen Charakter der Frühwerke zu finden. Ich halte die Ausführung Mantegnas sogar für ausgeschlossen.

Anhang

Taf. 146 u. 147. Diese Fresken des Kreuzgewölbes sind von Giovanni d'Allemagna (Johannes Alemannus) und Antonio da Murano begonnen. Ersterer starb am 9. Juni 1450. Auch Antonio da Murano gab die Arbeit auf. Dafür spricht, daß 1450 Squarcione und Pizolo zur Beurteilung der Arbeiten herangerufen werden, ferner, daß er sich bald mit seinem Bruder Bartolommeo verbunden hat, da auf einem Altaraufbau in Bologna von 1450 (einst in Padua) die Inschrift beide Namen nennt. Gemalt haben sie am Kreuzgewölbe nur die gotischen Rankenornamente, die denen auf dem großen Altar in Venedig, Akademie (Abb. Nr. XIV), rechts und links von der Madonna, ähneln. Ebenso haben sie die Engel gemalt. Alles andere blieb unvollendet. Nicolo Pizolo ist der Meister, der die weitere Ausführung übernahm. Er ist eine bisher nicht klargelegte, sicher hochbegabte Künstlernatur. Geboren ist er auf Villa di Ganzerla bei Vicenza um 1421, wie aus einem Dokument von 1444 hervorgeht. Er heißt da: „major annis vigenti duobus minor tamen vigenti cinque", d. h. nicht mündig. Anonimus Morellianus sagt von ihm, er und Ansuino da Forli hätten dem Filippo Lippi bei der Ausmalung der Kapelle des Stadtpräfekten (1434—1438) geholfen. Mit 20 Jahren ist er selbständig. Damals malt er mit einem gewissen Jacopo für Giovanni da Cremone Bilder und selbständig ein andres, für die Kirche von Monteortone ein Bild zusammen. Francesco Squarcione tritt als Taxator auf. 1446—1448 ist der „depentore Pizolo" „desipolo over garzone" bei Donatello. Er war tätig bei der Ausführung der Engel; er wird dabei als Mitarbeiter „magister Donatus et magister Nicolaus et magistri discipuli prelibati magistri Donati" bezeichnet. 1447 bekommt er Geld für einen der Engel. 1448 erhält er mit Mantegna den Auftrag für die Ovetarikapelle. 1450 muß er zusammen mit Squarcione die Arbeiten des Johannes Alemannus und Antonio da Murano taxieren. 1452 ist er Schiedsrichter bei einer andern Streitfrage. 1453 wird er im Testament seines Vaters als noch lebend bezeichnet. 1463 ist er nicht mehr am Leben; sein Sohn Gerardino verkauft sein Haus im Stadtbezirk S. Luca. — Die oberen Fresken in der Apsis (Taf. 149—150) sind seine erste Leistung; dann vollendet er die Fresken des Kreuzgewölbes, wo er die vier Evangelisten ausführt. Auch hier macht sich die kräftig-herbe donatelleske Manier besonders bei Lukas und Markus geltend. Der altertümliche Charakter des Johannes läßt an eine Vorzeichnung von Giovanni d'Allemagna denken. Pizolo zeigt wie Mantegna das Streben nach illusionistischer Wirkung. Die vier Kirchenväter in der Apsis und die Himmelfahrt Mariä sind seine Meisterwerke.

Taf. 148 u. 149. Diese Figuren der Apsis — links von dem heiligen Petrus steht noch eine fast ganz ruinierte Gestalt des heiligen Jakobus — sind die ersten Arbeiten Pizolos in der Kapelle. Sie lassen in ihrer Herbheit, der kräftigen Zeichnung und plastischen Bildung deutlich seine Schulung bei Donatello erkennen. Die Sorgsamkeit, mit der er die von starkem Licht getroffenen schweren Formen durchbildet, die Fruchtgirlanden bis ins kleinste Detail ausarbeitet, ist hervorzuheben. Sie sind dazu, dem Wunsche des Bestellers entsprechend, dem Trecentisten-Guariento und seinen Fresken in der

Johanneskapelle wenigstens in der Anordnung nachgebildet. Die streng plastische Manier hat sicher auf Mantegna Eindruck gemacht, nicht umgekehrt.

Taf. 150 u. 151. Fortgeschrittener im Sinne illusionistischer Wirkung gegenüber den Evangelisten sind diese vier Kirchenväter. Hier ist der Künstler bedeutend malerischer, indem nicht nur die räumliche Bildung effektvoller herausarbeitet, sondern auch die Lichtbehandlung breiter und weniger hart gibt. Man möchte fast eine Mitarbeit des Ansuino da Forli vermuten, besonders bei dem heiligen Gregorius, dessen Gesichtsschnitt, Wurf des Mantels und leichtere Lichtbehandlung dem Christophorus auf Ansuinos großem bezeichneten Fresko ebendort ähneln. Die Behandlung des Grundes in räumlicher Vertiefung entspricht sehr dessen ersten linken Fresken der Christophorus-Legende. Das kann jedoch nur eine Beihilfe Ansuinos sein. Keinesfalls haben diese Prachtstücke mit Mantegna etwas gemein.

Fig. 152 u. 153. Diese beiden Stücke, und zwar besonders das erstere, werden von verschiedenen Kritikern dem Mantegna zugeschrieben. Der Kontrast derselben zu seinen sicheren Fresken darunter und deren scharfer Zeichnung, klarer Beleuchtung, bunter Farbgebung ist so frappant, daß man nicht daran glauben mag. Unter den Gestalten der Hauptgruppe des linken Freskos, welches man ihm besonders gibt, erinnert vorzüglich Petrus an Pizolos weißbärtigen Petrus in der Apsis, hat aber auch mit Mantegnas kniendem Hermogenes (Taf. 8) so viel gemein, daß man ihn als Zwischenglied annehmen könnte. Auch die „Beschwörung der Dämonen" möchte man bei der Unruhe scharfkantiger Falten, der Lebhaftigkeit in hastigen Bewegungen, springenden Lichtern und gewisser Verwandtschaft der Typen für mantegnesk halten. Man könnte damit auch zum Schluß kommen, diese beiden Werke wären Jugendwerke Mantegnas, bei denen er noch stark unter Pizolos Einfluß stand. Dann muß man jedoch eine Pause annehmen, denn die weiteren Fresken sind von so ganz andrer Sicherheit und absoluter Originalität, daß er an irgendwelchen andern Werken resp. durch langes Studium der Antike und besonders Donatellos — denn beiderlei Einfluß macht sich hier erst geltend, der Donatellos besonders in der Architektur und der scharfen Zeichnung — sich die ganze Eigenart erkämpft hat. Uebrigens ist die Linienperspektive des zweiten Freskos schon vollkommen. Der Augenpunkt liegt in Augenhöhe unter dem linken vorderen Pfosten der Kanzel. Das sind Vermutungen. Mit Sicherheit kann die Autorschaft Mantegnas nicht festgelegt werden. Wir haben darum diese Fresken in den Anhang verwiesen.

Taf. 154. Die Bestimmung dieser „Himmelfahrt der Maria", die das Vorbild zu der großartigen Assunta des Tizians wurde, hat auch schon verschiedene Kontraversen gebracht. Man hat solche Leistung natürlich nicht dem noch wenig bekannten Pizolo zugemutet und Mantegna hier wie bei den effektvollen Kirchenvätern der Apsis als Schöpfer bezeichnen zu müssen geglaubt. In Begeisterung für den großen Meister ein Irrtum. Nicolo Pizolo hat laut Dokumenten viel Geld erhalten und ist auch sehr tätig gewesen. Die Einzelgestalten der Apsis, die Evangelisten des Kreuzgewölbes sind von ihm und offenbaren einen kraftvollen, eigenartigen Künstler. Als Meister ersten Ranges erhebt er sich in dieser Himmelfahrt. Nirgends erkennen wir etwas von Mantegnas Strich. Der jugendliche Meister zeigt nirgends derartigen Schwung oder gewaltige Bewegungsakzente, mit denen die Apostel belebt sind. Er bleibt hart in der Zeichnung, schwer, fast leblos in der Pose, plastisch real in der Modellierung. Man denke nur an die Magdalena des Brera-Bildes (Taf. 73). Mantegnas Figur behält wie auch die Eufemia in Neapel (Taf. 75) immer die antik-statuarische Haltung, naturgetreue Faltengebung und feste Zeichnung. Wie anders bewegt und frei ist die Maria der „Himmelfahrt", wie leicht und breit sind die Lichter aufgesetzt, die Gewänder geworfen! Wieviel mehr noch ist das von den stürmisch erregten Aposteln zu sagen. Nie und nimmer hätte sich der strenge Mantegna zu solcher leidenschaftlichen Aussprache aufschwingen können, nie hätte er die der Antike entnommenen gesetzten Proportionen der Dramatik des Momentes entsprechend so ins Ueberschlanke gewandelt. Das hat der lebenslustige

Pizolo geschaffen. Und wenn es noch eines Beweises bedarf, so vergleiche man das lebhafte Engelkonzert zu Füßen Marias mit dem an Donatellos Bronzealtar im Santo. Dort hat Nicolo auch mindestens eine Figur geschaffen. Aber jeder der nackten fliegenden Engel hat Beziehungen zu dem ein ähnliches Instrument gebrauchenden Putto Donatellos. Frappant ähnelt der eine Flöte blasende Engel links im Profil dem die Doppelflöte blasenden Bronzeputto, den man darum als den von Nicolo Pizolo gearbeiteten annehmen möchte. Aehnliches wenigstens in der Bewegung ist von dem Tamburinschläger rechts u. a. zu sagen. Auch hier nirgends Erinnerungen an Mantegna. Diese großartig erregte Dramatik, ferner der schnelle Strich, die flüchtige, aber geistreich leichte Malweise widerspricht durchaus Mantegnas strenger Manier. Den Ruhm, dieses monumentale, von gewaltigem, fast cinquecentistischem Geiste belebte Werk geschaffen zu haben, müssen wir ihm absprechen und dem Nicolo Pizolo geben.

Taf. 155 links. Ein Vergleich dieses Kopfes mit dem des Christophorus auf dem bezeichneten Fresko des Bono da Ferrara ebendort, dessen gleichen Glotzaugen und groben Formen läßt keinen Zweifel an der Ausführung von seiner Hand.

Taf. 155 rechts. Dieser kauernde Krieger wird als ein Probestück Mantegnas für Freskotechnik angesehen. Der verdorbene Zustand läßt kaum ein endgültiges Urteil zu. Die zum Teil sehr mäßige Zeichnung (z. B. der Hände), die andre Malweise und die Zeichnung der Füße, bei denen Mantegna immer die Zehen vorn heraustreten läßt, sprechen gegen die Echtheit.

Taf. 156. Bei dieser dürftigen Figur von altertümlichem Charakter, von venezianischer Weichheit, zarter Formgebung kann man unmöglich an Mantegna denken. Die neuerliche Zuschreibung an Giambono trifft wenigstens den Stil und die Zeit.

Taf. 157. Der Zuweisung dieser Madonna an Mantegna kann ich nicht beipflichten. Nirgends in der Bildung des Details finde ich verwandte Motive. Die flachen Gesichter, die leblosen Augen, die schwulstigen Lippen, die knochigen Hände, all das hat nichts mit Mantegnas fester Zeichnung, kräftiger Modellierung und realistischer Formgebung gemein. Man vergleiche die Madonna mit der „Darbringung im Tempel" (Taf. 71), und man wird die fast kleinliche Sorgfalt der Durcharbeitung, die ganz andern Typen und besonders die viel bessere Zeichnung des letzteren, sicher echten Bildes erkennen. Ein Vergleich der Cherubim mit denen auf der „Anbetung der Könige" zeigt keinerlei Aehnlichkeit. Er erinnert an die Art des Bartolommeo Vivarini um 1470. Irgendein Künstler der paduanischen Schule, über die man noch wenig Bescheid weiß, mag es gemalt haben. Weitere Vergleiche mit den Madonnenbildern oder dem Brerabild schließen Mantegnas Hand vollkommen aus. Wo hat er dort solche harte Umrißlinien, wie sie an den Körperteilen der Berliner Madonna sich befinden, gegeben? An die Frühzeit, wo er, wie das Brerabild zeigt, noch zart, fast in früher venezianischer Manier arbeitet, ist nicht zu denken. Und wann je wäre solch schlechte Zeichnung und flächenhafte Bildung später denkbar!

Taf. 158 links. Das Motiv dieses Madonnenbildes ist dem des vorhergehenden Bildes entsprechend, die Malweise jedoch so eine andre — an Stelle jener trockenen Zeichnung weichere Formbildung —, daß hier von einem gemeinsamen Autor gar nicht die Rede sein kann. Indes entfernt sie sich noch weiter von Mantegna als jene.

Taf. 158 rechts. Dieser Jesusknabe erinnert nur im Motiv an Mantegna und sein Bild in London, National Gallery (Taf. 106). Aber nichts hat er von dessen fester Formgebung und zeichnerischen Klarheit. Er wird der Veroneser Schule angehören.

Taf. 159. Gegenüber der feinen Zeichnung und echt mantegnesken Bildung des entsprechenden Bildes in Berlin (Taf. 71) erscheint mir die Zuschreibung dieses Bildes an Mantegna unbegreiflich. Man redet von Uebermalung und sollte lieber von Kopie sprechen.

Taf. 160. Dieses wie die beiden folgenden Stücke habe ich in den Anhang verwiesen. Dieses Halbfigurenstück erinnert zwar sehr an Mantegna. Aber die Malweise, breit und ohne jede feine Durchbildung der plastischen Formen, spricht gegen ihn, ja gegen die Paduaner Schule. Wir möchten an einen Veroneser Meister, Buonsignori, denken.

Taf. 161. Schon früh ahmte man laut alten Berichten Bilder Mantegnas wie seine Stiche nach. Wir müssen darum bei der Bestimmung der echten Bilder vorsichtig sein. Diese Madonna mit fünf Heiligen gehört zu solchen Nachahmungsstücken. Die Zeichnung ist viel zu schlecht. Die Typen sind kalt und ausdruckslos.

Taf. 162. Auch hier schließen die vielen Verzeichnungen, die Starrheit der Gesichter trotz des liebenswürdigen Kindes — im Typus jedoch keine Verwandtschaft mit denen Mantegnas zeigend — die Hand des Meisters selbst aus.

Taf. 163. Ein Heiliger, in Büste illusionistisch in ein Bogenfenster gesetzt. An Mantegna ist nicht zu denken. Man hat das Bild neuerdings sicher mit Unrecht dem Francesco Cossa gegeben. Vielleicht ist Marco Zoppo der Autor. Wir wissen von seinen frühen Bildern noch wenig und die Kenntnisse der paduanischen Schule sind zu gering, als daß sich der Name ganz bestimmt feststellen ließe. Jedenfalls gehört dieser Kopf einem Meister, der in Padua gelernt hat, und zwar eher bei Pizolo als bei Mantegna. Man vergleiche die rechte Hand und die Haltung mit dem heiligen Georg (Taf. 151 links).

Taf. 164. Auch dieses Porträt muß wie das folgende (Taf. 165 links) dem Mantegna abgesprochen werden. Es gehört schon in das Cinquecento. Von Morelli wird es wohl mit Recht dem Veronesen Bonsignori gegeben.

Taf. 165 links. An Verona kann ich bei diesem Porträt nicht denken. Es ist venezianisch und dem Gentile Bellini oder Carpaccio zuzuweisen.

Taf. 165 rechts. Das Pendantporträt des Herzogs von Urbino befindet sich im Pitti; allein schon das Kostüm spricht für eine spätere Zeit, frühestens 1515. Der Meister steht jedenfalls den Umbriern nahe, wie der landschaftliche Charakter zeigt. Vielleicht sind beide Bilder von Lorenzo Costa.

Taf. 166—168. Diese sechs Stücke sind hier trotz ihrer Minderwertigkeit abgebildet, weil sie vielleicht entfernte Beziehungen zu Mantegnas „Trionfi di Petrarca" haben.

Taf. 169. Diese „Auferstehung Christi" hat nahe Beziehungen zu Mantegna, wie besonders die Soldaten in antikem Panzer zeigen. Aber eigenhändig ist das Bild nicht. Die überschlanken Proportionen, aufgeregten Bewegungen, flüchtige Zeichnung und Modellierung sprechen dagegen. Es könnte von Francesco Mantegna, dem Sohne Andreas sein, mit dessen Bildern in London, National Gallery, es gewisse Aehnlichkeit hat.

Taf. 170. Bei dieser „Grablegung" ist nicht an Italien, geschweige denn an Mantegna zu denken. Es mag die Kopie eines Deutschen nach einem oberitalienischen Bild sein.

Chronologisches Verzeichnis der Werke des Mantegna

Fresken und Tafelbilder

Werkstattbilder, deren Datierung unbestimmt

Radierungen, deren Datierung unbestimmt

Radierungen aus der Werkstatt Mantegnas, deren Datierung unbestimmt

Zweifelhafte und fälschlich zugeschriebene Gemälde, deren Datierung unbestimmt

Aufbewahrungsorte und Besitzer der Werke des Mantegna

(einschließlich der ihm bisher mit Unrecht zugeschriebenen)

Systematisches Verzeichnis der Werke des Mantegna

(einschließlich der ihm bisher zu Unrecht zugeschriebenen)

I. Bilder religiösen Inhalts: 1. Altes Testament, 2. Neues Testament, 3. Madonnen und heilige Familien, 4. Heilige — II. Mythologische Bilder — III. Allegorische Darstellungen — IV. Aus Sage und Geschichte — V. Bildnisse und Bildnisgruppen — VI. Verschiedenes

Seite

I. Bilder religiösen Inhalts

1. Altes Testament

2. Neues Testament

3. Madonnen und heilige Familien

4. Heilige

II. Mythologische Bilder

III. Allegorische Darstellungen